葡萄酒产业产教融合共同体系列教材

总主编：刘涛

葡萄酒商务谈判与贸易

Wine Business Negotiation and International Trade

曲 浩　岳耀倩　王飞飞 ◎ 主编
邢 丽　姜添耀　李文娟　姜彦宇　冷伯阳 ◎ 副主编

数字资源总码

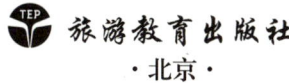

旅游教育出版社
·北京·

Preface 序言

　　葡萄酒，是一个国家或地区对外交往时的紫色名片，也是一种无声的社交语言。中国是世界范围内新兴的葡萄酒生产国，也是重要的葡萄酒消费国之一。与此同时，国内对于品酒师、调酒师和侍酒师等领域的人才需求也在急速增长。那么，如何培养出更多优秀的葡萄酒专业人才就成为高等职业教育在此过程中义不容辞的责任。

　　烟台是中国葡萄酒工业化生产的发祥地，是亚洲唯一被国际葡萄葡萄酒组织（OIV）授予"国际葡萄与葡萄酒城"称号的城市，同时还被全球葡萄酒旅游组织（GWTO）授予"全球葡萄酒旅游目的地"称号。现今，烟台已发展成为集"历史最长、规模最大、效益最好、产业链最完备"为一体的国内葡萄酒产区。烟台文化旅游职业学院坐落于烟台市莱山区，集天时地利人和之优势，一直在校企协同、产教融合的新时代高质量发展道路上进取突破。既2021年设立"葡萄酒文化与营销"专科专业之后，烟台文化旅游职业学院还于2023年与鲁东大学、烟台张裕葡萄酿酒股份有限公司共同发起，联合全国18个省份的80多家院校、行业企业和科研院所成立"葡萄酒产业产教融合共同体"，目的就在于进一步有效贯通产业链、创新链、教育链、人才链和科技链，为我国葡萄酒产业持续培育出高素质技术技能型、专业服务型人才。此外，烟台文化旅游职业学院与国内葡萄酒产业龙头企业烟台张裕公司合作成立"张裕文旅产业学院"和"张裕葡萄酒产业学院"，在人才订单式培养、专业建设、研修培训、产学研合作等方面开展产教深度融合领域的探索。

　　秉承"协同育人、双向赋能"的创新发展理念，依托"葡萄酒产业产教融合共同体"部分成员单位的集体智慧，烟台文化旅游职业学院历时两年组织编写出《葡萄酒商务谈判与贸易》《葡萄酒实用英语（Practical English for Wine）》《葡萄酒酒庄与旅游》三本高等职业教育教材，纳入"葡萄酒产业产教融合共同体系列教材"。这既是回应产业发展对人才培养的迫切需求，也是深入开展产教融合的积极实践，更是为构建中国特色葡萄酒职业教育体系做出的重要探索。

我们期待该系列高等职业教育教材，既能成为学生开启葡萄酒文化、旅游、营销、贸易等专业知识学习的一把金钥匙，更希望它能化作中国葡萄酒产业升级的人才培养助推器。教材的"产教融合"基因贯穿始终。编委团队由高校学者、行业服务机构、企业导师与行业领军人物共同组成，确保内容紧贴一线需求。对于高职院校学生而言，这三本系列教材既是进入葡萄酒世界的导航图，也是叩开职业大门的密钥——餐饮管理、进出口贸易、品牌策划等岗位的核心能力均能在书中找到修炼路径；对于行业从业者，它则是更新知识体系、提升商业敏锐度的实用指南。

在不久的将来，我们还将以品酒、侍酒、酿酒等为主题，持续发挥产教融合的力量，开发系列数字教材。数字教材重构了人类认知方式，标志着人类知识传递方式从纸质时代的线性传播向智能时代的立体交互演进。教育公平也通过数字教材获得了技术赋能。这种革命性转变不仅体现在媒介形态的更迭，更在于其重构了知识生产、传播和接收的底层逻辑。数字教材正以颠覆性的创新特质重塑教育图景。有鉴于此，烟台文化旅游职业学院将以葡萄酒专业的教材建设为契机，做出积极的尝试。

最后，我们衷心希望该系列高等职业教育教材的出版，恰逢其时，能够为职业教育与行业需求搭建起一座精准对接的桥梁。

烟台文化旅游职业学院 院长

"葡萄酒产业产教融合共同体"理事长

荆晓玲

Foreword 前言

近年来，中国葡萄酒市场经历了迅猛发展与深刻变革。从消费规模看，中国已是跃居全球前列的葡萄酒消费国，但与此同时，行业仍面临专业人才匮乏、市场规范化不足、国际接轨经验欠缺等挑战。在此背景下，葡萄酒商务谈判与贸易领域的教育与实践需求日益迫切。本书的编写，正是为了填补这一专业领域的空白，为职业院校葡萄酒专业教学及行业从业者提供兼具理论深度与实践指导价值的工具书。

一、编写理念与结构设计

本书以"产教融合、岗课融通"为核心理念，依托葡萄酒产业产教融合共同体的"政校行企研"资源联动，围绕葡萄酒商务谈判与国际贸易两大核心模块展开，共设计八个项目，从基础概念到实战技巧，层层递进，构建起涵盖商务谈判、合同管理、运输与保险、单证与结算、报关与成本的完整知识体系。

教材内容紧扣行业真实场景，项目的撰写经过充分的行业调研，确保每个项目都贴近葡萄酒商务谈判与国际贸易的实际操作。同时，书中穿插大量图表、流程图以及实战技巧，使复杂的知识点变得直观易懂，从而加深学生对专业知识的理解与掌握。同时，教材内容还融入了最新的行业法规、国际惯例以及前沿技术，确保学生能够紧跟时代步伐，掌握行业动态。

二、核心特色与创新亮点

1. 校企双元开发

教材编写团队由烟台文化旅游职业学院教师与葡萄酒行业专家共同组建，深度融合校企双方的专业优势与实践经验，将最新的行业趋势、实战案例和技术革新融入教材内容，使学生在学习过程中能够直接接触并理解行业前沿知识，确保教材内容既具有理论深度，又贴近行业实际。

2. 任务导向设计

教材中每个项目均以职业典型的工作任务为驱动，按照"任务情景—任务分析—知识学习"的逻辑顺序展开，让学生在解决具体任务的过程中逐步掌握葡萄酒商务谈判与国际贸易的关键技能，不仅提高了学生学习的针对性和实效性，更有效激发学习的主动性，提升学生的综合素养。

3. 数字化资源赋能

本书配套 PPT 课件、微课视频等，通过图文结合、视听互动的方式，加深读者对知识点的理解和掌握。无论是自学还是辅助教学，通过丰富多样的学习资源，满足不同学习者的需求，提升学习效率与效果，使读者实现"立体化学习"。

三、教材团队与致谢

本教材由曲浩、岳耀倩、王飞飞主编，邢丽、姜添耀、李文娟、姜彦宇、冷伯阳担任副主编。参编人员有：李海英（山东旅游职业学院），程彬（青岛酒店管理职业技术学院），翟韵扬（上海旅游高等专科学校），王雪暖（宁夏葡萄酒与防沙治沙职业技术学院），段人钰（山东城市服务职业学院），高海宁、范建波、张晓、李政良、张莉（烟台市葡萄与葡萄酒产业发展服务中心），沈国全、宋英珲（烟台市蓬莱区葡萄与葡萄酒产业发展服务中心），阮仕立（烟台张裕葡萄酿酒股份有限公司），张霖、王春霞（烟台张裕先锋国际酒业有限公司），林钟权（浙江葡工供应链管理有限公司），周鹏辉、付宝涛（中粮长城葡萄酒〈蓬莱〉有限公司），戴季璋（烟台中亚酒业有限公司），孙如锋（酷悦诗风酒庄工作室），赵现华（泰山学院），赵旭（烟台大学），张婕、王宁（烟台文化旅游职业学院）。具体分工如下：项目一由曲浩、李海英、高海宁、王宁编写，项目二由邢丽、王雪暖、张晓、张婕编写，项目三由姜添耀、段人钰、李政良、王春霞编写，项目四由王飞飞、程彬、范建波、付宝涛编写，项目五由岳耀倩、周鹏辉、戴季璋、张莉编写，项目六由李文娟、阮仕立、宋英珲、孙如锋编写，项目七由姜彦宇、沈国全、赵现华、林钟权编写，项目八由冷伯阳、翟韵扬、赵旭、张霖编写。

本书的成稿得益于"葡萄酒产业产教融合共同体"的相关单位、烟台张裕葡萄酿酒股份有限公司、烟台市葡萄与葡萄酒产业发展服务中心、烟台市蓬莱区葡萄与葡萄酒产业发展服务中心等单位的大力支持，以及编写组成员的通力协作。特别感谢旅游教育出版社对本教材的审校，山东工商学院唐文龙副教授的统稿，超星学习通平台提供的教材微课制作指导，以及烟台张裕葡萄酿酒股份有限公司、浙江葡工供应链管理有限公司提供的真实案例素材。

限于编者水平，错误和疏漏之处恳请各界专家指正。

编者

Contents 目 录

项目一　葡萄酒商务谈判概述 ·· 1
  任务一　正确认识葡萄酒商务谈判 ··· 2
  任务二　葡萄酒商务谈判的类型 ··· 11
  任务三　葡萄酒商务谈判的程序和原则 ····································· 20

项目二　葡萄酒商务谈判准备 ·· 29
  任务一　葡萄酒商务谈判信息搜集 ··· 30
  任务二　葡萄酒商务谈判组织准备 ··· 34
  任务三　葡萄酒商务谈判方案制定 ··· 45
  任务四　葡萄酒商务谈判礼仪 ·· 50

项目三　葡萄酒商务谈判实施 ·· 65
  任务一　葡萄酒商务谈判开局 ·· 66
  任务二　葡萄酒商务谈判磋商 ·· 75
  任务三　葡萄酒商务谈判签约 ·· 82

项目四　葡萄酒国际贸易概述 ·· 95
  任务一　葡萄酒国际贸易市场分析 ··· 96
  任务二　葡萄酒国际贸易程序与政策 ·· 107
  任务三　葡萄酒国际贸易主要方式 ··· 114

项目五　葡萄酒国际贸易合同 ·· 127
  任务一　与供货方接洽 ·· 128
  任务二　订立合同前磋商 ··· 141
  任务三　合同的主要内容 ··· 148

项目六 葡萄酒国际运输与保险 ·················· 159
    任务一 葡萄酒海洋运输 ························ 160
    任务二 葡萄酒航空运输 ························ 171
    任务三 葡萄酒国际运输保险 ···················· 177

项目七 葡萄酒国际贸易单证与结算 ················ 189
    任务一 葡萄酒国际贸易出口单证制作 ············ 190
    任务二 葡萄酒国际贸易进口单证审核 ············ 202
    任务三 葡萄酒国际贸易结算方式 ················ 213

项目八 葡萄酒国际贸易报关与成本 ················ 227
    任务一 进口葡萄酒报关 ························ 228
    任务二 进口葡萄酒检验检疫 ···················· 241
    任务三 进口葡萄酒成本 ························ 249

主要参考文献 ···································· 256

项目一

葡萄酒商务谈判概述

思维导图

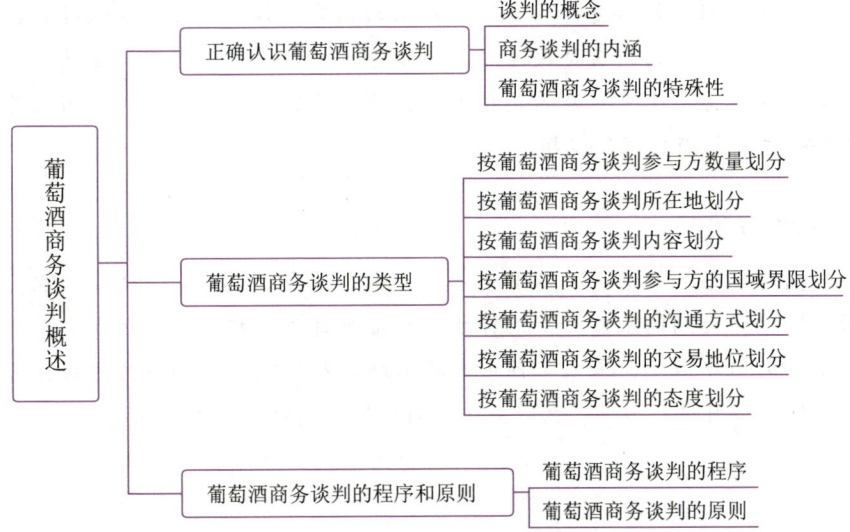

学习目标

知识目标： 了解谈判及商务谈判的概念，熟悉葡萄酒商务谈判的特征，理解葡萄酒商务谈判的分类，掌握葡萄酒商务谈判的基本程序和各项原则。

能力目标： 能够正确判定谈判与一般沟通的区别，明确葡萄酒商务谈判的特殊性，具备灵活运用商务谈判原则的能力。

素质目标： 树立正确的谈判理念，提升合作意识，力促谈判"双赢"目标的实现。

任务一　正确认识葡萄酒商务谈判

任务情境

小王是某高职葡萄酒文化与营销专业学生,通过在校期间的专业基础学习,初步掌握了营销的基本知识。小王性格外向,喜欢与人打交道,毕业后应聘到了一家国内知名葡萄酒企业做产品的销售工作。小王准备通过自己的努力,从一名普通的销售员快速成长为销售主管甚至区域经理。显然,在以后的职业生涯中,小王要做的销售工作与商务谈判是密不可分的,因此首先要正确认识葡萄酒的商务谈判。

任务分析

谈判对于每个人来说并不陌生,生活和工作中的谈判更是无处不在,小到讨价还价,大到国家外交,无数的谈判每时每刻都在我们身边发生。从任务中小王的角度出发,未来工作中需要不断地与经销商谈判、与广告公司谈判、与物流公司谈判……那么,应该如何理解葡萄酒的商务谈判呢?

一、谈判的概念

世界著名的谈判大师罗杰·道森讲道:"假如没有谈判,世界将会怎样?假如不会谈判,你将会怎样?"这个问题引人深思,它不仅仅是一个假设,更是对现实生活中我们面对挑战时能力的一种拷问。如果没有谈判,世界可能会陷入无休止的冲突与对立之中,因为谈判是化解分歧、寻求共识的重要手段。它如同桥梁,连接着不同的利益群体,让彼此能够倾听对方的声音,理解对方的立场,从而找到双方都能接受的解决方案。在市场经济的背景下,谈判对于葡萄酒产业的重要性不言而喻,可能直接关乎企业的生存与发展。从葡萄种植者的合作采购,到酒庄与经销商的价格协商,再到国际市场上的品牌竞争及国际贸易,每一个环节都离不开谈判的智慧。

（一）谈判的含义

从字面理解，谈判包括"谈"和"判"两方面的内容。"谈"指的是双方或多方之间进行的对话、交流和沟通，旨在了解对方的立场、需求、关切和期望。这一过程需要各方保持开放、诚实和尊重的态度，通过有效的沟通来增进理解和共识。在"谈"的过程中，各方会分享信息、交换意见，并努力消除误解和分歧，为后续的"判"打下良好的基础。而"判"则是指基于"谈"所获取的信息和共识，对问题或争议进行决策、裁决或达成协议。"判"的过程需要各方综合考虑各种因素，包括利益平衡、风险评估、法律合规等，以达成公平、合理和可行的解决方案。可以说，"谈"是"判"的前提和基础，"判"是"谈"的结果和目的。

图1-1 谈与判的关系

谈判有广义和狭义之分。广义的谈判泛指一切带有目的性的协商、交涉、商量、磋商等行为。它涵盖了从国际事务到日常琐事，从政治到经济，从文化到娱乐等各个领域。在广义的谈判中，人们通过沟通、交流、协商等方式，寻求共识，解决问题，达到各自的目的。而狭义的谈判则是指在正式场合下，双方或多方为了各自的利益，就某一问题或事项进行面对面的、有组织的、有目的的协商和谈判。这种谈判往往具有明确的议题、程序和规则，需要参与者具备较高的专业素养和谈判技巧。在商业、政治、外交等领域中，狭义的谈判尤为重要，它直接关系到各方的利益得失和合作关系的建立与发展。

因此，我们可以将谈判定义总结为：谈判是双方或多方为实现各自的目的而进行的相互磋商，通过协调彼此关系达成一致意见的过程。

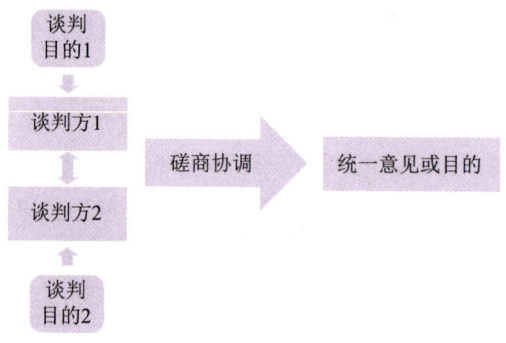

图1-2 谈判的定义

（二）谈判的特征

虽然古今中外的专家学者对谈判概念的表述不尽相同，但是这些表述中的内涵却包含相同的基本特点，也就是谈判本身的特征。

1. 谈判的目的性

谈判是一种有目的性的交流活动，双方或多方在谈判过程中都带有明确的期望和目标。这些目标通常划分为三个层次，即寻求共识、谋求合作、追求利益。在葡萄酒产业谈判中，首要构建共识，讨论产品、市场、价格等核心要素，减少摩擦，奠定信任基础。随后，聚焦合作模式探索，围绕战略目标设计合作方式，形成优势互补、互利共赢的模式。最终目标是追求共同利益，包括市场、品牌、利润等，需兼顾对方诉求，实现双赢或多赢。

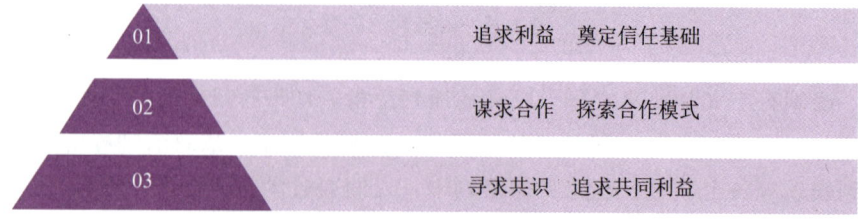

图1-3 谈判的目的性

2. 谈判的合作性和冲突性

合作性是谈判的前提，谈判双方不是对立的敌手，而是合作伙伴。然而，谈判过程中也不可避免地存在冲突，这种冲突可能源于双方利益的不同、期望值的差异,或者是对同一问题的不同理解。在合作与冲突并存的谈判中,双方需要保持冷静、理智,通过有效的沟通和协商,找到双方都能接受的解决方案。合作性为谈判提供了基础,而冲突性则促使双方不断探索和寻找更好的合作方式,从而推动谈判向前发展。

图1-4 谈判的合作性和冲突性

3. 谈判的竞争性

在实际的谈判活动中,由于谈判者能力的高下及所代表国家或者企业实力的强弱,有时各方的地位并不平等,导致谈判的结果也不可能是绝对公平,这也体现出了谈判的竞争性。在谈判过程中,各方都会根据双方所处的地位,尽力采用各种谈判手段争取自身的利益,以达成对自己最为有利的结果。

4. 谈判的互动性

谈判活动必然是双方或多方共同参与的互动过程。各方根据自己的目的和利益,提出自己的观点和要求,同时也需要倾听和理解对方的立场和诉求。互动性不仅体现在言语交流上,更在于通过双方或多方的行动、姿态、表情等非言语方式来传递信息和表达意愿。有效的互动性可以促进双方或多方之间的沟通和理解,增进彼此的信任和合作,从而达成更加公正、合理和可持续的协议。

5. 谈判的互惠性

谈判是互惠互利的。理想的谈判结果应该对所有参与方都有益处,并能够形成持续长久的良性合作。谈判者不仅要关注自身的利益,还要设身处地地考虑对方的立场和需求。通过积极的沟通和协商,双方共同探索出既满足各自利益,又符合整体合作大局的可行方案。这种互惠互利的谈判结果不仅能够促进双方之间的信任和合作,还能够为未来的长期合作奠定坚实的基础。

图1-5 谈判的特征

(三)谈判的构成要素

谈判的构成要素是指构成商务谈判活动的必要因素。无论何种谈判,通常包括谈判当事人、谈判议题、谈判背景三个基本要素。

1. 谈判当事人

谈判当事人是指参加谈判活动的双方或多方。上到国家、国际组织,小到企业、个人,都可以成为谈判当事人。在葡萄酒贸易领域,谈判当事人常常涉及生产商、进口商、经销商、分销商以及消费者等多个层面,谈判当事人的利益诉求各不相同,需要根据当事人的不同类型进行差异化的谈判策略调整。

2. 谈判议题

谈判议题是指在谈判中需要协商解决的问题,即谈判的各项具体内容。在葡萄酒贸易中,常见的谈判议题有商品规格、型号、价格、质量、数量、包装、质检、运输、交货期、付款方式、保证条款和索赔等内容。谈判议题是谈判活动的中心,没有议题,谈判显然无从开始和进行。

3. 谈判背景

谈判背景是指谈判所处的客观条件。谈判背景对谈判的发生、发展、结局均有重要影响,任何谈判必然处在一定的客观条件下并受其制约。谈判背景主要包括环境背景、组织背景和人员背景三方面。

环境背景一般包括政治背景、经济背景、文化背景、科技背景以及地理、自然等客观因素。这些因素往往无法根据个人的意志而改变,可能会对谈判产生颠覆性的影响。例如情景任务中,小王所从事的葡萄酒销售工作,由于电子商务和直播带货的快速崛起,消费者的购买方式产生了较大的变化,随之而来的是厂商合作的背景改变,合作方式也要发生变化,谈判中的诸多细节需要谨慎考虑。

组织背景一般包括组织的历史发展、行为理念、规模实力、经营管理、财务状况、资信状况、市场地位、谈判目标、主要利益、谈判时限等。组织背景直接影响谈判议题的确立,也影响着谈判策略的选择和谈判的结果。

人员背景通常涵盖了谈判双方的职位层次、教育程度、人生经历、工作风格、个人品质、谈判方式以及人际关系网络等方面,这些要素对谈判策略的制定及谈判进程的推进均产生着直接且显著的影响。

上述三方面为谈判的构成要素,除此之外,还需要考虑谈判时间、谈判地点、谈判目的、谈判方式、谈判策略等。

图 1-6 谈判的构成要素

二、商务谈判的内涵

商务谈判,广义而言,涵盖了所有与商品及服务买卖相关的商业活动。具体而言,任何涉及商品交易活动的谈判均可被界定为商务谈判,是谈判领域的一个重要分支。伴随市场经济的蓬勃发展,商务谈判已日益成为谈判活动的核心构成部分。

（一）商务谈判的含义

商务谈判有两层含义：一是"商务"，二是"谈判"。前者表明行为目标和内容性质，后者表明运作过程和活动方式。具体而言，商务谈判是买卖双方为了促成交易而进行的活动，或是为了解决买卖双方的争端，并取得各自的经济利益的一种方法和手段。

（二）商务谈判的功能

商务谈判的功能也就是商务谈判的作用。了解商务谈判的功能有助于提高对商务谈判的理解并强化对商务谈判的运用。商务谈判的主要功能如下。

1. 实现经济目标

商务谈判大多围绕着商品的买卖而进行，是企业实现经济目标的重要手段。对于葡萄酒企业而言，葡萄酒产品的动销是企业实现经济目标的核心，而商务谈判则是实现产品动销的关键环节。因此，实现经济目标是商务谈判的首要功能，也是最基本的功能。

2. 获取市场信息

通过商务谈判，企业可以获取市场动态、竞争对手信息、消费者需求等重要市场信息。这些信息有助于企业及时调整市场策略，优化产品结构，提升市场竞争力。对于葡萄酒企业来说，了解市场趋势和消费者偏好，是制定合理定价策略和推广计划的重要基础。因此，获取市场信息是商务谈判的又一重要功能。

3. 促进业务拓展

商务谈判还能有效促进企业的业务拓展。通过与客户、供应商及合作伙伴的深入交流，企业可以发掘潜在的业务机会，探索新的合作领域，拓宽市场渠道。这种直接而高效的沟通方式，有助于加速业务合作的进程，提升企业的市场响应速度和灵活性。同时，商务谈判有助于推动企业国际化发展，尤其对于葡萄酒企业而言，参与国际市场的竞争与合作是不可或缺的环节。在全球化背景下，商务谈判已逐渐成为葡萄酒企业进入国际市场的"敲门砖"，是企业提高竞争力的重要手段。

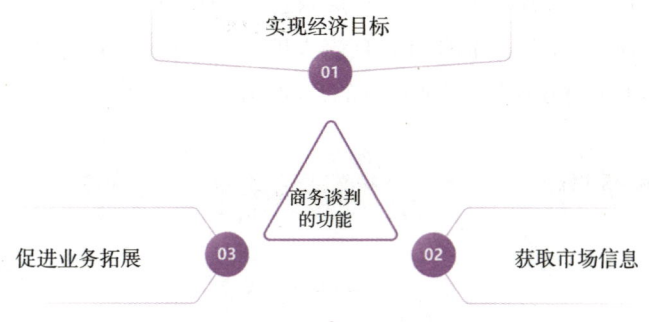

图 1-7　商务谈判的功能

三、葡萄酒商务谈判的特殊性

葡萄酒商务谈判是葡萄酒产业内为实现商品交易或解决争端为目标而进行的各种相互协商的活动。葡萄酒作为在全球范围内广泛流行的一种酒精饮品，不仅具有深厚的文化和历史属性，还具备显著的高附加值特性。然而，由于文化属性、产品特性以及产业特征等方面的差异，葡萄酒商务谈判存在一定的特殊性。

（一）葡萄酒商务谈判的专业性

葡萄酒商务谈判的专业性主要体现在对葡萄酒相关专业知识的深入理解和熟练掌握上。谈判者需要了解葡萄酒的品种、产地、酿造工艺、口感特点以及市场趋势，以便在谈判中能够准确评估葡萄酒的价值，提出合理的交易条件，并解决可能出现的争端。此外，葡萄酒商务谈判还涉及国际贸易规则、法律法规、税收政策、跨文化沟通等多方面的知识，要求谈判者具备全面的专业素养和丰富的实践经验。

（二）葡萄酒商务谈判的复杂性

葡萄酒产业是一产、二产、三产融合的"第六产业"，上游连接着葡萄种植、育种等第一产业，中间涵盖葡萄酒酿造、加工等第二产业，下游则延伸至旅游、文化、销售等第三产业。同时，葡萄酒产业还带动了相关产业链条的发展，如广告、包装、物流、贸易、电商等，形成了一个完整的产业生态系统。因此，在葡萄酒商务谈判的进程中，仅仅掌握葡萄酒产品的基本特性是远远不够的，谈判者必须进一步拓展自己的知识领域，深入探究葡萄酒产品背后隐藏的产业环节。唯有全面且深入地理解这些环节，方能精准捕捉商机，推动合作的顺利达成，实现双方的共同利益。

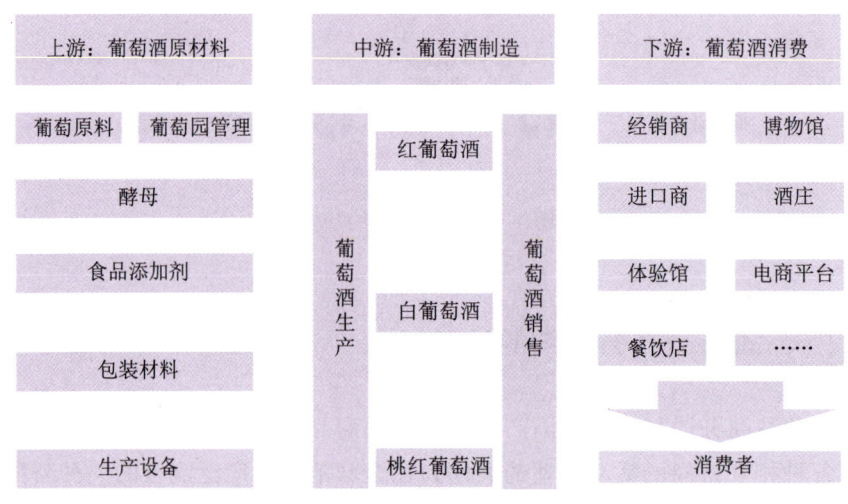

图1-8 葡萄酒产业链

（三）葡萄酒商务谈判的风险性

葡萄酒商务谈判主要存在市场价格波动、品牌价值差异和政策法规变化等风险。

首先，市场价格波动是葡萄酒商务谈判中不可忽视的风险之一。由于葡萄酒市场受到多种因素的影响，如经济、成本、产量、消费者口味变化、政策调整等，市场价格往往会出现较大的波动。这要求谈判者必须具备敏锐的市场洞察力，能够准确判断市场走势，以避免因价格预测失误而带来损失。

其次，品牌价值差异也是葡萄酒商务谈判中的一大风险。在全球范围内，葡萄酒品牌众多，数量庞大，而不同品牌的葡萄酒在市场上的售价差异巨大。品牌的价值除了来自优秀的产品品质以外，还深受品牌历史、文化传承、市场定位及营销策略等多方面因素的影响。因此，在商务谈判中，若未能充分了解并准确评估对方品牌的真实价值，就可能导致谈判双方对价格产生巨大分歧，甚至影响最终的合作结果，导致双方错失合作机会。

最后，葡萄酒商务谈判还可能面对政策及法规的变化带来的风险。在葡萄酒行业中，政策和法规的变动常常突如其来，对商务谈判构成了不可忽视的挑战，如进口关税的调整、质量标准的升级，甚至是贸易壁垒的设置。2021年3月26日，商务部发布2021年第6号和第7号公告，决定对原产于澳大利亚的进口相关葡萄酒征收反倾销税，导致澳大利亚葡萄酒进口量暴跌，很多关于中澳之间的葡萄酒商务谈判受到极大影响。因此，在商务谈判过程中，谈判双方需要密切关注相关政策法规的最新动态，并据此调整谈判策略，以应对潜在的风险。

 葡萄酒商务谈判的类型

任务情境

小王通过初步的学习，已经正确地认识了葡萄酒商务谈判的内涵，对自己即将从事的葡萄酒销售工作有了进一步的认识，改变了以往对商务谈判的片面理解。但是对于小王来说，在以后的葡萄酒销售工作中，他可能面临的谈判都有哪些类型？面对不同类型的谈判他应注意哪些问题呢？

任务分析

商务谈判在客观实践中展现出多样化的类型。对于小王这样从事葡萄酒销售工作的专业人士而言，他极有可能会遇到各类不同的谈判情境。这些谈判类型各具特征与要求，所涵盖的内容也各不相同。深入理解葡萄酒商务谈判中的不同类型，其根本目的在于能够更为精准地制定谈判策略，从而有效提升谈判效率，并更加圆满地实现双赢的协议成果。可以说，对葡萄酒商务谈判类型的正确把握，是葡萄酒商务谈判成功的起点。

葡萄酒商务谈判可以根据不同的标准和角度划分为不同的类型，每种类型的谈判都有其不同的优势和劣势，使用的情况及所采取的策略也各不相同。

一、按葡萄酒商务谈判参与方数量划分

按照谈判参与方的数量划分,葡萄酒商务谈判可以分为双方谈判和多方谈判(见表1-1)。

表1-1 按照参与方数量划分的葡萄酒商务谈判类型

类型	区别	特点
双方谈判	涉及两个主要参与方	沟通直接、效率高
多方谈判	涉及多个参与方	复杂且耗时,需要更高的谈判技巧和协调能力

图1-9 双方谈判和多方谈判

(一)双方谈判

双方谈判,顾名思义,即谈判过程中仅涉及两个主要参与方。这种谈判形式常见于葡萄酒贸易中的供应商与买家之间的直接对话。双方谈判的优势在于沟通直接、效率高,能够迅速就合作细节达成共识。当涉及两个国家时,也可称为双边谈判。

(二)多方谈判

多方谈判则涉及多个参与方,通常出现在复杂的葡萄酒贸易项目中,如多个供应商与买家的联合谈判,或涉及中间商、分销商等多个环节的交易。多方谈判的优势在于集合多方资源,共同商讨出更为全面和均衡的合作方案。当涉及多个国家层面时,也可称为多边谈判。

一般来说,双方谈判涉及责、权、利划分较为简单明确,因而谈判也比较容易把握。多方谈判,由于谈判过程可能因各方利益诉求不同而变得复杂

且耗时，需要更高的谈判技巧和协调能力。在多方谈判中，各方应明确各自的利益诉求，保持开放和透明的沟通，以寻求共同利益和长期合作的可能性。

二、按葡萄酒商务谈判所在地划分

按照谈判所在地划分，葡萄酒商务谈判分为主场谈判、客场谈判和第三地谈判（见表1-2）。

表1-2 按照谈判所在地划分的葡萄酒商务谈判类型

类型	区别	特点
主场谈判	谈判双方中某一方作为东道主，在自己的所在地进行谈判	主场谈判方更加熟悉和适应谈判环境，增强信心
客场谈判	谈判双方中的一方前往另一方的所在地进行谈判	客场谈判方由于不熟悉谈判环境，需要适应并调整状态
第三地谈判	谈判双方选择一个与双方均无直接利益关联的中立地点进行谈判	以更加平等的姿态进行交流和协商，更加专注于谈判

（一）主场谈判

主场谈判，顾名思义，是指谈判双方中某一方作为东道主，在自己的所在地进行谈判。主场谈判方（东道主方）更加熟悉和适应谈判环境，减少因陌生环境带来的紧张感和不适感，可以更加从容地应对谈判中的各种情况；主场谈判方可以充分利用自己所在地的资源和优势，如安排更为便利的交通、住宿和餐饮等，为谈判双方提供舒适的谈判条件，进而营造更加和谐的谈判氛围；主场谈判还能在一定程度上增强东道主方的信心和谈判力，因为谈判地点的选择往往与谈判方的实力和地位有关，主场谈判能够彰显东道主方的实力和地位，有助于在谈判中占据更有利的地位。当然，作为东道主，谈判的主方应当礼貌待客，做好谈判的各项准备。

（二）客场谈判

客场谈判是指谈判双方中的一方前往另一方的所在地进行谈判。客场谈判对于前往谈判的一方（客场谈判方）来说，往往面临着诸多挑战。由于不熟悉谈判环境，可能会产生一定的紧张感和不适感，需要快速适应并调整自己的状态；客场谈判还可能让谈判一方在心理上处于劣势，因为谈判地点的选择往往与谈判方的实力和地位有关，客场谈判可能会让前往谈判的一方感到自己处于被动地位。因此，客场谈判人员需要更加谨慎和机智，审时度势，认真分析谈判背景，充分利用自己的优势，以取得谈判的成功。

（三）第三地谈判

第三地谈判作为另一种谈判方式，通常指的是谈判双方选择一个与双方均无直接利益关联的中立地点进行谈判。在第三地谈判中，双方都能摆脱各自的主场优势或客场劣势，以更加平等的姿态进行交流和协商。这种环境下，双方可以更加专注于谈判内容本身，减少因环境因素导致的干扰和偏见。

三、按葡萄酒商务谈判内容划分

按照商务谈判内容划分，葡萄酒商务谈判可划分为商品贸易谈判和非商品贸易谈判（见表1-3）。

表1-3 按照谈判内容划分的葡萄酒商务谈判类型

类型	区别	特点
商品贸易谈判	聚焦葡萄酒产品的交易细节	直接关系到葡萄酒市场的供需平衡以及企业的经济效益
非商品贸易谈判	涉及合作关系的建立、市场拓展策略、品牌合作及长期发展规划等议题	更注重于双方合作的基础和未来发展的蓝图

（一）商品贸易谈判

商品贸易谈判作为葡萄酒商务谈判的重要组成部分，主要聚焦于葡萄酒产品的交易细节。在这一环节中，双方会就葡萄酒的品种、规格、质量、价格、数量、交货期等关键要素进行深入探讨和协商。商品贸易谈判的成功与否，直接关系到葡萄酒市场的供需平衡以及企业的经济效益。

在商品贸易谈判中，双方需要充分了解市场需求和供应情况，掌握竞争对手的动态，以及考虑各种可能影响谈判结果的因素。通过充分的沟通和协商，双方可以就葡萄酒产品的交易条件达成共识，从而确保交易的顺利进行和双方利益的实现。

（二）非商品贸易谈判

非商品贸易谈判是葡萄酒商务谈判中的另一重要方面，它更多地涉及合作关系的建立、市场拓展策略、品牌合作及长期发展规划等议题。与商品贸易谈判直接关注交易细节不同，非商品贸易谈判更注重于双方合作的基础和未来发展的蓝图。在这一过程中，双方会就市场定位、营销策略、品牌推广、销售渠道拓展等方面进行深入的交流和探讨。同时，也会就合作中的风险防控、知识产权保护、合同条款等法律问题进行细致的商榷，以确保合作关系的稳固和长远。

四、按葡萄酒商务谈判参与方的国域界限划分

按谈判参与方的国域界限划分，葡萄酒商务谈判可分为国内谈判和国际谈判（见表1-4）。

表1-4　按照谈判参与方的国域界限划分的葡萄酒商务谈判类型

类型	区别	特点
国内谈判	发生在同一国家范围内的商务谈判活动	地域接近、文化相似、法律环境一致，沟通高效便捷
国际谈判	谈判主体跨越国界的商务谈判活动	涵盖葡萄酒进出口业务的各个环节，需要更高的专业素养和跨文化沟通能力

（一）国内谈判

国内谈判是指发生在同一国家范围内的商务谈判活动。这种谈判方式具有地域接近、文化相似、法律环境一致等显著特点，为谈判双方提供了更为便捷和高效的沟通平台。在国内谈判中，参与方往往对彼此的市场环境、行业规则及消费者需求有着较为深入的了解，这有助于双方在谈判过程中更快地达成共识，减少因信息不对称而产生的误解和冲突。同时，由于国内谈判受同一法律体系管辖，双方在合同条款的制定、履行及争议解决等方面也更容易达成一致，降低了合作风险。

然而，国内商务谈判也存在一些特殊的影响因素。如有时会表现出重情轻义、法治观念淡薄、受政策影响大、不重视合同履行等特点。出现这些情况的原因，一方面是商务谈判人员重视人情世故；另一方面是商务谈判人员

法治观念淡薄，不在意琐碎细致的合同条款。事实上，这非但不利于谈判双方的关系维持，还使合同失去应有的作用，谈判人员应坚决避免和克服。

（二）国际谈判

国际谈判是指谈判主体跨越国界，本国政府及各种经济组织与外国政府及各种经济组织之间进行的商务谈判活动。在全球葡萄酒贸易活动中，国际谈判非常普遍，涵盖葡萄酒进出口业务的各个环节。由于不同国家和地区的文化背景、法律体系、语言习惯、价值观念、宗教信仰、行为规范、道德标准的差异，国际谈判往往比国内谈判更为复杂，需要更高的专业素养和跨文化沟通能力。因此，无论从谈判技术还是谈判内容上来看，国际谈判都远比国内谈判复杂得多。

五、按葡萄酒商务谈判的沟通方式划分

按葡萄酒商务谈判的沟通方式划分，可分为口头谈判和书面谈判（见表1-5）。

表1-5 按照沟通方式划分的葡萄酒商务谈判类型

类型	区别	特点
口头谈判	谈判人员面对面直接用口头语言交流信息和协商条件，或者在异地通过电话进行商谈	即时交流意见、感受和需求
书面谈判	谈判人员利用文字或图表等书面语言进行交流和协商	口头谈判的辅助形式，方便记录且更为严谨

（一）口头谈判

口头谈判是指谈判人员面对面直接用口头语言交流信息和协商条件，或者在异地通过电话进行商谈。口头谈判是一种直接、高效的沟通方式，双方即时交流意见、感受和需求。在这种形式下，谈判者要能够迅速捕捉对方的反应，并根据情况调整自己的策略。口头谈判通常具有更强的互动性和灵活性，有助于在谈判过程中建立信任和共识。然而，口头谈判也可能因为缺乏明确的书面记录而导致误解或争议。因此，在进行口头谈判时，双方应确保沟通清晰、准确，并尽可能将关键信息记录下来。

（二）书面谈判

书面谈判是指谈判人员利用文字或图表等书面语言进行交流和协商。书面谈判一般通过信函、电报、电子邮件、QQ 和微信聊天等具体形式。书面谈判常常作为口头谈判的辅助形式，具有独特的优势，如可以详细记录谈判内容，便于日后查证和引用；同时，由于书面语言通常更为正式和严谨，有助于减少误解和歧义的产生。此外，书面谈判还允许谈判人员有充分的时间来思考和准备，从而更加全面和深入地分析对方的立场和条件，为最终达成协议奠定坚实的基础。

六、按葡萄酒商务谈判的交易地位划分

按照葡萄酒商务谈判的交易地位划分，可分为买方谈判、卖方谈判和代理谈判（见表 1-6）。

表 1-6 按照交易地位划分的葡萄酒商务谈判类型

类型	区别	特点
买方谈判	以求购者（购买商品、服务、技术、代理权等）的身份参加的谈判	买方处于主动地位，买方根据市场需求、消费者偏好以及预算来设定谈判的基调
卖方谈判	以供应者（提供商品、服务、技术、代理权等）的身份参加的谈判	卖方在谈判中通常处于较为被动的位置，要确保产品以合理的价格售出，同时维护品牌形象和市场份额
代理谈判	受当事方委托参与的谈判	谈判人不是交易的主人，越过授权范围做出的应允一般难以兑现

（一）买方谈判

买方谈判是指以求购者（购买商品、服务、技术、代理权等）的身份参加的谈判，买方的地位不以谈判地点而改变。

当葡萄酒进口商主动接洽国外葡萄酒生产商寻找货源，或者国内葡萄酒经销商主动争取某个葡萄酒品牌代理权限时，就是我们所说的买方谈判。在这种情况下，买方处于主动地位，他们通常会根据市场需求、消费者偏好以及预算限制来设定谈判的基调。买方谈判的主要目标是获取最具竞争力的价格和服务、确保葡萄酒的品质与描述相符，并争取到最有利的交货条件、支付条款以及售后服务。在谈判过程中，买方会积极与卖方沟通，就价格、数

量、交货期、质量标准等核心问题进行深入探讨。他们可能会采用多种谈判策略,如提出合理的价格区间、要求卖方提供样品进行品鉴,或者就某些条款进行让步以换取其他方面的优惠。

(二)卖方谈判

卖方谈判是指以供应者(提供商品、服务、技术、代理权等)的身份参加的谈判,卖方的地位不以谈判地点而改变。

在葡萄酒行业中,卖方谈判常见于葡萄酒生产商或出口商与进口商或经销商之间。卖方在谈判中通常处于较为被动的位置,但他们也拥有自身的优势,如品牌影响力、产品性价比、生产流程控制以及市场趋势的洞察力等。卖方谈判的主要目标是确保产品以合理的价格售出,同时维护品牌形象和市场份额。任务情境中小王从事的葡萄酒销售工作,就需要充分利用公司的品牌和产品优势与经销商或者销售者进行谈判,采用针对性的策略来增强自身的议价能力,从而达到双赢的局面。

(三)代理谈判

代理谈判是指受当事方委托参与的谈判。代理谈判有全权代理(有签约权)和一般代理(无签约权)两种情况。因为谈判人不是交易的主人,越过授权范围做出的应允一般难以兑现,不仅给双方造成不便,代理人自身也负不起责任。因此,代理人的谈判十分注重自己的授权范围,并且常常以"此事须去请示"等为借口绕开谈判中出现的难题,有时为了婉转地向对方施加压力,也采用"权力有限"谋略。

七、按葡萄酒商务谈判的态度划分

按葡萄酒商务谈判的态度划分,可分为关系式谈判、强硬式谈判和原则式谈判三种(见表1-7)。

表 1-7　按照态度划分的葡萄酒商务谈判类型

类型	区别	特点
关系式谈判	谈判各方都以宽容及让步的心态进行的谈判	避免冲突和对抗，随时准备通过妥协和让步来找到共同的解决方案
强硬式谈判	谈判双方往往坚守各自的立场，将谈判视为一场胜负分明的较量	焦点在于争取最大的利益，不惜以牺牲双方关系为代价
原则式谈判	谈判各方将对方视为与自己并肩合作的同事，而不是敌人来对待	强调在尊重彼此利益的基础上，通过合作和协商来达成双方都能接受的协议

（一）关系式谈判

关系式谈判也称软式谈判、让步式谈判，是指谈判各方都以宽容及让步的心态进行的谈判。在关系式谈判中，双方通常会努力避免冲突和对抗，随时准备通过妥协和让步来找到共同的解决方案。这种谈判方式强调建立和维护良好的人际关系，把谈判对手当作朋友而不是敌人。如果谈判当事人都能以"关系"为重，相互退让、友好协商，无疑会极大地提高谈判的效率和增进彼此的关系。然而事实上，由于各方价值观念和利益驱动等原因，关系式谈判并非总能如愿以偿地顺利进行。关系式谈判通常运用在长期稳定的合作伙伴之间，或谈判方出于长远考虑，为了长远的利益而暂时放弃眼下的得失。

（二）强硬式谈判

强硬式谈判也称为传统式谈判、立场型谈判。这种谈判方式中，谈判双方往往坚守各自的立场，将谈判视为一场胜负分明的较量。强硬式谈判的焦点在于争取最大的利益，而不惜以牺牲双方关系为代价。谈判者通常会采用各种策略来捍卫自己的立场，如威胁、施压、拖延等。尽管强硬式谈判在某些情况下可能取得短期的胜利，但它往往破坏了长期的合作关系，并可能导致某方消极履约，甚至想方设法撕毁协议，而使合作陷入僵局。强硬式谈判更适合于一次性交易或竞争激烈的场合，不考虑今后的合作。

（三）原则式谈判

原则式谈判也称为价值型谈判、竞合式谈判，是指谈判各方将对方视为与自己并肩合作的同事，而不是作为敌人来对待，并注意调和双方的利益而不是固守各自立场的谈判；强调在尊重彼此利益的基础上，通过合作和协商来达成双方都能接受的协议。原则式谈判不仅关注谈判的结果，更关注谈判的过程和双方的关系。通过开放式的沟通、创造性的解决方案和相互尊重的态度，原则式谈判旨在实现双赢的局面，为未来的合作奠定坚实的基础。原则式谈判是一种既理性又富有人情味的谈判，因此，该种谈判愈发受到现代社会推崇。

任务三 葡萄酒商务谈判的程序和原则

任务情境

尽管小王已初步具备了葡萄酒商务谈判的相关知识，但当前他面临新的挑战，即需要明确一场正式商务谈判的标准化流程。他需了解应遵循何种既定程序进行谈判，以及在谈判的各个关键环节中，通常会涉及哪些具体的谈判内容。

任务分析

商务谈判是一项比较复杂的商务活动，任何人都不能随心所欲。一般比较正式的商务谈判，往往要依据一定的程序进行，其语言行为要受到相关商务谈判的原则约束。正确的认识和把握商务谈判的程序和原则，有助于谈判各方提高谈判效率，维护谈判权益。

一、葡萄酒商务谈判的程序

葡萄酒商务谈判的程序或步骤，大体上分为以下三个阶段。

（一）谈判准备阶段

对于葡萄酒企业而言，商务谈判直接影响交易活动目标的实现，并关系到企业的经济利益和生存发展。商务谈判准备阶段的工作对于谈判能否顺利进行有着至关重要的影响。

1. 确定谈判目标

在商务谈判开始之前，必须确定谈判的目标，这是商务谈判的方向，也可以说是商务谈判的底线。谈判目标的设定应基于企业的战略规划，充分考虑市场环境、竞争对手状况以及自身的优势和劣势。明确的目标有助于谈判过程中保持清晰的思路，确保不会偏离主题。当然，随着谈判的发展和对谈判背景的进一步的调查，可以适当修改谈判目标。

2. 选择谈判对象

当己方决定争取实现某项交易目标而要进行商务谈判时，就要进行谈判对象的筛选工作。选择谈判对象，应根据交易目标的必要性和相互间商务依赖关系的可能性，通过直接的或间接的前期调查了解，在若干候选对象中进行比较、分析和可行性研究，以找到合作的可能性，实现优化选择。

3. 背景调查

背景调查是商务谈判前不可或缺的一环，涵盖了对方企业的基本情况、经营状况、市场地位、财务状况、企业文化等多个方面。通过多种渠道进行尽可能详尽的背景调查，可以更加全面地了解对方，评估合作的可行性和潜在风险。例如，了解对方的财务状况可以判断其履约能力；了解对方的企业文化可以预测合作中的沟通顺畅程度。这些信息都将为后续的谈判策略制定提供有力支持。

4. 组建队伍

组建一个高效、专业的谈判队伍是商务谈判成功的关键。队伍成员应根据谈判目标、谈判内容和对方特点进行选择，确保每个成员都具备相应的专业知识、谈判技巧和经验。同时，队伍内部应明确分工，形成协同作战的合力。

5. 制定谈判方案

制定谈判方案是在谈判前预先对谈判目标、谈判策略、谈判议程、谈判底线等相关事项所做的设想及书面的安排，是谈判阶段的行动指南。在制定谈判方案时，应充分考虑可能出现的各种情况和风险，并制定相应的应对措施。此外，谈判方案是谈判的重要文件，要注意保密，以防止信息泄露对谈判造成不利影响。

6. 其他准备

除了上述的核心准备工作外，还有一些其他细节性的准备工作也不容忽视，如谈判场所的选择、谈判会场的布置和食宿安排等。此外，也可预先采用模拟谈判的形式进行谈判预演，使谈判人员获得谈判经验，提升谈判能力，从而提高谈判的成功率。

（二）谈判实施阶段

当谈判准备阶段的各项工作完成后，接下来便正式进入谈判实施阶段。谈判实施阶段就是谈判各方为实现预定谈判目标，通过一系列策略与技巧的运用，就交易条件与对方协商的过程。谈判实施阶段是整个谈判过程中最为关键的部分，决定谈判的最终结果。

谈判实施阶段通常划分为以下三个步骤。

1. 开局

开局是商务谈判的前奏，是指当事人各方代表首次接触、相互介绍、寒暄，并初步阐述各自立场和意图的过程。一个良好的开局能够为后续的谈判奠定积极的基础。

2. 磋商

磋商是指各方开始就实现交易目标的各项交易条件进行具体的协商和博弈。磋商的过程是双方或多方智慧与策略的交锋，是谈判实施阶段的核心环节。

3. 协议

协议是商务谈判的最终目的，是在磋商过程中达成的共识基础上，各方签署的法律文件，具有明确的约束力。协议中明确了双方的权益、义务、履约期限等具体条款，为商务合作的顺利执行提供保障。

（三）谈判履约阶段

谈判履约阶段是商务谈判成果转化为实际行动的重要环节。在此阶段，各方应严格按照协议内容执行各自的责任和义务。履约阶段主要工作是检查协议的履行情况，做好沟通并认真总结。期间，如对方违约，应该按照协议索赔；出现争议，需按照协议仲裁。

综上所述，葡萄酒商务谈判的程序如下图所示。

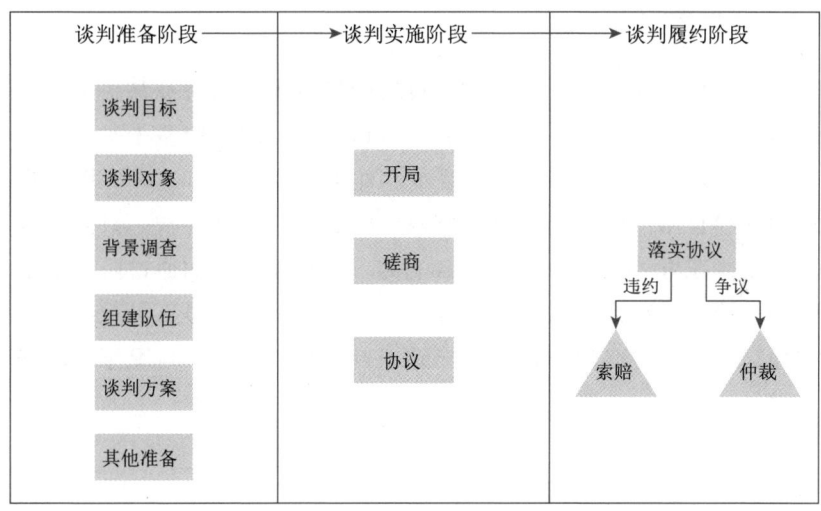

图 1-10　葡萄酒商务谈判的程序

二、葡萄酒商务谈判的原则

商务谈判的原则是指商务谈判中谈判各方应该遵循的指导思想和基本准则。在商务谈判中，遵循一定的原则是确保谈判顺利进行并达成共识的关键。对于中国现代葡萄酒行业而言，发展历程相对较短，政策法规尚在完善之中，从业人员的专业水平也参差不齐，因此，明确并遵循商务谈判的原则显得尤为重要。这不仅有助于保护各方的权益，提高谈判的成功率，还能为制定有效的谈判策略提供指导。

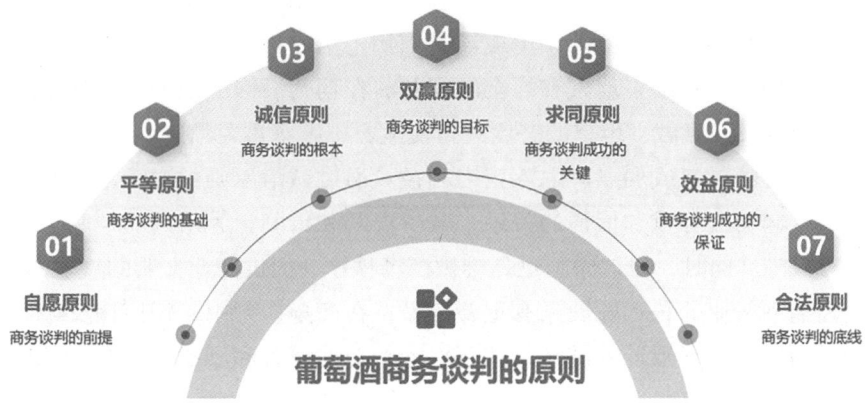

图 1-11　葡萄酒商务谈判的原则

（一）自愿原则

自愿原则是指参与谈判的各方在自愿的基础上进行协商和决策，不受任何外部压力或强制的干涉。在葡萄酒商务谈判中，双方应基于平等、互利的立场，自主决定是否参与谈判、接受或拒绝对方的条件。这一原则体现了市场经济中交易自由的原则，保障谈判双方的自主权和选择权。只有在自愿的基础上，谈判双方才能充分表达各自的需求和利益，进而通过协商达成双方都能接受的协议。在商务谈判的过程中，强迫性的行为是不可取的，一旦出现，被强迫的一方势必退出谈判，导致谈判破裂。可见，自愿原则是商务谈判的前提。

（二）平等原则

平等原则作为商务谈判的另一项重要基石，强调的是在谈判过程中，各方应处于平等的地位，享有同等的权利，并承担相同的义务。在葡萄酒商务谈判中，无论企业的规模大小、品牌影响力强弱，或是谈判代表的个人身份高低，都应当被平等对待，享有平等的机会和权利。遵循平等原则有助于营造公平、公正的谈判氛围，增强谈判双方的信任感和合作意愿，为达成双赢的谈判结果奠定坚实的基础。然而在实际谈判中，可能会由于企业地位和市场供需等因素，导致一方采取过于强势的态度，出现谈判不平等的现象，这不仅可能损害到谈判各方的利益，也会破坏谈判的和谐氛围，最终可能导致谈判失败。因此，平等原则是商务谈判的基础。

（三）诚信原则

诚信原则是市场经济活动的一项基本道德准则。一般认为，诚信原则的基本含义是当事人在经济活动中应该讲信用，恪守诺言，诚实不欺，在追求自己利益的同时不损害他人和社会的利益。在葡萄酒商务谈判中，诚信原则要求谈判双方以真诚、坦率的态度进行交流，不隐瞒重要信息，不虚假陈述，不利用对方的疏忽或弱点牟取不正当利益。通过诚信原则的遵循，谈判双方能够建立起相互尊重和信任的关系，减少误解和猜疑，为谈判的顺利进行提供有力保障。同时，诚信原则也是维护市场秩序、促进商业文明的重要基石，对于葡萄酒行业的长远发展具有重要意义。在商务谈判中，任何违反诚信原则的行为都可能导致谈判破裂，甚至损害企业的声誉和利益。因此，诚信原则是商务谈判的根本。

（四）双赢原则

双赢原则是指谈判达成的协议对于各方都是有利的。它要求谈判双方在协商过程中，不仅要关注自身的利益，更要兼顾对方的利益，通过合作寻找双方都能接受的解决方案。这一原则体现了现代商务谈判的核心理念，即合作而非对抗。在双赢原则的指导下，谈判双方会共同努力，探索双方利益的共同点，通过创造性的思维和灵活的谈判策略，实现双方利益的最大化。这不仅能提高谈判的成功率，还能增强双方之间的合作关系，为未来的合作打下良好的基础。在葡萄酒商务谈判中，双赢原则尤为关键。因为葡萄酒产业链涉及多个环节，需要各个环节之间的紧密合作和协调，只有遵循双赢原则，才能确保葡萄酒产业链的顺畅运作，推动整个行业的健康发展。可见，双赢原则是葡萄酒商务谈判的目标。

（五）求同原则

求同原则是指在商务谈判中，尽管各方可能存在利益分歧，但应努力寻找并强调共同点，以此为基础推动谈判进程。这一原则强调在差异中寻找共识，通过双方的共同努力，缩小分歧，增进理解。由于葡萄酒行业涉及的领域广泛，包括种植、酿造、销售等多个环节，每个环节的交易都有其独特的利益诉求，因此，求同原则尤为重要。遵守求同原则，谈判双方可以聚焦于共同的目标和愿景，如提高产品质量、扩大市场份额、实现可持续发展等，从而在合作中寻求更大的利益空间。可以说，求同原则是商务谈判成功的关键。

（六）效益原则

效益原则是指商务谈判要重视效益，不仅要节约谈判成本，重视谈判自身的效益，而且也要重视谈判项目的社会效益。首先，商务谈判是一项涉及大量时间、人力与费用投入的活动。为了实现高效益的谈判，必须致力于提高谈判效率，即在确保达成预期谈判目标的前提下，力求以最短的时间、最少的人力和资金投入来完成谈判过程。这样的谈判方式，才是符合高效益标准的商务谈判。同时，企业也应兼顾社会效益，关注谈判结果对产业链上下游企业、消费者及社会舆论等方面的影响。比如随着中国葡萄酒产业的崛起，国产葡萄酒的品质越来越受到消费者的认可，在文化自信的大背景下，经销国产品牌的葡萄酒已然成为葡萄酒行业的一种新趋势。因此，企业应在实现自身效益的同时，确保谈判结果具有广泛的社会认可度和可持续性，努力实现自身效益和社会效益的统一。可以说，效益原则是商务谈判成功的保证。

（七）合法原则

合法原则是指所有谈判活动必须在法律法规的框架内进行，确保谈判内容的合法性、合规性，国际商务谈判还应当遵循国际法和对方所在国家的相关法规。在葡萄酒商务谈判中，双方必须严格遵守国家关于酒类产品的相关法律法规，如产品质量标准、广告宣传规范、知识产权保护等。同时，合法原则也要求谈判双方在谈判过程中保持诚信，不得采用欺诈、胁迫等非法手段牟取不正当利益。

合法原则不仅是对国家法律的尊重，也是对企业自身权益的保障。遵循合法原则，有助于避免法律风险，维护谈判双方的合法权益，确保谈判结果的合法性和有效性。只有遵循合法原则，才能建立长期稳定的合作关系，推动葡萄酒行业的健康发展。因此，合法原则是商务谈判的底线。

项目总结

谈判包括"谈"和"判"两方面的内容。"谈"指的是双方或多方之间进行的对话、交流和沟通；而"判"则是指基于"谈"所获取的信息和共识，对问题或争议进行决策、裁决或达成协议。"谈"是"判"的前提和基础，"判"是"谈"的结果和目的。谈判的特征包括：目的性、合作性和冲突性、竞争性、互动性和互惠性。

谈判的基本要素：谈判当事人、谈判议题、谈判背景。

商务谈判的定义：商务谈判是买卖双方为了促成交易而进行的活动，或是为了解决买卖双方的争端，并取得各自的经济利益的一种方法和手段，具备实现经济目标、获取市场信息和促进业务拓展等功能。

葡萄酒商务谈判的特殊性在于专业性、复杂性和风险性。

葡萄酒商务谈判按照不同的标准，可以从不同的角度划分为不同类型。按照参与方数量划分，可分为双方谈判和多方谈判；按照谈判所在地划分，可分为主场谈判、客场谈判、第三地谈判；按内容划分，可分为商品贸易谈判、非商品贸易谈判；按谈判参与方的国域界限划分，可分为国内谈判和国际谈判；按沟通方式划分，可分为口头谈判和书面谈判；按交易地位划分，可分为买方谈判、卖方谈判和代理谈判；按态度划分，可分为关系式谈判、强硬式谈判和原则式谈判。

葡萄酒商务谈判的程序：谈判准备阶段、谈判实施阶段、谈判履约阶段。

葡萄酒商务谈判的原则：自愿原则、平等原则、诚信原则、双赢原则、求同原则、效益原则和合法原则。

素养提升

中美价值观对商务谈判的影响

个人主义是美国文化中心价值的核心，也是美国人处理各种社会关系最主要的特征；在个人主义的影响下，每个个体都有较强的竞争意识和个人奋斗意识。在工作与生活方面，强调主观能动性；注重创新精神，不落俗套。在沟通方面，他们相信自己的能力与判断，敢于做决断。他们把实现自我作为目标，而集体是他们实现个人目标的途径和手段。

集体主义是典型的中华传统文化价值观。在道德标准作为价值核心的指导下，中国人信奉"和为贵""合为本"，注重"合"的价值，从而维系与他人和集体的和谐关系，以发挥集体的力量与智慧。"群体高于个人"，个人是实现群体目标的手段和方式，因此中国人在生活和工作中表现出对集体的依赖，少数服从多数，注重团队合作。

中美不同谈判风格归纳见表1-8。

表1-8 中美不同谈判风格的对比

项目	美国谈判风格	中国谈判风格
决策方式	个人主导，快速决断	集体协商，层层上报
沟通偏好	直接表达诉求	含蓄暗示，维护关系

请结合中美不同谈判风格的对比，谈谈你对中美不同的价值观对双方的谈判行为、谈判过程和结果产生的影响。

主要术语

谈判；商务谈判；葡萄酒商务谈判；葡萄酒商务谈判类型；葡萄酒商谈判程序；葡萄酒商务谈判原则

思考与讨论

1. 谈判的特征有哪些？
2. 商务谈判对葡萄酒行业的重要性体现在哪些方面。

3.葡萄酒商务谈判应遵循哪些原则？

4.主场谈判与客场谈判各有什么优势和挑战？如果你是一家葡萄酒出口公司的谈判代表，你将如何准备客场谈判以克服可能的挑战？

5.在一场涉及多个潜在分销商的多方葡萄酒商务谈判中，各方利益诉求不一，你如何运用求同原则来推动谈判进程并达成共识？

葡萄酒商务谈判：从生活智慧到专业策略

项目二
葡萄酒商务谈判准备

思维导图

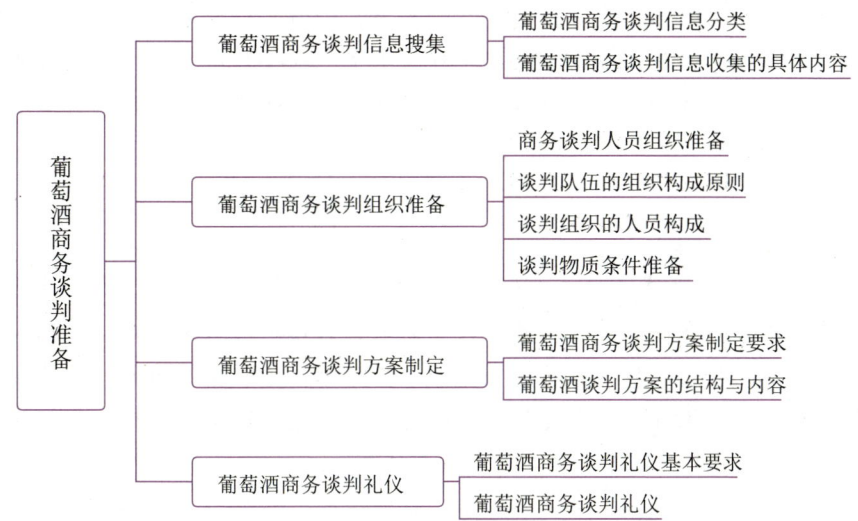

学习目标

知识目标：了解葡萄酒商务谈判信息搜集内容，明确葡萄酒商务谈判活动组织内容及要求，掌握葡萄酒商务谈判方案准备细节，熟悉葡萄酒商务谈判相关礼仪常识。

能力目标：能够依据葡萄酒商务谈判的准备要求，完成相关葡萄酒商务谈判的信息搜集、谈判方案准备及相关葡萄酒商务谈判活动的组织与参与。

素质目标：培养良好的形象意识，养成规范严谨的工作习惯，强化合作意识，提高葡萄酒商务谈判活动的执行成效。

任务一　葡萄酒商务谈判信息搜集

任务情境

随着中国经济的快速发展和改革开放政策的拓宽，中国的葡萄酒产业也逐步在国际市场上占据了重要位置。在工作中，小王的葡萄酒营销业务能力逐步得到提升，但他没有放松对自己的要求，依旧坚持学习，尤其是与葡萄酒相关产业的谈判合作常识的积累。作为小王，在合作商谈前应该做好哪些准备工作？重点关注合作方哪些信息？又要做好哪些谈判前的信息收集准备工作？

任务分析

"知己知彼，百战不殆"。不论是葡萄酒生产商还是经销商，在合作前都需要进行必要的准备工作。尤其是关于葡萄贸易信息的收集准备。小王在与合作方进行谈判前，只有做足谈判前的准备功课，才能在葡萄酒销售及流通合作谈判时占据优势，争得先机。具体包括：一是了解葡萄酒商务谈判信息分类；二是做好葡萄酒商务谈判信息搜集工作。

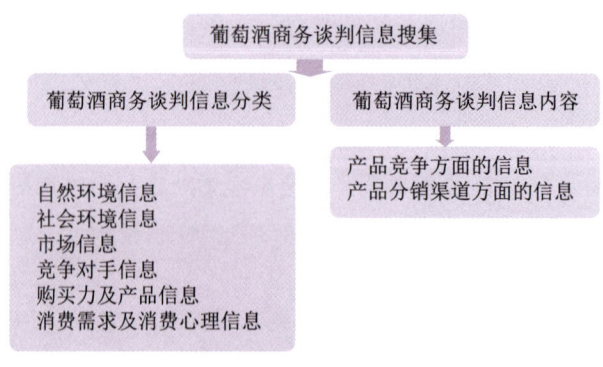

图2-1　葡萄酒商务谈判信息搜集内容

一、葡萄酒商务谈判信息分类

在葡萄酒商务活动中，有关葡萄酒谈判的信息多种多样，纷繁复杂。准确区分葡萄酒谈判信息的类型是研究和分析相关葡萄酒谈判信息的基础。科学地把握葡萄酒谈判信息，可以让谈判者更加深刻地认识葡萄酒谈判信息的规律性，有助于他们实现谈判工作目标，提高谈判工作成效。葡萄酒商务谈判信息主要包括以下内容：自然环境信息、社会环境信息、市场信息、竞争对手信息、民众购买力及产品信息、消费需求信息和消费心理信息等。

（一）葡萄酒商务谈判地域自然环境信息

自然环境信息是指能引起人们消费习惯改变、购买力转移以及市场变更的自然现象方面的信息，如地震、气候变化、环境变化等。良好自然环境影响着参与谈判人员的心境和心绪状态。葡萄酒商务谈判地域的确定、谈判时间节点的选择，对于谈判的组织者和参与者都有着重要的影响。保持合作双方的心绪状态、营造一个有利于谈判成功的良好环境是谈判合作的重要影响因素之一。

（二）葡萄酒商务谈判地域社会环境信息

地域社会环境信息是指对市场有影响的各种社会因素，如文化、人口、社会阶层、家庭、政治、法律、时尚、风俗、宗教、社会发展、城市建设等方面信息。政治性信息是指由于某一政治活动的发生、政治事件的出现而引起市场变化的信息，如战争爆发引起的物价上涨等。社会性信息是指与市场经营、销售有关的社会风俗、社会风气、社会心理、社会状况等方面的信息。在葡萄酒贸易谈判中，社会环境扮演着至关重要的角色。社会环境包括文化、生活方式、消费习惯等因素，这些因素都对葡萄酒行业发展及业务推广产生巨大的影响。

（三）葡萄酒商务谈判地域市场信息

地域市场信息是指能引起市场变化的因素。如社会经济、地理位置、人口数量及收入和消费方式等，这些都是影响葡萄酒商务谈判成功的重要因素。葡萄酒市场信息的内容很多，但归纳起来主要包括以下三方面。

1. 国内外市场信息

国内外市场信息主要是指市场的分布情况、地理位置、运输条件、政治经济条件、市场潜力和容量、葡萄酒市场与其他市场的经济联系等。随着科学技术的进步和生产力的发展，交通运输工具和通信手段日趋现代化。葡萄酒国内与国际贸易中品种繁多，数量不断扩大，这在一定程度上扩大和影响着国内和国际的葡萄酒市场。因此，作为葡萄酒企业应通过调查落实清楚本企业产品可以在国内、国际哪些市场上销售，从而确定长期、中期及短期的销售发展计划，这有助于企业商务谈判目标的确立。

2. 葡萄酒消费需求方面信息

葡萄酒消费需求方面的信息较多，主要包括：消费者忠于某一特定葡萄酒品牌的期限、原因、条件、因素；消费者开始使用某一特定葡萄酒品牌的条件和原因；使用者与购买者之间的关系；葡萄酒消费者购买的原因和动机；葡萄酒消费者购买的意向和计划；葡萄酒产品被动消费量；消费者对葡萄酒产品的态度；消费者对葡萄酒企业市场活动的反应与态度；消费者喜欢在何处购买；新使用者的情况及使用葡萄酒产品的原因；葡萄酒产品（资金或劳务）的需求量、潜在需求量、本企业产品的市场覆盖率和市场占有率及市场竞争形势对本企业销售量的影响等。作为葡萄酒营销工作人员需要全面了解并掌握商务谈判对方所在地域的消费者需求方面的信息。

3. 葡萄酒产品销售方面信息

了解商务谈判对方葡萄酒产品销售方面的信息，主要是了解其葡萄酒产品分销渠道方面的信息，即主要竞争对手采用何种经销路线，了解当地零售商营销情况，掌握谈判上的主动权。例如，生产制造商是否聘用人员直接推销，其使用状况及程度如何；各种类型的中间商有无仓储设备；各主要市场的批发商与零售商的数量；各种销售推广、售后服务及存储商品的功能，哪些应由制造商提供，哪些应由批发商和零售商负担等等。这里要重点做好以下区分：如果是卖方，要调查本企业产品及其他企业同类产品的销售情况；如果是买方，则要调查所购买产品的销售情况，包括该类产品过去几年的销售量、销售总额及价格变动、该类产品的长远发展趋势、拥有该类产品的家庭所占比率、消费者对该类产品的需求状况、购买该类产品的决定者及购买频率、季节性因素、消费者对这一企业新老产品的评价及要求等。对产品销售方面信息的调查，可以使谈判人员大体掌握市场容量、销售量信息，有助于谈判人员确定未来的谈判对手及产品销售（或购买）。

（四）葡萄酒谈判地域竞争对手信息

葡萄酒谈判地域竞争对手信息是指有关生产或经营同类产品的其他企业

状况的信息。正式商务谈判开展前,对与谈判有关的环境因素进行分析是必不可少的工作项目。而收集谈判对手的资料并进行调研与分析就更为重要。如果同一个事先毫无了解的对手进行谈判,其困难程度和风险程度是可想而知的。

(五)葡萄酒谈判地域民众购买力及产品信息

葡萄酒谈判地域购买力信息是指消费收入、支出构成、消费趋向等方面的信息。产品信息是指与葡萄酒产品的价格、研发、销售渠道、商标、包装、设计等有关的信息。摸清谈判对方的消费需求、消费数量和消费心理,谈判人员就可以掌握谈判对方对产品的消费意向,预测本企业产品的竞争力,也有利于和谈判对手讨价还价。

(六)葡萄酒商务谈判对方消费需求信息

摸清谈判对方的需求信息,尤其是指所属地域消费者的需求信息及消费心理信息,这是葡萄酒商务谈判合作成功的重要因素,主要包括有关葡萄酒商品的品种、数量、规格、价格、式样、色彩、口味、方便程度、适用程度等方面的信息。葡萄酒消费心理信息主要包括有关消费者的购买行为、购买动机、价值观、审美观等方面的信息收集与分析。

二、葡萄酒商务谈判信息收集的具体内容

葡萄酒商务谈判信息收集,主要涉及两方面内容。一是产品竞争方面的信息;二是产品分销渠道方面的信息。

商务谈判人员不一定是直接的消费者,但摸清对方的社会消费需求和消费数量对谈判参与者来说具有重要意义。谈判人员可以敏锐感觉到消费者对本产品的取舍意向,预测本企业产品的竞争力。

(一)产品竞争方面的信息

这类信息主要包括生产或购进同类葡萄酒产品竞争者的数目规模以及产品的种类;葡萄酒主要生产厂家的市场占有率及未来变动趋势;葡萄酒品牌商品所推出的形式与售价幅度;消费者偏爱的葡萄酒品牌与价格水平、具有竞争性的葡萄酒产品的设计、主要竞争者能提供的售后服务方式、顾客及中间商对此类服务的满意程度、当地葡萄酒经销批发商和零售商的毛利率与市

场行情、当地葡萄酒生产商与中间商的关系、各主要竞争者所采用的销售组织形态、由葡萄酒生产商推销渠道、各主要竞争者所采用的销售组织的规模与力量、主要竞争者所用的广告类型等等。

如果己方是卖方，需要对葡萄酒经销竞争对手的情况做好详细调查，同时还要掌握己方同类产品的营销情况及经销渠道、宣传支出等。这样做，不仅可以更好地寻找对手的弱点，争取己方产品的广阔销路，还可以帮助谈判人员在谈判桌上击败竞争对手；有利于谈判者准确预测己方的竞争力，保持清醒头脑，灵活掌握谈判桌上的价格弹性。摸清竞争者和谈判对手的销售形式，包括运输费用的基本预算。

（二）产品分销渠道方面的信息

这方面信息包括主要竞争对手采用何种经销路线、零售商或谈判商的主动权大小、葡萄酒生产商是否聘用人员直接推销（如有使用，其使用程度如何）、各类葡萄酒中间商有无仓储设备、主要葡萄酒市场的批发商与零售商数量、各种销售推广售后服务及存储商品的功能等。

总之，掌握准确具体的葡萄酒生产商、经销商、分销商、销售地域消费者需求信息、消费水准，均可以在最大程度上帮助谈判人员。

 葡萄酒商务谈判组织准备

任务情境

随着对工作内容的日趋熟悉，小王的业务水平不断提高。为了更好地拓展自身业务范围，小王主动申请，参与企业与国内一家知名葡萄酒厂家的谈判活动。开明的领导同意了他的请求，但嘱咐他要重点关注谈判前的组织准备工作。

难得的机遇，督促他格外重视未来的谈判活动。但参与葡萄酒商务谈判，需要做好哪些组织准备工作？

> 📋 **任务分析**

对于领导分派的工作任务，小王特别重视。作为谈判团队的一员，他需要认真思考，仔细研判领导分派的任务要求，了解谈判活动参与的每位员工，认真思考谈判队伍组建的每个环节及准备要求。力求通力合作，精心做好每一项准备工作。

参与葡萄酒商务谈判的工作人员在活动前，应做好谈判活动具体的组织准备工作。

一、商务谈判人员组织准备

商务谈判的组织准备是指为实现一定的谈判目的、依照某种特定的方式，由专门工作人员进行的周密系统的安排。一场成功的商务谈判，离不开一支规模适当、结构合理的谈判队伍。谈判组织力量的来源，一方面是组织成员的个人素质高；另一方面是组织成员的协调沟通能力强。

（一）商务谈判人员素质要求

在社会历史的发展进程中，许多重大历史事件无不闪耀着谈判者超人的智慧和令人叹服的谈判技巧。如在古代，苏秦、张仪合纵连横；晏子使楚，不辱使命；蔺相如完璧归赵等。这些人都为我们树立了榜样。到了当代，我们熟悉的周恩来总理的外交才华、陈毅外长的幽默风趣，都以完美的个人形象和出色的谈判风格给世人留下了深刻的印象。商务谈判也同样如此。商务谈判人员良好的品质和修养、宽广的心胸以及大无畏的气魄都是谈判成功的关键。

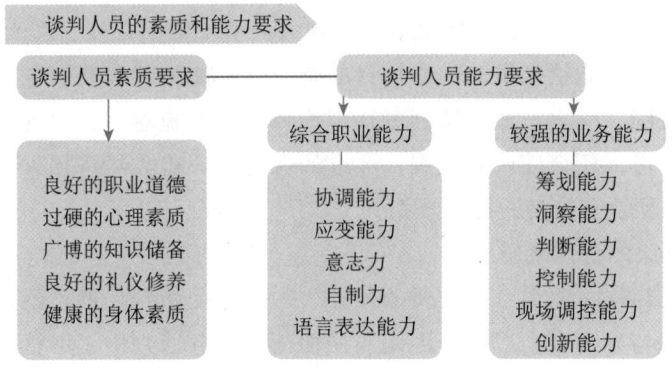

图 2-2　谈判人员的素质和能力要求

（1）良好的职业道德

良好的职业道德是一个谈判人员必须具备的首要条件。作为特定的葡萄酒商务人员的代表参加谈判，其一言一行都关系到企业整体的形象和利益。这主要表现是为人处事要诚信正直、遵纪守法；对待工作要忠于职守、克己奉公；与人交往要谦虚谨慎、团结协作。要始终拥有强烈的事业心、责任心和进取心。

（2）过硬的心理素质

商务谈判不仅是智力、技能和实力的比试，更是意志、耐性和毅力的较量。一些重大而艰难的谈判，往往不是一轮、两轮就能完成的。对谈判者而言，如果缺乏过硬的心理素质，很难在谈判中取得成功。因此，葡萄酒商务谈判人员要做到在顺境时不骄不躁、不目中无人；在逆境时保持积极进取心态，不把自己的错误归咎给别人；对别人的不友好不以牙还牙，而是宽大为怀，用智慧机智应对，以化解问题难点。

（3）广博的知识储备

广博的知识储备是谈判人员在谈判中获得成功的前提条件，在葡萄酒商务谈判中同样如此。参与谈判的人员如果没有系统而精深的知识储备，根本做不到游刃有余地进行谈判。作为葡萄酒商务谈判人员，首先要娴熟掌握广博的葡萄酒专业知识，要学会将普通知识和专业知识统一起来。在具备贸易、金融、营销等一些必备专业知识的同时，还要广泛学习心理学、经济学、管理学、财务学、控制论、系统论等学科的知识，善于取长补短、为我所用。这也是谈判人员综合素质的良好体现。

（4）良好的礼仪修养

礼貌礼节作为一种道德规范，是社会文明的重要表现。任何行业、任何人员都要懂得必要的礼仪规范常识。在葡萄酒商务谈判中，礼貌礼节是谈判人员必备的基本素养。在谈判桌上，谈判人员举止彬彬有礼、言谈大方高雅、思维有格局，都能给人带来赏心悦目的感受，都能为葡萄酒商务谈判营造和平友好的氛围。反之，如果谈判者知识浅薄、粗心疏忽、言辞含混不清，不仅会自降身份，还会使谈判破裂，严重的还将造成重大经济损失。作为葡萄酒谈判者必须具有较高的礼仪修养。

（5）健康的身体素质

商务谈判是一项艰巨而重要的任务。一旦接受谈判任务，就要依照己方既定的目标与原则全力以赴。因此，在葡萄酒商务谈判中，不管有什么样的困难和压力，都要有坚持到底的决心和勇气。面对工作的挑战，如果没有健康的体魄、良好的身体素质,是很难胜任这项重要工作的。作为葡萄酒谈判者只有精力充沛、体魄健康,才能适应超负荷谈判工作的需要。

(二)商务谈判人员能力要求

1. 综合职业能力

(1)协调能力

商务谈判是涉及人员及相关领域较多的复杂活动。谈判人员既要尊重他人,又要虚心听取有利于谈判的合理意见。同时,还要善于解决遇到的矛盾,调动自己和他人的积极情绪,更好地服务商务谈判活动准备与谈判任务的完成。

(2)应变能力

谈判桌上瞬息万变,参与谈判人员要具有较强的应变能力。即做到临危不乱、以不变应万变。即便是陷入被动或困扰状态,也要做到处变不惊、从容应对。

(3)意志力

商务谈判准备工作及谈判过程是冗长、忙碌而又紧张的。这就要求谈判人员有坚韧的意志力,不为困难所屈服,不为诱惑所动摇,具有坚定的决心去赢得谈判的最终胜利。

(4)自制力

成功的谈判者往往具有较强的自制力。尤其是在谈判局势发生急剧变化,甚至在激烈的争执中,都需要参与人员克服自身的心理障碍,控制自身行为,用冷静恰当的语言和礼貌得体的举止来说服、影响对方。做到既不被顺利冲昏头脑,也不因挫折而萎靡不振。

(5)语言表达能力

商务谈判是人们利用语言工具进行交往的一种活动。谈判中的语言不仅要准确、严密,而且要得体生动、富有感染力。优秀的谈判人员总是善于通过语言的感染力强化谈判的艺术效果,同时还能够让对手正确领悟己方意图。

2. 较强业务能力

作为葡萄酒商务谈判参与人员,较强的业务能力包括以下内容。

(1)筹划能力

作为商务谈判人员要有较强的谈判运筹能力和计划执行能力。即谈判的进程把控能力。如怎样把握谈判的时间进度、不同谈判阶段的组织策略、谈判现场节奏及情绪的掌控能力等。这都能体现出谈判人员的运筹帷幄能力。

（2）洞察能力

在商务谈判之前，参与人员不一定完全了解对手，很多信息需要在谈判桌上发现。这就要求谈判人员具备良强的观察能力和思考能力。在管控好自身情绪和体态语言外，还要注意对方语言、行动以及表情上的蛛丝马迹，进而准确判断对方的真实意图，采取相应的应对策略。

（3）判断能力

成功的谈判人员不仅要善于察言观色，还要对自己的所见所闻做出正确的分析和准确的判断。要能够根据对方的第一次报价及行为，迅速做出判断和估测，以确保谈判工作的顺利进行。

（4）控制能力

谈判是谈判双方参与人员的思想从两极走向交叉点的过程。这个过程会受到诸多不利因素的影响，谈判形势也是变幻莫测的，稍有不慎就会迷失方向。有掌控能力的谈判人员往往能运用不同的手段方法，把握住谈判局面的发展方向。他们善于抓住转瞬即逝的机会，让谈判按预定轨道方向发展。

（5）现场调控能力

随着谈判活动的进行，谈判中可能会出现比较大的变动。优秀的谈判人员要善于因时、因地、因事而随机应变，从而完成对现场的调节和控制。善于应变、权宜通达、机动进取是商务谈判人员必备的工作能力。

（6）创新能力

优秀的谈判人员往往具有一定的创新能力，有丰富的想象能力。他们在认真执行计划的同时，也会努力拓展自己的想象空间。即便是在双方达成一致的基础上，也会寻找达成协议的更好选择。

尺有所短，寸有所长。参与谈判人员要善于取人之长，补己之短。只有通过慎重、周密的人员选择和安排，才能使商务谈判稳操胜券。

二、谈判队伍的组织构成原则

葡萄酒商务谈判队伍的组织构成原则见下图。

> （一）知识互补原则
> （二）性格互补原则
> （三）学历、经验并重原则
> （四）新老搭配原则
> （五）精干高效原则
> （六）互助合作原则
> （七）地位对等原则

图 2-3　谈判队伍的组织构成原则

（一）知识互补原则

知识互补原则是指谈判小组成员之间要实现专业知识的互补。商务谈判，特别是一些较大项目的谈判，涉及的专业知识很多。而人无全才。商务谈判组织构成中要有处理不同问题的专家，分别具有一定的专业知识，能够处理相关领域的专业问题。如商业人员精通市场，财务人员精通核算，技术人员精通技术，法律人员精通法律。这些不同专业的人员共同构成谈判队伍，大家互相配合，组成一支知识全面、业务精通的谈判队伍，这样才能发挥整体优势，提高商务谈判的胜算。

（二）性格互补原则

性格是一个人比较固定的对人、对事的态度和行为模式，是一个人的个性心理特征。组建商务谈判队伍时，可以考虑将不同性格的谈判人员搭配在一起，大家互相协调，互补不足。现代医学研究表明，人们的性格可粗略分为活泼型、暴躁型、黏液型和抑郁型四大类。活泼型性格的人，大多数亲切随和、反应敏捷开朗，但欠稳重；暴躁型性格的人，敢作敢为、胆大好胜、处事果断，但处事可能比较急躁，遇到对方挑衅时难以冷静理智的对待；黏液型性格的人，思维严谨、处事稳重，但可能会表现出优柔寡断；抑郁型性格的人，办事细心、沉着冷静，但会过于拘谨，一旦遇到挫折会难以释怀。在具体工作中，上述性格的人员只有协调互补，才能在团队中发挥各自的优势。

（三）学历、经验并重原则

学历的高低标志着一个人的受教育程度。一般情况下，学历高的人具有更丰富的专业知识，有更大的潜能。但是"纸上得来终觉浅，绝知此事要躬行"，只有书本知识而欠缺实践，很难应对形势突变的复杂谈判局面。而有些人虽然没有接受过高等教育，但有多年的谈判实战经历，积累了丰富的谈判实战经验，临场发挥能力非常强。因此，谈判组织如果能够将高学历与有经验的人员结合在一起，将会极大提高谈判队伍的整体谈判水平。

（四）新老搭配原则

"新"指的是新人，即谈判场合的新兵。新人的特点是没有顾虑，敢作敢为。"老"指的是经验丰富的沙场老将。在商务谈判人员的配备中，既有初出茅庐的新兵，又有训练有素的老将。新人表现出的争强好胜、思路敏捷的特点，与老将们表现出的沉着稳重、坐镇指挥相比，两者相得益彰、互相配合，既发挥了优势，又培养了新人，是一种极好的搭配。

（五）精干高效原则

从谈判实践经验来看，谈判人员的人数控制在3~7人为好。如果是大型的谈判，谈判规模则需要相应扩大。无论商务谈判规模的大小，谈判活动都需要做到人员数量适当，要与谈判规模、谈判内容相适应。要尽量避免不必要的人员设置。

（六）互助合作原则

在葡萄酒商务谈判中，参与谈判人员既要做到工作不越位、角色不混淆，又要做到默契配合、互助合作、相互配合。具体体现为主谈和陪谈的分工与合作、台上和台下的密切配合、各专业陪谈人员的业务协作。

（七）地位对等原则

葡萄酒商务谈判强调对等原则。在配备商务谈判人员时，己方谈判人员的规格、地位应与对方出场人员级别相当，或不低于对方人员的级别。这样安排，一方面可以显示己方对参与方的尊重，另一方面体现彼此的谈判实力相当。

三、谈判组织的人员构成

（一）谈判组织业务构成

谈判组织的业务构成包括商务人员、技术人员、财务人员、法律人员、翻译人员等。

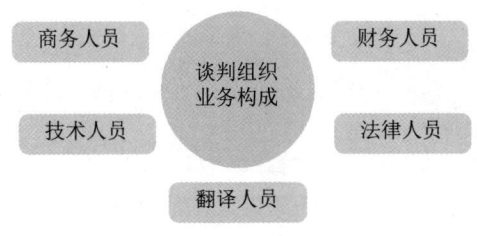

图 2-4　谈判组织的人员构成

1. 商务人员

商务人员由熟悉商业贸易、市场行情、价格形势的贸易专家担任，负责商务贸易的对外联络工作。

2. 技术人员

技术人员由熟悉生产技术、产品标准和科技发展动态的工程师担任，在谈判中负责对有关生产技术、产品性能、质量标准、产品验收、技术服务等问题进行谈判，也可为商务谈判中价格决策做技术顾问。

3. 财务人员

财务人员由熟悉财务会计业务和金融知识且具有较强财务核算能力的财会人员担任。主要职责是对谈判中的价格核算、支付条件、支付方式、结算货币等与财务相关的问题进行把关。

4. 法律人员

法律人员由精通经济贸易各种法律条款和法律执行事宜的专职律师、法律顾问或本企业熟悉法律的人员担任。职责是做好合同条款的合法性、完整性、严谨性的把关工作，负责涉及法律方面的谈判。

5. 翻译人员

翻译人员由精通外语、熟悉业务的专职或兼职翻译担任，主要负责口头与文字翻译工作，沟通双方意图，运用语言策略配合谈判。在涉外商务谈判中，翻译人员的水平将直接影响谈判双方的有效沟通和磋商。

（二）谈判组织角色构成

葡萄酒商务谈判的组织角色构成见下图。

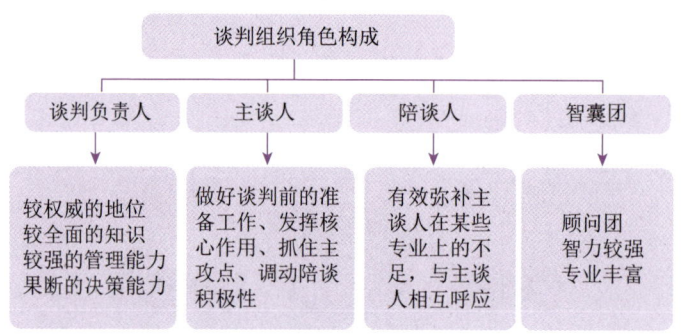

图 2-5　谈判组织角色构成

1. 谈判负责人

谈判负责人在小组谈判中也称谈判组长，是商务谈判组织的领导者，在谈判中拥有领导权和决策权，但不一定是主谈人。具体职责包括谈判方案的制定、谈判队伍的组建、谈判桌上的组织协调、谈判后的分析总结与汇报等。通常情况下，能够担任谈判负责人的，或是公司领导层管理人员，或是某一领域的专家。谈判负责人一般具有以下特点。

（1）较权威的地位。商务谈判负责人具有权威的地位，才能树立威信，率领团队。同时，权威的地位一般也意味着较大的权力，而较大权力能够使其在谈判桌上更好地发挥主导作用。

（2）较全面的知识。谈判负责人除了本身具有较高的思想政治素质和业务素质外，还应具有较全面的知识，能够较为敏锐地发现谈判中的问题，制定正确的谈判策略，引导正确的谈判方向。

（3）较强的管理能力。谈判负责人的主要职责之一就是负责谈判团队的管理。只有具有较强管理能力，才能使其所带领的谈判团队具有较强的凝聚力和战斗力。

（4）果断的决策能力。谈判负责人的另一个主要职责，就是负责判断和决策。谈判桌上情况瞬息万变，当谈判遇到突发情况，谈判负责人果敢的决策能力，是抓住时机赢得谈判成功的关键。

2. 主谈人

主谈人也称首席谈判代表，是商务谈判中的主要发言人，也是谈判方案的主要执行者。主谈人需要具有雄辩的口才、严密的逻辑思维、敏捷的反应能力和较高的业务水平。通常情况下，主谈也可以是谈判负责人，两者可合二为一。主谈在谈判活动中，起着举足轻重的作用，具体表现在以下几个方面。

（1）做好谈判前的准备工作。具体包括谈判目标、策略和程序安排，谈判成员之间的分工，了解并掌握谈判所需各类信息，备齐谈判所需的各类文件资料等。

（2）发挥核心作用。作为谈判的主要发言人，一方面，主谈承担着谈判方案的执行落实工作；另一方面，也代表着上级指示精神的贯彻执行。因此，主谈要能够勇担责任，言出必行。

（3）抓住主攻点，寻找突破口。谈判是双方利益的激烈交锋，主谈要时刻保持头脑清醒，一方面要尽量守住己方阵地；另一方面要寻找对方可能妥协的方面作为主攻点，争取对方的让步，从而推动谈判朝着有利于己方的方向发展。

（4）调动陪谈积极性。谈判成功的关键，就是能否有效发挥全体谈判成员的积极性、能动性和创造性，而主谈在这一方面负有主要职责。主谈要能够分工得当，认真听取和考虑各个陪谈成员的意见，最大限度地发挥每个陪谈的专业作用，为谈判献计出力。

3. 陪谈人

陪谈人是谈判组织的主要构成人员，是能够在具体细节上答复对方的咨询并直接质疑对方，从而有效弥补主谈在某些专业上不足的重要一员，协助主谈人完成谈判任务。在商务谈判桌前，陪谈人在言行上一定要与主谈保持高度一致，与主谈相互呼应，完成谈判任务。

4. 智囊团

智囊团也称顾问团或"外脑"，一般是指由若干智力较强、专业丰富的人员组成的团体。对于大型谈判或者涉及项目较多的复杂谈判，只是依靠3~7人的谈判团队是很难完成庞大的谈判任务的。这个时候，有一个专业齐全、精明能干的智囊团配合，会使谈判如虎添翼。如中国加入世贸组织时的谈判，在长达15年的谈判历程中，中国有大量不同专长的专家在其中发挥了顾问作用。

四、谈判物质条件准备

谈判物质条件的准备，小到影响谈判人员的发挥，大到影响谈判气氛的形成，乃至关乎整个谈判前途。谈判物质条件准备主要包括四个方面：一是谈判场所选择，二是谈判环境布置，三是谈判人员食宿安排，四是其他设备设施和服务。

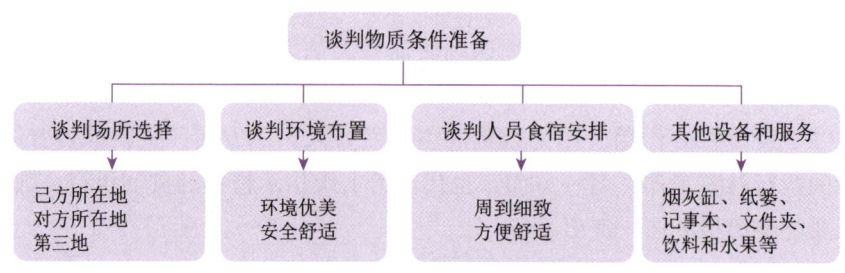

图2-6　谈判物质条件准备

（一）谈判场所选择

谈判场所的选择包括两个方面：一是谈判国家、地区的选择，二是具体的谈判场地的选择。前者应考虑交通方便、通信便利，后者应根据谈判的性质而定，最好是选择比较安静、不受干扰的场所。而对于非正式谈判，则不受上述条件限制。

通常谈判场所的选择有三种，即己方所在地、对方所在地和第三地。对于谈判者来讲，每种谈判场所的选择都各有利弊，应根据其特点尽量扬长避短。

如果谈判地点选在己方所在地，其优点是可充分发挥"天时、地利、人和"带来的优势，如可避免由于环境生疏带来的心理障碍，可方便查阅资料、向领导汇报、更换谈判人员、可节省差旅费和旅途时间等。美国谈判专家泰勒尔的实验表明，多数人在自己家的客厅与人谈话，比在别人家的客厅里更能说服对方。

如果谈判地点的选择是在对方所在地，也有其优越性，即可以最大限度地排除干扰、专心谈判。除此之外，还可以借参观对方公司或厂房为名，深入了解对方的实力等；可借口资料不在身边或者领导授权有限等，拒绝对方的一些要求。

有时，在第三地谈判也是不错的选择。尤其是那些紧张激烈、分歧较大的谈判，第三地的选择对双方都是公平的，不存在偏向，双方均无东道主优势，且避免外界过多干扰，能够平衡双方的利益需求，利于双方矛盾的调和。

（二）谈判环境布置

环境优美、巧妙布置的谈判环境，能够使谈判者有一种安全舒适、精神放松的心理感受，通过谈判环境的用心布置，不仅能够显示出己方热情友好的诚恳态度，还能够营造出和谐的谈判氛围，促使谈判顺利进行。当然，客方也要警惕主方利用场所布置给自己制造不舒适的图谋。

（三）谈判人员食宿安排

谈判是一种艰苦、复杂并极耗费体力、精力的商务活动，因此，食宿安排也是会谈的重要内容。东道主对于来访人员的食宿安排不一定要豪华、阔气，但是一定要周到细致、方便舒适，符合当地的标准条件。许多外国商人，特别是发达国家的客商十分讲究时间效率、勤俭节约，并不喜欢琐碎而冗长的招待仪式，甚至会因为你的奢华而怀疑你有贿赂之嫌。但是，在葡萄酒商务谈判过程中，主办方可适当组织客方谈判人员参观游览一些当地的酒庄类葡萄酒资源、名胜古迹，或者进行一些简便易行的文体活动，以调节客人的旅行生活，增进相互间的理解，同时作为一种缓冲和私下沟通，保持相互间的融洽谈判气氛。

（四）其他设备和服务

除了上述问题，谈判会场的其他设备和服务也要周到，如烟灰缸、纸篓、记事本、文件夹、各种饮料和水果等。总之，谈判场所的布置要服从谈判的需要，并根据谈判的性质、特点、关系等因素灵活决定。尤其是谈判场地设备设施的正常运行，也是谈判场地组织方重点关注的问题。

 葡萄酒商务谈判方案制定

 任务情境

凡事预则立，不预则废。在葡萄酒商务谈判活动中，尤其要做好谈判方案的制定。为锻炼新人，公司领导安排小王做一份谈判方案。作为职场新人，

小王深感自身责任重大，他特意学习了谈判方案的制定知识。

在制定谈判方案时，小王应重点关注哪些要点？

任务分析

在葡萄酒商务谈判中，任何方案、报关材料，连同文件、合同资料都不能有丝毫闪失。在葡萄酒商务谈判合同文件及方案的准备方面，都应事无巨细，认真对待。具体在谈判方案上，更应做好周全、细致的准备工作。

制定谈判方案是一项非常复杂的工作，睿智的谈判者都善于在错综复杂的局势变化中左右谈判的发展，凡事做好充足的准备工作，使自己处于有利地位。在正式商务谈判前，参与谈判的人员都要在充分收集信息的基础上，制定出完备的谈判方案。作为一份指导性文件，谈判方案能够对谈判进行预先筹划，为谈判成功打下坚实基础。

一、葡萄酒商务谈判方案制定要求

谈判方案是在谈判开始前对谈判目标、谈判主题、谈判议程、谈判策略、谈判人员组成及分工等预先所做的书面安排。它是为实施具体谈判策略而采取的一系列具体措施的书面描述，具有较强的行动指向性和计划项目的全面具体性特征。谈判方案可根据谈判的规模、重要程度的不同来制定，内容可多可少，可简可繁，既可以是书面形式的也可以是口头交代。在实际工作中，谈判者会根据谈判的具体情况，或详或疏地制定谈判方案。

由于商务谈判的规模、重要程度不同，商务谈判的内容有所差别，因此，谈判方案也会不同，但方案的要求却是大同小异。一个好的葡萄酒谈判方案要做到以下三点。

图 2-7　商务谈判方案制定要求

(一)简明扼要

谈判方案是指导谈判者进行谈判的指导性文件,是一系列具体执行措施。为了方便谈判成员查看并记住其主要内容,其内容不能过于繁杂,应结构清晰、突出重点。

(二)具体明确

简明扼要并不代表简单粗略。相反,为了突出其实操性,谈判方案的内容要与谈判的主题相结合,要求要明确具体,不能空洞含糊。

(三)富有弹性

富有弹性是指谈判方案的灵活性。我们常说的"计划不如变化快",作为一份提前制作的文件,即便考虑再周全,在实施过程中也可能会面临这样或那样的问题。因此,要使方案在指导中取得比较理想的效果,就必须使其具有一定的弹性,使谈判人员能够在不违背根本原则的情况下,根据情况变化,在权限允许的范围内灵活处理有关问题,以取得较为有利的谈判成果。谈判方案的弹性表现在:一是设定多层次可选择性目标,二是拟可选方案,三是制定应急预案。

二、葡萄酒谈判方案的结构与内容

一个完整的谈判方案应该包括题目、前言、正文、落款等内容。

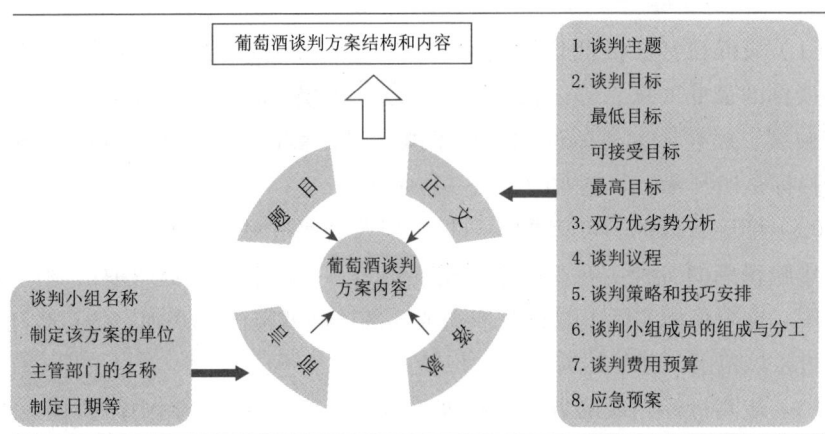

图 2-8　葡萄酒商务谈判方案的结构与内容

（一）题目

谈判方案题目一般由谈判双方、谈判内容和谈判文件组成；用介词"与"和谈判对手、谈判内容、文件组成。如：××公司与××公司关于××项目的谈判方案。

（二）前言

前言主要是对双方的谈判背景进行分析，包括对双方企业的简要介绍，对双方谈判关系的描述，对本次谈判目的及谈判意义的简要说明等。

（三）正文

谈判方案的正文主要包括谈判主题、谈判目标、双方优劣势分析、谈判议程、谈判策略和技巧安排、谈判小组成员的组成与分工、谈判费用预算、应急预案等。

1. 谈判主题

一般来讲，一次谈判为一个主题服务，所有谈判活动围绕该谈判主题展开。为保证全体谈判人员牢记谈判主题，主题在表述上不可赘冗，应言简意赅，尽量用一句话来概括和描述。如：以最优惠的条件达成某项交易。

2. 谈判目标

谈判目标是指谈判要达到的具体目的，指明谈判的方向，并体现谈判方对本次谈判的期望水平。葡萄酒商务谈判的目标是以己方满意的条件达成一笔交易。确定正确的谈判目标是保证谈判成功的基础。谈判目标可分为三个层次。

（1）最低目标。最低目标也称底线，是谈判必须实现的最基本的目标，也是谈判的最低要求。若该目标不能实现，则谈判将不会有任何意义，宁愿谈判破裂、放弃该项目的谈判，也不能接受比最低目标更低的条件。因此，最低目标是谈判者必须坚守的最后一道防线。

（2）可接受目标。可接受目标是谈判人员通过对谈判对手、己方利益需求等影响谈判的各种主客观因素的全面估量，明确己方可以争取或做出让步的范围。这个目标实际上是谈判取得成功的区间或范围，谈判中的讨价还价。只要进入该范围，就意味着参与方可以成交。

（3）最高目标。最高目标也称理想目标，是己方在谈判中需要通过努力争取才能实现的目标，是谈判者超越可接受目标所争取的尽可能多的利益体现。该目标一般也意味着对方所能忍受的上限，也是对方的底线。因此，最高目标的实现往往要冒谈判破裂的风险，谈判者一般需要充分发挥个人才智和水平才能实现。

3. 双方优劣势分析

为了进一步评判谈判双方所处的地位，必须系统、全面地分析谈判双方在本次谈判中所具备的优势条件和面临的威胁及不利条件，即分析己方与对方各自所拥有的优势与劣势。这是确定谈判战略战术的先决条件。通过这些分析，一方面，己方可以在谈判中做到扬长避短，趋利避害；另一方面，己方也可以针对对方的弱点和不足，进行有力的攻击和突破。

4. 谈判议程

谈判议程是指谈判各项议题的时间安排，包括谈判议题的确定和谈判时间的安排。谈判议程的安排对双方非常重要，从某种角度说，议程本身就是一种谈判策略，必须高度重视这项工作。

在拟定谈判细则时，应注意以下三方面问题：一是谈判议程的安排要依据己方的具体情况，在程序安排上尽可能扬长避短，保证己方优势能得到充分发挥；二是议程的安排要能体现己方谈判的总体方案，统筹兼顾，引导和控制谈判进度和节奏；三是要能够为己方出其不意地运用一些策略埋下契机。一个谈判老手是绝对不会放过利用拟定谈判议程的机会来运筹谋划的。

5. 谈判策略和技巧安排

谈判策略和技巧的安排一般紧随谈判议程的安排，尤其是要紧密契合己方谈判细则议程的安排。具体策略和技巧，可考虑安排谈判顺序，如开局策略的选择、报价方式和原则、讨价技巧和还价技巧的使用、僵局处理技巧的安排、威胁战术的使用、让步的模式和原则、促成签约技巧的使用等。

6. 谈判小组成员的组成与分工

对己方参加本次谈判的人员进行分列，并明确每个人的角色分工。如小组负责人；公司副总张××主谈；公司市场部经理李××，陪谈1；杨××负责技术问题，陪谈2；刘××负责金融问题，陪谈3；马××负责市场问题，陪谈4；李××负责法律问题，记录员；张副总秘书王××等。

7. 谈判费用预算

谈判费用预算是企业对本次谈判活动费用的匡算，是企业投入本次谈判活动的资金费用使用计划。它规定在谈判期内从事谈判活动所需的经费总额、使用范围和使用方法，是企业谈判活动得以顺利进行的保证。具体包括经费总额及其使用范围、分配方法等，可采用制定预算表的方式进行表述。常见的谈判费用包括住宿费、餐饮费、交通费、礼品费、招待费、资料费、通信费等。

8. 应急预案

应急预案是指面对突发情况的应急管理、计划安排等。应急预案的制定，有利于谈判者在谈判过程中遇到突发情况时，沉着面对，有序处理相关问题，从而为谈判活动顺利进行提供保障，为己方谈判成功奠定基础。

（四）落款

落款主要包括谈判小组名称、制定该方案的单位或主管部门的名称及制定日期等。

总之，作为葡萄酒商务谈判人员，参与相关谈判活动时，要充分考虑有关谈判项目的文件材料，认真落实合同文本中的各项内容，以确保合同执行的准确性和可靠性。

任务四　葡萄酒商务谈判礼仪

任务情境

葡萄酒商之间的商务谈判，是人与人之间的沟通交流与交往过程。参与谈判的人员有的来自国内，有的来自国外。不同地区、不同民族，不同国家均有着不同的文化影响。小王作为参与方，也充分认识到参与谈判的工作难度，明白自身角色的重要性。为此，他开始着手规划参与谈判的形象塑造，尤其是谈判活动场合的礼仪规范。

作为谈判参与人员应注意哪些重要场合的行为礼仪规范？

任务分析

在谈判过程中，谈判双方都渴求获得对方的理解和尊重。任何情况下，任何参与人员都需要重视谈判相关活动的礼貌礼节。不论是主办方还是参与方，再娴熟的谈判技巧也比不上对谈判方的礼貌礼节。律己敬人、从容大方、文明得体、优雅规范都是对他人最高的尊重。

作为参与葡萄酒商务谈判的人员,要明确谈判礼仪的基本要求,要掌握与葡萄酒商务谈判有关联的相关礼仪规范。

一、葡萄酒商务谈判礼仪基本要求

对于谈判人员,商务礼仪基本要求见下图。

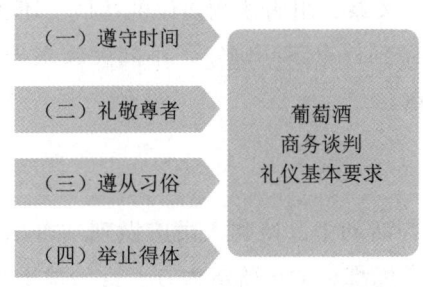

图 2-9　葡萄酒商务谈判礼仪基本要求

(一)遵守时间

作为参与谈判或其他相关商务活动的当事人,一定要有时间观念,即遵守时间约定,按时到达指定地点。过早到达,会使主办方因没有准备好而感到难堪;迟到则会使主办方长久等候,属于失礼行为。商务谈判活动,作为谈判团队一定要提前预留出 10~20 分钟时间,在抵达后再次检查相关文件物品。如遇到特殊原因迟到,应及时向主办方表示歉意。如果因故不能赴约,要礼貌地提早告知对方,以适当方式表示歉意,及时协调约定时间。

(二)礼敬尊者

在公众场合,不论是上下楼梯、乘坐车辆,还是进出电梯,均应是领导、尊者或女士先行。要做到礼敬尊者,客人优先。如果是同行,工作人员均应及时为客方开关车门或电梯门。即便是同桌用餐,也要主动照料,引导客方就座用餐。

(三)遵从习俗

"十里不同风,百里不同俗。"不同的国家、不同的民族、不同的地域,由于不同的历史、文化、宗教等差异,人们都有各自特殊的信仰与风俗习惯。

如西方国家忌讳"13"这个数字，尤其是"13日，星期五"。在安排日期时要用心考虑，及时避开。在宴请印度、印度尼西亚、马里共和国等国家的客人时，应避免用左手与他人接触，或用左手传递物品。即便是用筷子就餐，也要讲究用筷礼仪，不可用一双筷子来回传递食物，也不能把筷子插在饭碗中间。在与保加利亚、尼泊尔等一些国家客人接触时，要明确他们的手势语言，如摇头表示同意、点头表示不同意。交往时要避免出现不尊重对方的行为表现，这会影响交往关系，阻碍谈判协议的达成。不论是主办方还是客方，都应重视这一问题，做到尊重不同国家、不同民族人士的文化和习俗，给予对方充分的理解和尊重。

（四）举止得体

在葡萄酒商务谈判活动中，谈判人员应做到站有站相，坐有坐态，行有行姿。要做到仪态端庄优雅、举止落落大方、行为稳重得体、态度诚恳谦恭，以彰显自信、严谨、真诚的合作态度。即便是对方有不合时宜的举止，也要做到不卑不亢，有礼有节。

二、葡萄酒商务谈判礼仪

（一）着装形象礼仪

在正式的商务谈判场所，参与人员的服饰颜色、款式及搭配要庄重、得体、素雅，要与时间、地点、场合、年龄、角色相符。服饰要整洁、挺括、大方、美观。

1. 男士正装

正式商务谈判场合，男士要穿着合体的西装。一般以黑色或藏蓝色为宜。衬衫一般以白色或淡蓝色衬衫为上。衬衫领口和袖口应高出西装领口和袖口1~2厘米，衬衣要束在裤腰里侧。考虑到季节因素，衬衣外加穿羊毛衫时，领带下端要放置在羊毛衫内。穿着西装时，要注意外套与衬衫花纹的搭配。一般纯色西服可以搭配纯色衬衫或条纹衬衫。穿着纯色衬衫可以搭配条纹领带，穿着条纹衬衫要搭配纯色领带。男士商务场合领带花色要简洁大方，图案不宜过大，不能过于抢眼。

领带系好后以大箭头于腰带扣位置为宜，不易太长，更不能太短。男士穿着两粒扣西装时，应扣上不扣下，入座时可解开衣扣，但起身时要及时扣好。穿着三粒扣西装时，可以扣上面两粒扣。

男士穿着西装要搭配制式皮鞋。要坚持"三一原则"，即手包、腰带、鞋子颜色一致，一般以黑色为宜。袜子以黑色或深色为宜。切忌穿黑色皮鞋、白色袜子。袜口长度以落座后不露出腿部皮肤为宜。男士的饰品可以是手表和婚戒。重要活动男士要做到剃须、洁面、洗浴，以保持清新气味。

男士的钥匙、名片可以放在手包内，不宜放在裤袋或上衣袋内，要保持衣袋的平整美感。

图2-10　男士着装

2. 女士套装

正式场合，女士宜穿着套装。服装颜色不宜过于鲜艳，可化淡妆，搭配适宜的丝巾、领带或简洁的胸针等饰品。重要商务谈判场合，女士不宜佩戴晃动的耳饰或其他过于闪亮的饰品。发型设计与年龄、身份相符。女士用品可统一放在随手携带的提包内，颜色要与衣物鞋子相协调。女士西装衣扣要全部扣上。女士穿着套裙时，应穿着肉色丝袜，制式皮鞋。皮鞋颜色要与外套相协调。

图 2-11　女士着装

女士穿着套裙时，注意裙摆不能太短或太长，不能太宽或太紧。一般裙长在膝盖以下 10 厘米左右为宜。外套以能加穿一套羊毛衫的宽窄为宜。女士在商务谈判场所，衬衫颜色不宜太艳。款式要简洁，花色宜淡雅。

在葡萄酒商务谈判及相关活动场所，参与人员都要讲求得体的着装形象，避免休闲随意的穿搭。这既是对自己的尊重，也是对参与方的尊重。

（二）掌握商务谈判中接待礼仪

作为葡萄酒商务谈判人员，要能够做到"严以律己，宽以待人"。从事先的沟通、联络到正式的见面迎接、见面商谈，以及谈判后的送别，都要讲究规范的迎送礼仪。

迎接是谈判的序幕，迎接礼仪周到得当，即为良好谈判氛围奠定情感基础，促进谈判的成功。欢送则为谈判的闭幕，关系到事后协议的贯彻、维护及双方合作的持续性。迎送也是奠定感情的基础，切不可随随便便应付。迎送均应善始善终，不可虎头蛇尾。

迎送礼仪主要包括以下内容：

项目二 葡萄酒商务谈判准备

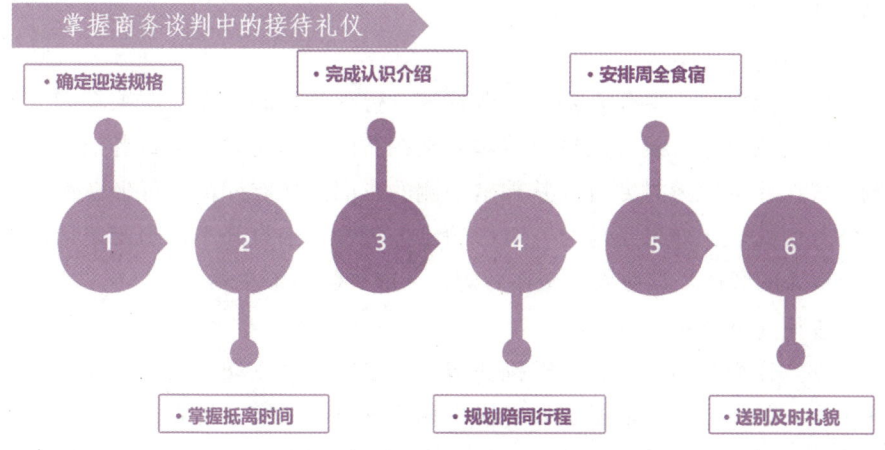

图 2-12 商务谈判接待礼仪

1. 确定迎送规格

迎送规格主要依据前来谈判人员的身份与目的，并适当考虑双方关系。一般要讲究对等原则，即己方主要迎送人的身份和地位应与对方主谈人对等。己方主谈人因故不能前往时，应由己方职位相当人士或主谈人之副职或助手出面。无论如何替代，均应向对方做出解释。迎送人员人数应比对方抵达人员略少，可以是己方谈判班子的成员。若有持续发展关系或其他方面需要，也可破格迎送；较大的场面，迎送人员可以是更高级别的己方领导。

2. 掌握抵离时间

迎送人员应准确掌握对方谈判人员乘坐的交通工具及其抵达和离开时间，及早做好迎送车辆的准备。迎接人员应在对方乘坐的交通工具抵达之前到达迎接地点。迎送地点一般均为对方所乘交通工具的停泊地，即车站、码头或机场。送行时，己方人员可与对方人员同车而行。特殊情况下迎接时，也可先派一般工作人员前往接人，然后在己方场所或对方下榻地点专门举行迎接仪式。

3. 完成认识介绍

接到对方谈判人员后，通常应先将前来迎接的人员介绍给对方。介绍要充满自信，及时灵活介绍双方的概况。介绍后，作为主办方要主动伸手相握，时间以 3~5 秒为宜，力度适当，灵活地寒暄问候。一般是迎客在前，送客在后。客人离开时要等对方先出手，主办方人员再伸手相握。一般握手时，主动权掌握在尊者、领导、女士手中。女士在面对级别高的男士，一般不主动伸手相握。要主动招呼和关心对方，及时给予信息提示，为谈判奠定良好的情感基础。

4. 规划陪同行程

根据谈判需要，主办方要及时做好客方行程的陪同工作。在乘车时，如果有专职司机驾车，接待人员应请对方坐在右侧，即对方级别高者坐在后排右侧位置，并主动为对方打开其乘坐一侧的车门。如有译员，可坐在司机旁边。特殊情况下，如果是与对方对等的己方负责人亲自开车，则要邀请对方坐在负责人的旁边。其他人员坐在后侧，一般右侧高于左侧。

5. 安排周全食宿

主办方作为东道主为客方安排住宿，一般应在客方动身之前先征求客方对住宿安排的要求，然后根据要求做出相应安排。住宿安排妥当后，应将酒店名称、房号、电话号码以及起止日期告知客方，以便客方到达后同酒店联系或直接入住。

对待重要客人，主办方迎接人员要提前到达已预约的酒店，及时安排好客人的食宿。及时询问对方起居有无不便、设施是否完好，主动征询对方的意见。若无须更换房间，则应及时告辞，并与对方确认好谈判时间。由于对方旅途疲劳，加上需要准备谈判，客人送达后要及时退出。一般在对方抵达当天，主办方应为其设便宴接风。迎接人员在告辞时，应将接风便宴时间安排告知对方，以便做好后续的时间规划。

若主办方不安排住宿，客方应该委托目的地的代理人预订酒店，并在出发前落实应住的酒店，及时确认信息，以免到达后为住宿而奔波。外出（尤其是出国）从事商务谈判活动时，要明确酒店的收付款方式及类别，事先做好调查，备好相应的结账款。同时要规划好到达谈判场地的路线及时间安排。

6. 送别及时礼貌

在谈判活动结束后，要及时安排告知对方送行时间。届时可请客人在客房内等待，由主办方工作人员或其下榻处由公关人员、服务人员前往引导。送别人员应事先了解对方离开的准确时间，提前到达其住宿的酒店，陪同对方一同前往机场、码头或车站，也可直接前往机场、码头或车站恭候对方，与其道别。在对方临上飞机、轮船或火车之前，送别人员应按顺序，由高到低，同对方一一握手话别。

（三）葡萄酒商务谈判过程中礼仪规范

在葡萄酒商务谈判中，双方的会谈即为谈判的正式进程，是谈判的实质性阶段，也是极为重要的阶段，其礼仪规范程度直接影响谈判的进程与成效。

这方面主要包括谈判会场布置及座位次序安排、入场、交谈氛围的把握与控制等内容。

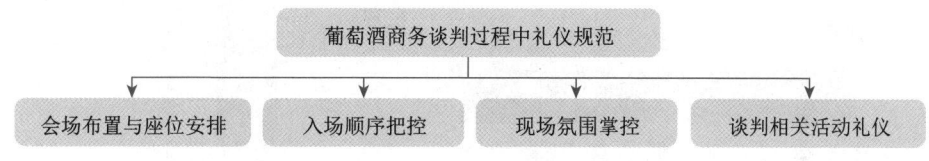

图 2-13 葡萄酒商务谈判过程中礼仪规范

1. 会场布置与座位安排

（1）商务谈判会场布置。谈判地点确定之后，主办方应预先进行会场布置。谈判环境的布置合理恰当，有利于建立良好谈判气氛，促成谈判活动的圆满成功。谈判环境的布置以高雅、宁静、和谐为宜。要选择一个幽静的、没有外人和电话干扰的地方。房间的大小要适中，桌椅的摆设要紧凑。可根据情况安排花卉、盆景或绿植布置。室内温度以 26℃ 左右为宜，现场灯光要明亮。要备好商务谈判的标志物，或者背景大屏，桌面上备好相应的文件、签字笔、席位卡等用品。

（2）座位次序安排。商务谈判时的座位次序安排是一个比较突出、敏感的问题。商务谈判中的座位次序包含两层含义：一是谈判双方的座次位置，二是谈判一方内部的座次位置。一个敏锐的谈判行家会有意识地安排谈判人员的座次位置，以便进行对己方最有利的谈判。谈判座位安排对谈判结果颇有影响。谈判座位围成圆形时，通常不分首席，适合多方谈判；围成长方形或椭圆形时，则适用于双方平等谈判。适当的座位安排，更有利于谈判人员之间的信息传递，使双方的言语交往与非言语沟通更加和谐通畅。

一般来说，双方谈判人员面对面落坐，双方的首席谈判代表都应坐在谈判桌的居中首位，其他谈判人员依次入座，分列左右。讲究的是面门为上，以右为尊。座位安排得当，有助于首席谈判代表与其他成员交换意见、传递信息以及研究应对策略。

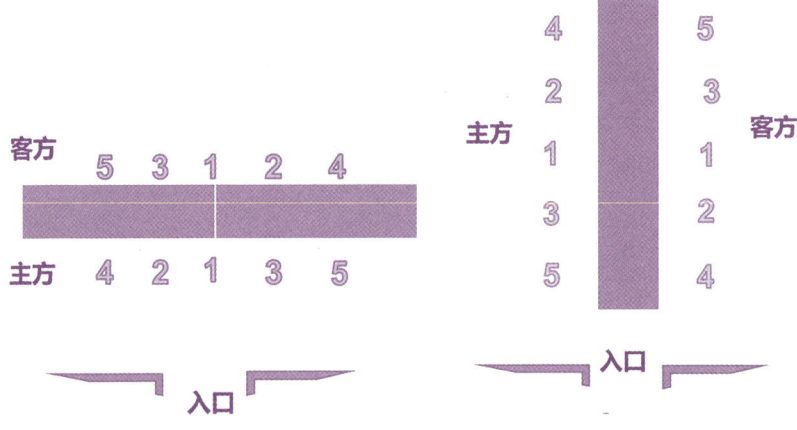

图 2-14　长桌谈判座次 1（横向）　　图 2-15　长桌谈判座次 2（竖向）

谈判双方的座次位置安排应充分体现主宾之别。通常应安排对方坐在上座，使对方有被尊重、受欢迎的感觉，以增强谈判桌上融洽、和谐的气氛。排序原则以面门为上、临景为上、居中为上、右高左低的原则。商务谈判一方内部的座次安排一般是主谈者或拍板者坐在中间位置，其余的人分坐两侧，这样既庄重严肃，也能提高士气，产生较强的凝聚力和约束控制力。

2. 入场顺序把控

入场，即进入谈判场所或谈判会场。原则上主办方应主动礼让，客先主后。若客方坚持并行入场，则预示谈判开场其即呈现积极合作的姿态。双方负责人可并行入场，其他人员自由地紧随其后进入。切忌主方人员先入场，在场内等待客方人员到来，这会被看作傲视客方、毫无谈判诚意。同行时如果抢先入场则更为失礼，会严重恶化谈判气氛。

3. 现场氛围掌控

谈判时的会谈，即为具体的谈判，是谈判的实质性环节，能否取得成功，在相当程度上取决于会谈的氛围。而对谈判氛围的掌控，很大程度上依赖于交谈时的礼仪。对谈判氛围的把控需要注意以下几点。

（1）用词礼貌。商务谈判时要能够恰当地掌握各自所占用的时间，发言机会均等，注意表情要自然热情、和气大方，使用礼貌用语。说话过多，可能会使对方认为言过其实、故意炫耀；语言过少，又可能让对方觉得缺乏诚意、为探虚实。过于坦率，有时难免伤害对方自尊心；过于委婉，又可能会给对方造成油滑、做作的印象。这需要参与人员灵活掌控好，做到落落大方，不卑不亢。

（2）尊重和谅解对方。每个谈判人员均希望对方理解己方的观点。理解、赞同不仅可赢得情感上的相互接近，也是取得对方尊重、信任的前提。对方发言时，应认真倾听，以目光或其他动作以示鼓励。好为人师、班门弄斧、强加于人、唯我独尊，都是商务谈判的大忌。

（3）适时肯定对方。在适当的时候采用适当的方式肯定对方。若对方观点与己方一致或相接近时，己方应抓住机会，中肯、得当地肯定这些共同点和想法。同时，还应及时补充与发展方向一致的论点，引导、鼓励对方畅所欲言，使谈判逼近目标达成。

（4）语言准确、简洁明了。会谈时参与人员语言要准确，不使对方产生误解。注意不要问及对方人员的个人私事，要尊重对方的风俗习惯和文化传统。

（5）音调、语速适宜。在双方商谈沟通时，发言人要注重语速适中、语调和气、音量得当。交谈中的语速、语调和音量对话语的表达有较大的影响，陈述时要尽量做到平稳中速。特定的场合下，谈判人员可以通过改变语速来引起对方的注意，以突出表达的效果。一般问题的阐述应使用正常的语调，并保持能让对方清晰听见而不引起反感的高低适中的音量。

（6）处理好函件。函件往来作为会谈的准备、延续与补充。其中包含的礼节包括：要书写工整，页面整洁，避免因辨认困难而发生误解；要传递及时、不耽误对方的工作；对接收者要使用敬语，如"先生""阁下"等，也可以直接称呼其职务。要注意在函件中不能写私事和提出个人要求。

4. 谈判相关活动礼仪

在商务谈判活动中，涉及参与方的活动形式众多，如宴请、参观游览、观看文艺演出、联谊娱乐活动、住宿安排、随遇交谈、签字仪式、馈赠礼品等。因双方均有机会以组织者或参与者身份参与，所以这些活动均应纳入谈判的重要活动知晓范围。这也是具体谈判活动的延伸与补充。

（1）宴请活动礼仪。商务谈判活动中宴请的礼仪，需要注意以下内容：

①宴请次数：一个谈判周期，宴请一般安排3~4次为宜。接风、告别各1次，中间视谈判周期而定1~2次。

②宴请方式：宴请时使用请柬或口头邀请均可。

③席位安排：依国际惯例，主桌应安排在最里面，离致词处最近位置。临台为上、高近低远。

图 2-16　宴请活动座次礼仪

1 宴请主陪　2 第一宾客　3 第二宾客　4 宴请副陪　5 第三宾客
6 第四宾客　7-8-9-10 均可为陪同或随从人员

④座位安排：遵循面门为上、以右为尊的原则。男女一般穿插安排，主宾应安排在主人右侧以示尊重。

⑤菜肴酒类与水果：应以特色食品招待客人。菜肴的数量应根据人数和宴请的方式来决定。切不可铺张浪费。

⑥宴请致辞：接风便宴致辞可临场即兴发挥，应针对不同情况做出准备。在告别或答谢宴会致辞时，不应提及具体谈判内容，应强调合作、渲染气氛。

⑦宴席语言：在席间不要大声呼叫，不要过多地谈及商务方面的事情，以免引起对方的不满或猜测。正确的做法是，在进餐开始或席间，可说一些问候语、寒暄语，介绍本地的风土人情，以增进彼此的了解。在宴会接近尾声时，逐渐把话题引向有关日程安排，并征求对方意见。

（2）参观游览礼仪。举办参观游览、观看文艺演出、联谊娱乐活动时，主方谈判人员均应尽量全体陪同，负责人或主要人员不能参加时，应做出解释。参观游览时，主方应由 1~2 人引导，其余人在后陪同，此时主方人员还应向客方人员做介绍、讲解，以融洽参观游览的气氛。联谊娱乐活动应周密组织，开场后，主方人员应有简短的欢迎致辞，并主动邀请客方人员进行活动。

（3）随遇交谈礼仪。随着谈判工作的展开，主办方与谈判对方人员逐渐熟悉，与对方人员在非正式场合相遇的机会也逐渐增多。如饭后散步时、休整小憩期间如果与对方人员视而不见、擦肩而过，都是失礼的行为，具体的做法可以是点头致意、互相问候、主动招呼、礼貌交谈。交谈应注意不可将谈判桌上未决定的问题，特别是难点问题拿来继续谈论，而应多侧面、多角度地谈自己的基本看法与观点，以肯定共同点为主；或者只进行一般性交谈、礼节性交谈，以增进了解，促进友谊，确保内容不涉及谈判本身。交谈时不能只顾自己说话，而应给予对方更多的时间以示尊重。若对方站立，则己方也应站立。如果有落座条件，可邀对方共同落座。交谈过程中注意使用礼貌用语，并控制交谈时间，使随遇交谈真正成为正式谈判的有力配合与补充。

（4）签字仪式礼仪。谈判达成协议后，一般均应举行签字仪式，签字人视文件的性质及重要程度由谈判各方确定。文件越重要，签字人身份也相应越高，双方签字人身份应相当或大致相当。安排签字仪式时，首先应做好文本的准备工作。有关单位应及早做好文本的定稿、翻译、校对、印刷、装订等工作，同时准备好签字用的文具、双方的标志或国旗、庆贺用的葡萄酒或香槟等。参加谈判签字仪式的人员，基本上是双方参加会谈的全体成员，人数要对等，主方上级可到场参加并表示祝贺。签字位置一般安排客方居右边，主方居左边。

签字人入座后，其他人员按身份顺序坐于双方的签字人座位对面。双方参加签字仪式的助签人员分别站在双方签字人的外侧，协助翻开协议文本，指明签字处。在己方保存的文本上签毕后，由双方签字人互相交换文本，再在对方保存的文本上签字，然后双方签字人起立相互握手祝贺，交换文本。随后，由服务人员送上香槟或葡萄酒，与参与人员共同举杯，干杯庆贺。

签字仪式结束后，参与签字仪式人员要有序组织好双方位次，集体合影留念。在活动进程中主办方要及时安排专门工作人员，做好现场拍照记录，做好后续的媒体宣传工作。

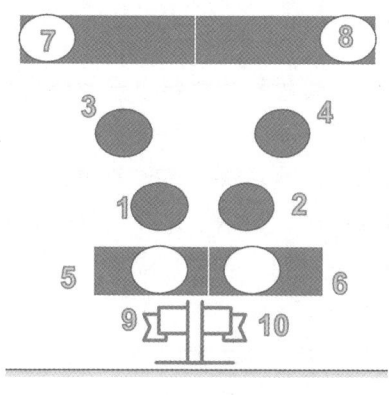

图2-17 签字仪式位次礼仪

1 客方签字人　　2 主办方签字人　　3 客方助签人　　4 主办方助签人
5 签字桌1　　　6 签字桌2　　　　7 客方随员　　　8 主办方随员
9 客方国旗　　　10 主办方国旗

在葡萄酒营销及贸易谈判谈判过程中，可能会出现各种意想不到的情况。作为主谈人在阐述自己的观点、产品优势和合作要求时，不仅语言要简洁明了、逻辑清晰，还要认真听取对方的意见和需求，给予对方充分的表达机会，并通过仔细倾听，更好地理解对方的关注点和要求底线。在具体谈判现场，更要依据即时情况，迅速调整自己的思路和策略。即便是双方有意见不统一的情况，也要注意保持应有的尊重。要避免出现失礼的言行，更不能使用带有冒犯性的言辞。

不论是葡萄酒生产者，还是葡萄酒营销合作者，能走在一起，目标就是要建立良好的合作关系，应尊重对方的文化差异与商业习惯，寻找双方共同的利益点，真正做到互惠互利，合作发展，互利共赢。

项目总结

本项目围绕葡萄酒商务谈判与贸易展开，主要聚焦商务谈判通用概念、葡萄酒商务谈判专属范畴以及商务谈判礼仪规范领域，它们是理解葡萄酒商务谈判知识体系的关键。

葡萄酒商务谈判是一种特殊的社会性活动，对谈判者礼仪有特殊要求，讲究商务礼仪是商务人员的行为准则和道德规范，体现了商务人员的基本素质与涵养。谈判人员需掌握必要的礼仪和行为礼节，这是谈判成功的基础。商务谈判涉及多方面准备工作，如信息收集、人员组织、方案制定等，其过程需要注重必要的礼貌礼节，运用多种技巧，重视与谈判对象的良好沟通和持续合作关系的建立。

在葡萄酒销售及市场流通的贸易合作中进行的谈判活动，其前期准备内容繁多。主要包括信息搜集，涵盖自然环境、社会环境、市场、竞争对手等多方面信息；人员组织准备，涉及谈判人员素质、能力要求以及队伍构成原则。除此之外，还需明确主题、目标、议程、策略等内容，制定严密的谈判方案。谈判过程中要遵循特定礼仪规范，运用沟通、价格谈判等技巧，实现双方合作共赢的目标。

商务谈判礼仪是商务谈判中应遵循的基本礼仪规范。包括遵守时间、礼敬尊者、遵从习俗、举止得体等。具体内容涉及个人着装形象，如男士、女士在正式谈判场合的着装要求；接待礼仪，如迎送、介绍、陪车、食宿安排等环节的礼仪；谈判过程中的礼仪，如会场布置、座位次序安排、入场、现场氛围把握，以及与谈判活动相关的宴请、参观游览、签字仪式等活动的礼仪规范。这都需要参与谈判人员事先了解掌握。

素养提升

中外商务谈判的习惯差异

在不同的文化观念、国家制度等因素影响下，谈判者形成了不同的谈判习惯和谈判作风。针对来自不同文化和不同观念的谈判者，制定不同的谈判风格和策略是商务谈判顺利进行的重要保证。

有针对性的策略来自对谈判对方的了解。西方人都知道中国人最爱面子。他们知道，要在谈判中迫使中国人做出让步就要努力使他们在让步保全面子。同样，西方国家也都有各自的风格特点，在制定谈判策略的时候，需要考虑这种谈判对象的差异性，做出策略的调整和应对。

美国人比较淡化表面的、仪式性的东西，对直率的谈判怀有好感，因此，在与美国人谈判时要注重直接、诚实、干净利索。美国人认为货好不降价。如果我们认为自己的商品好质量高，就应该出高价，或者运用各种手法和策略与之讨价还价。

英国人讲究绅士风度，作风诚实，注重传统，与英国人交谈时应以礼相待，不卑不亢。英国人往往不喜欢讨价还价，而且还有一个很明显的特征，就是对于出口的商品经常延误交货。因此，在与他们谈判时，要有建设性的意见，不必只局限于价格。并且，要考虑到在涉及进口贸易时，一定要在合同中加上延期交货的罚款约定。

德国商人被认为是欧洲最老练的商人，他们在谈判技巧上堪称一流。他们往往会有充分的准备和严密的计划，很看重书面形式的合同，对合同的执行很严格，条款一旦确定，就不会轻易做出大的让步，而他们自己却是讨价还价的高手。因此，在与德国人谈判时，要注重形式和礼节。对于有争议的实质性问题要据理力争，而一旦达成一致，就要严格履行，保证信誉。

在与法国人谈判时，我们要制定培养感情、注意细节的谈判策略。法国人时间观念强。交往活动中比较注重准时，一般会提前安排好时间和行程。正式的活动，最好提前5~10分钟到达与他们交流。谈话时，适宜谈论的内容是文化、艺术、历史、美食、旅游等话题。

对于俄罗斯的商人，态度明朗保持耐心是策略的重点。而在制定与日本人的谈判策略时，注意礼节和尊重文化是需要考虑的主要内容。

总之，谈判对象的不同直接影响了谈判策略的制定。在商务谈判场所，要避免过多的交流沟通。要避免谈论政治敏感问题、个人收入、宗教信仰等过于敏感或私密的话题。在谈判日期选定上，要避开节假日，避免带有3、13

或者星期五的日期。做到既尊重差异，又遵从习俗，以减少合作中不必要的麻烦。

目前，中国葡萄酒行业发展迅速，已跻身国际行列。不论是葡萄酒生产商，还是葡萄酒经销方，均应准确把握世界各国的资源情况，能够准确做到"量体裁衣"与"量身定制"，发挥自身优势，扬长避短，在与世界各国葡萄酒方合作洽谈中取得胜利，占据更多的市场主动性。

主要术语

谈判信息搜集；谈判组织；谈判方案；谈判人员组织；谈判礼仪

思考与讨论

讲究商务礼仪是商务人员的行为准则和道德规范，体现出商务活动中商务人员的基本素质与涵养。商务谈判作为一项特殊的社会性活动，对谈判者的礼仪有特殊的要求。懂得并掌握必要的礼仪要求和行为礼节，是商务谈判人员成功基础。

1. 作为葡萄酒商务谈判人员，应该重点提升哪些素质和能力？
2. 一般的商务谈判，为什么是3~7人的规模最好？
3. 葡萄酒谈判负责人应该怎样筛选优秀的团队成员？
4. 在涉外场合，葡萄酒谈判人员应注意哪些礼仪规范？

葡萄酒商务谈判：着装礼仪规范

项目三

葡萄酒商务谈判实施

思维导图

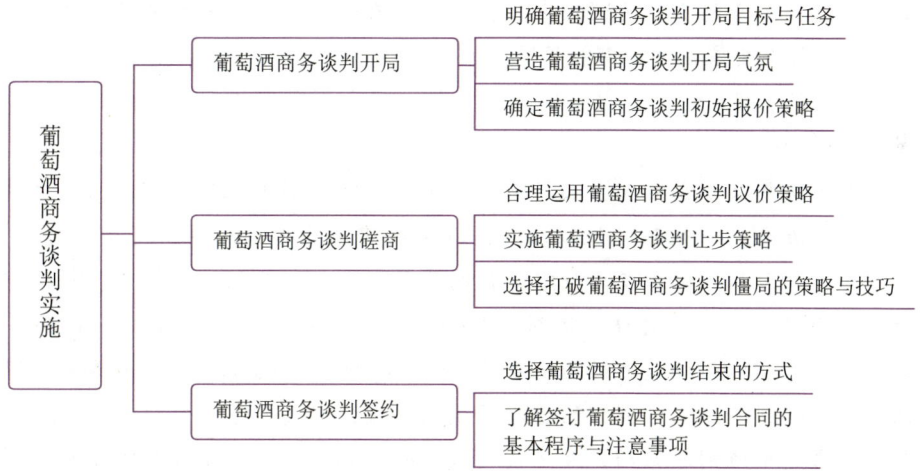

学习目标

知识目标：了解葡萄酒商务谈判实施的基本程序和各项原则，明确葡萄酒商务谈判目标和任务，熟悉磋商阶段议价、让步和僵局处理技巧，掌握谈判结束时的成交信号识别与合同签约流程。

能力目标：能够在谈判的不同阶段，根据实际情况合理运用开局、磋商以及签约策略，保证葡萄酒商务谈判顺利实施。

素质目标：树立正确的谈判理念，增强沟通与协调素养，提升应变与决策能力。

任务一 葡萄酒商务谈判开局

任务情境

经过前期几次的接触，小王对某品牌葡萄酒经销商方面的情况有了一定的了解。双方初步确定周三上午就 A 产品的经销事宜进行磋商。小王面临着诸多问题，如开局阶段达到什么目标？具体有哪些任务？甚至涉及刚开始谈什么？为什么要谈这些问题？等等。

任务分析

商务谈判双方在首次会面之后，在进入具体、实质性议题探讨前，会经历一个相互介绍、寒暄的阶段，并围绕谈判实质内容之外的话题展开交流，此即为谈判开局。作为双方接触伊始的阶段，它是实质性谈判的先导。谈判开局的优劣状况，会对整个谈判的走向与最终结果产生直接的决定性影响。俗话说："良好的开端是成功的一半。"有经验的谈判高手都十分重视和利用谈判开局，以创造对己方有利的理想的谈判气氛，引导整个谈判过程的发展方向和左右整个谈判的格局，最终实现己方的谈判目的。小王在此阶段的主要任务就是运用谈判开局策略，营造开局气氛，促使谈判顺利进行。

一、明确葡萄酒商务谈判开局目标与任务

在所有前期的筹备工作完成后，葡萄酒商务谈判正式步入开局阶段，此时双方代表真正坐到谈判桌前，展开面对面的交流与互动。尽管从时长上来看，这一阶段可能相对短暂，然而就其作用而言，双方在此阶段营造的氛围将对后续各个谈判阶段的行为产生深远影响，直接关系到整个谈判进程的顺利推进与最终成果的有效性。

（一）明确葡萄酒商务谈判开局阶段的目标

开局目标是一种与谈判的最终目的紧密相连但又具有独特性的初步设定。开局阶段的工作成效将引领整个葡萄酒商务谈判的走向，而谈判者对开局目标的设计、阐述及达成情况，将对最终目标的实现产生深远且持久的影响。一般而言，葡萄酒商务谈判在开局阶段的主要目标包括以下几项。

（1）双方需就发言的先后顺序、表达方式等相关细节达成一致，从而明确并确立整个谈判的流程框架。

（2）双方成员应积极开展对话，营造有利于谈判的氛围，为各自实现最终的谈判目标利益奠定坚实基础。

（3）双方需围绕各自的实际需求与利益展开信息收集与交流，为后续的实质性谈判阶段奠定扎实的基础。

（二）明确葡萄酒商务谈判开局阶段的任务

葡萄酒商务谈判开局阶段主要有以下三项基本任务。

1. 协商谈判通则

协商谈判的通用原则是指由谈判双方共同商定并需一致遵循的规则体系，它涵盖了谈判的目标设定、规划安排、时间表及参与人员角色等方面的协商细节。在双方首次会面时，首要任务是相互引介谈判团队成员，包括各自的姓名、职位及在谈判过程中所担任的具体角色；紧接着，双方需清晰界定并确认共同期望达成的合作目标，即谈判的核心追求。此外，双方还需通过协商确定谈判的大致流程、时间安排以及共同遵守的行为准则，为后续的深入讨论奠定规则基础，以促进谈判进程的高效推进。在进行此类介绍与协商时，应当注意：成员介绍需遵循礼仪标准，目标阐述需简明扼要，而对谈判进度与计划的确认则是不可或缺的一环。

2. 营造谈判气氛

谈判氛围对谈判者的心理状态及行为模式具有显著影响，进而左右着谈判的整体进程。这种氛围通常是在双方进行自我介绍、寒暄，以及通过表情、体态、举止和言语语调等交流方式中逐渐形成的。鉴于葡萄酒本身蕴含的丰富文化底蕴，葡萄酒商务谈判往往也具有文化交流的色彩。谈判双方可能会围绕葡萄酒的历史渊源、文化背景、传统习俗等话题展开对话，以此加深相互了解和信任。这种富含文化元素的交流，对于营造和谐的谈判环境、推动谈判顺畅进行起到了积极作用。

3. 进行开场陈述

开场陈述是谈判双方分别阐述各自立场与期望的环节，同时提出初步的建议。陈述涵盖以下几个要点：对谈判议题的理解，即本方认为谈判应涵盖的问题范围、性质及其重要性；本方期望获得的利益及所持的谈判立场。此环节旨在让对方清晰理解本方的意图，既要彰显必要的原则立场，也要展现出合作意愿与灵活性。双方在此阶段各自提出设想及解决问题的策略，同时观察对方合作的诚意，力求在商业规范的基础上，探索达成双方共赢的最佳途径。

图 3-1　葡萄酒商务谈判开局阶段的主要任务

二、营造葡萄酒商务谈判开局气氛

气氛对个体的情绪反应和行为模式具有重要影响，从而间接决定行为的结果。在葡萄酒商务谈判中，即便是相同的人员与议题，处于不同的谈判氛围之下，其谈判结果也可能截然不同。为了达成预期的谈判成效，积极营造友好和谐的谈判氛围至关重要。谈判氛围多样，可能表现为平静沉稳、严肃庄重，也可能热烈活跃、积极主动，还可能紧张对立。谈判氛围的营造过程相当微妙复杂。为了构建良好的谈判氛围，应当从以下几个关键方面着手考虑。

（一）掌控合适契机，营造融洽气氛

随着葡萄酒商务谈判过程的推进，谈判现场的氛围会根据谈判进程发生变化。决定谈判氛围基调的关键节点极为短促，恰恰出现在双方初次接触的那一刻。这一瞬间的认知主要受开局阶段谈判者的心理状态与先入为主观念

的影响。在这瞬间的接触过程中，谈判者会形成对对方谈判者的初始印象，而这种印象会极大程度影响其在整个谈判过程中对对方的认知，从而影响谈判策略。同时，谈判各方相互间的印象与评价，又在很大程度上左右着谈判氛围的发展方向。所以，双方初次接触的短暂瞬间，就奠定了整个谈判氛围的根基。谈判各方都应当精准把握这一重要时机，营造积极的谈判氛围。

（二）巧用中性话题，加强沟通

开局初期通常被视为"破冰"阶段。当原本互不相识的各方聚在一起进行谈判时，很容易遭遇交流的停顿和冷场的局面，如果一开始就急于切入正题，反而可能会加剧这种"冰层"的形成。因此，谈判人员在正式进入谈判的核心议题之前，应当预留一段时间，用于讨论一些非业务性质的、较为轻松的话题。例如，可以巧妙地引入双方共同偏好的葡萄酒种类，或者分享个人对葡萄酒的喜好及品鉴心得，以此来缓和紧张的气氛，拉近双方在心理上的距离。

（三）树立良好形象，收获对方信任

谈判者以怎样的形象出现在对方面前，对谈判气氛有十分明显的影响。形象涵盖多个维度：从肢体语言来看，身体挺拔、步伐稳健传递出自信从容的气场，而垂头丧气则易营造消极的氛围；在眼神方面，闪躲游离的视线则会滋生猜忌；服饰仪表同样不容忽视，得体考究的着装会瞬间提升专业可信度，而邋遢随意的打扮则可能削弱对方的信任感。

图 3-2　自信大方的谈判者

（四）注意利用正式谈判前的场外非正式接触

在正式谈判启动之前，双方可能拥有一些非正式的交流契机（比如礼节性的欢迎拜访等），利用这些机会可以有效地影响对方对谈判的心态，为正式谈判营造一个积极的氛围奠定基础。葡萄酒作为一种社交媒介，在商务谈判中发挥着举足轻重的作用。双方可以借助品鉴葡萄酒、探讨葡萄酒文化等方式，创造一个轻松愉悦的谈判环境，从而拉近双方的心理距离。例如，在正式谈判之前，可以安排一次葡萄酒庄园的参观行程，让谈判双方亲身感受葡萄酒的酿造流程及庄园的迷人景致。通过这样的实地考察与交流，不仅能够深化对葡萄酒的理解和认知，还能在无形中增进双方的友谊与合作意愿。

图 3-3　葡萄酒商务谈判前的场外非正式接触

三、确定葡萄酒商务谈判初始报价策略

在葡萄酒商务谈判中，报价策略是至关重要的环节，它直接关系到谈判的成败以及双方的利益分配。报价不仅表明了谈判者对有关交易条件的具体要求，集中反映着谈判者的需要与利益。而且，谈判者还可以通过报价进一步分析、把握彼此的意愿和目标，以便有效地引导谈判行为。

（一）遵守葡萄酒商务谈判初始报价的基本原则

报价并非就是简单地提出己方的交易条件，这一过程实际上是非常复杂的，稍有不慎可能陷自己于不利的境地。大量的谈判实践告诉我们，在报价过程中是否遵循以下几条原则对报价的成败有着决定性的影响。

1. 报价的首要原则

对于卖方，开盘价应当设定为最高可能值，相应地，买方则应提出最低可能的开盘价，这是报价的基本准则。这一原则可以从以下几个维度进行深入剖析：

首先，卖方的首次报价本质上将会是划定交易的价格天花板。在基于买方视角下，卖方给出的开盘价等同于其心理预期的价格上限，后续谈判往往围绕首次报价向下压价展开。市场交易的普遍规律决定，买方鲜少会接受高于开盘价的最终报价，成交价通常会在此基础上回落。

其次，开盘价的高低如同企业的隐形名片，直接影响对方做出的价值判断与心理预期。以葡萄酒市场为例，一款产品的定价不仅体现其品质等级，更暗含企业的品牌竞争力与行业地位。买方会基于这些信息构建对卖方的综合评估，并据此校准自己的谈判预期——通常，卖方给出的报价越高，越容易获得专业可靠的评价，但也会相应降低买方的心理预期值。

再次，较高的开盘价为谈判预留了较为充足的回旋余地。谈判本质是双方的利益博弈，必然伴随妥协与让步。预留足够的降价空间，就像为谈判配备了缓冲带，使己方在应对突发状况或满足对方诉求时，能保持策略弹性。

最后，开盘价越高，最终成交的价格水平往往也越高。换言之，最初的报价越高，最终获得的收益通常也越多。因为报价越高，就越有可能在较高的价格区间内与对方达成共识。

2. 开盘价必须合乎情理

开盘价虽应力求最高，但绝不能无根据地随意抬高，而应保持在合理的范围之内。在葡萄酒商务谈判中，若己方报价过高，对方可能会直接质疑谈判诚意，甚至选择终止谈判；或者也可能采取对等策略，使谈判陷入僵局；或者对报价中的虚高部分进行逐条驳斥，迫使己方仓促让步。一旦出现这种情况，即便后续将条件修正至合理范围，对方仍可能对调整后的报价持怀疑态度，使谈判难以推进。

因此，己方提出的开盘价需兼顾追求最大利益与对方可接受性的双重考虑。尽管开盘价并非最终的成交价，但若报价过高到令对方觉得荒谬，从一开始就否定了其合理性，那么双方的协商将难以顺畅进行。在确定报价时，一个被广泛采纳的原则是：只要能够提出充分的理由支撑报价的合理性，就应尽可能提高报价。换言之，报价应达到一个己方难以再为其增加提供合理辩护的高度。

3. 报价务必坚决、明确

谈判者唯有对己方报价的合理性充满笃定，方能赢得对方的认可。提出报价时，需展现出斩钉截铁的决断力，任何细微的犹豫或迟疑，都可能成为对方质疑的突破口，甚至助长其压价的底气。报价内容必须精准明晰，所用术语的含义边界需界定清晰，遣词造句务必精准到位，杜绝模糊表述引发的理解偏差。为确保信息传递无误，可提前准备规范的书面报价单；即便采用口头报价，也应适时辅以文件摘要、条款清单等书面材料，帮助对方全面且准确地把握报价细节，为谈判奠定坚实的沟通基础。

4. 不对报价做主动的解释、说明

谈判者通常不应在提出己方报价时附带详细的解释或阐述。若对方提出疑问，也应尽量以简洁的方式回应。在对方尚未发问之前，我方若主动进行说明，不仅不会增强报价的可信度，反而可能让对方洞悉我们的核心关注点，这相当于主动暴露了战略信息。此外，过多的解释还可能让对方捕捉到我们的漏洞和薄弱环节，从而为他们提供新的攻击点或突破契机。

（二）掌握葡萄酒商务谈判报价策略

1. 报价时机策略

多数谈判专家倾向于认为，在预期谈判中可能会出现激烈竞争的情况，先行报价往往是较为有利的策略。这种做法的优势在于能够主动施加影响，将对方的谈判空间限制在一定范围内，从而更有效地推动最终协议的达成。此外，还有人指出，先行报价的意义并非仅仅针对某个具体议题的解决，而是对整个谈判进程持续产生正面效应。

然而，也有人对先行报价持保留态度，认为其存在潜在风险。一方面，若对市场状况及对手意图缺乏充分认知便草率报价，可能会让对方利用己方提供的数据和信息，灵活调整其报价策略，从而使己方陷入被动，让对方意外获得更有利的谈判结果。另一方面，先行报价的一方可能会因过早暴露自身底牌而陷入不利境地，容易被对方操控谈判节奏，甚至不慎落入对方预设的"价格圈套"。合适的报价时机可以减少双方在价格上的分歧和冲突。当双方在葡萄酒的其他方面已经达成一定共识，如包装、交货期、售后服务等，再进行报价,此时双方的关注点更集中在价格这一关键因素上,更容易通过协商和妥协来达成一致,提高谈判的成功率。

事实上,先行报价并不必然意味着占据主动或陷入被动。"先发制人"与"后发先至"在谈判史上均有成功与失败的案例。真正左右谈判成败,或在整个谈判过程中起决定性作用的,是各方的经济实力、谈判技巧、知识水平、市场竞争态势,以及对信息、时间、权力这三个关键谈判要素的综合运用策略。

图3-4 先发制人的谈判策略

2. 报价起点策略

在葡萄酒商务谈判中,报价起点会为整个谈判设定一个价格基准线。比如,对于一款中级庄的波尔多葡萄酒,如果卖方以较高的价格作为报价起点,那么后续的谈判就会围绕这个较高的价格上下波动。买方会在这个基础上进行讨价还价,双方的谈判也会在以该报价为中心的一定范围内展开,从而为谈判划定了大致的价格区间。首次报价时提出的最高期望值,实质上是一种策略性的"筹码",它为整个交易过程奠定了基调。

在报价信息准确无误且策略运用得当的情况下,较高的开盘价更具可行性,因为这样能够为报价方争取到更多的潜在利益。然而,在实际的谈判过程中,报价并非仅是卖方或买方单方面的行为,它需要在追求自身利益最大化的同时,也充分考虑到对方的接受程度。如果一味追求最高报价,而忽视对方的利益诉求,那么这种策略最终只会是一场不切实际的幻想。

3. 报价差别策略

同一种商品,其购销价格会根据客户类型、购买数量、需求紧迫性、交易时机、交货地点以及支付方式等多种因素而有所差异。这种价格上的差异反映了商品交易受市场需求驱动的本质。因此,在制定报价策略时,应充分重视并灵活运用这一原则。

葡萄酒市场存在不同类型的客户,如批发商、零售商、餐饮企业、终端消费者等,他们对葡萄酒的需求和期望各不相同。通过报价差别策略,针对批发商可以提供较低的批量采购价格,满足其追求成本优势的需求;对于注重品质和服务的餐饮企业,提供包含优质配送和售后服务的套餐式报价,满足其对综合服务的需求;对于终端消费者,可以根据不同的消费场景,如礼品装、家庭饮用装等,制定不同价格,更好地契合消费者的个性化需求。

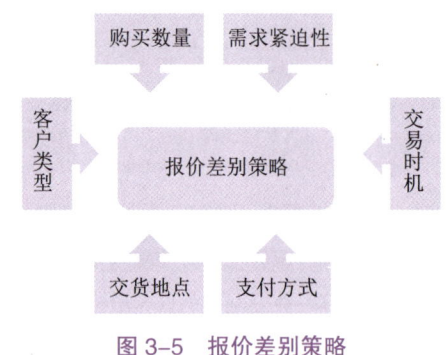

图 3-5　报价差别策略

4. 报价对比策略

在价格谈判过程中,运用报价对比策略通常能够显著提升报价的可信度和说服力,通常能够取得良好的效果。这种对比策略可以从多个维度展开。举例来说,了解竞争对手同类型葡萄酒的价格和品质特点,在谈判中以客观的态度将自己的产品与之进行对比。如果自己的葡萄酒在品质上更优,如采用了更优质的葡萄原料、更先进的酿造技术,具有更浓郁的果香、更醇厚的口感等,就将这些优势与竞争对手的产品进行详细对比,并结合价格说明自己产品的性价比更高,让对方认识到选择自己的产品是更明智的决策。

5. 报价分割策略(小单位报价策略)

这种策略主要是为了迎合买方的求廉心理的,即将商品的计量单位细分,然后按照最小的计量单位报价。采用这种报价策略，能使对方在心理上有一种占便宜的感觉，所报价格更容易为对方所接受。

 葡萄酒商务谈判磋商

任务情境

通过开局的相互交流，伴随着各方的初步报价，接下来谈判双方会开始议价、相互让步，也可能会陷入僵局。谈判即将进入实质磋商阶段。小王很期待这一阶段的到来，因为它意味着双方即将达成一笔协议。同时，作为谈判新手的小王又很担心这一环节的到来，因为在这一环节中，可能会由之前轻松、友好的谈判气氛转换为彼此争吵甚至论战的谈判气氛。小王该如何把握这一环节，使谈判朝着对己方相对有利的方向进行呢？

任务分析

磋商阶段，是谈判双方为达成利益诉求而展开面对面博弈的核心环节。这一过程充满动态交锋，从策略性议价到相互妥协，每一步都在深度协调双方立场。作为谈判进程中耗时最久、挑战最多的阶段，磋商的成效直接关乎谈判成败。作为主谈人小王，需更为精准把握谈判的节奏，通过灵活运用沟通策略，维系对双方均有利的谈判氛围，为最终达成合作奠定坚实基础。

一、合理运用葡萄酒商务谈判议价策略

葡萄酒商务谈判的焦点在于价格议题，并非简单地由一方提出价格，另一方无条件认同。实际上，在一方提出报价后，另一方往往会进行还价，这一环节被称为议价，也就是大众熟知的讨价还价过程。接下来，我们将探讨几种常见的议价策略（见表3-1）。

表 3-1　几种常见葡萄酒商务谈判议价策略的特点和适用情况

常见葡萄酒商务谈判议价策略	特点	适用情况
投石问路策略	试探性提问，摸清对方意图和底线	对对方情况及市场不明时使用
吹毛求疵策略	挑剔产品细节，降低对方心理预期	己方能力强，供应商急售或竞争大时
价格诱导策略	设价格诱饵，突出性价比吸引对方	了解行情，产品同质化竞争时
感情投资策略	建立关系，以情感共鸣促合作让步	追求长期合作或重人际的伙伴

（一）投石问路策略

在葡萄酒商务谈判中，谈判者常采用投石问路策略来获取那些通常难以直接获得的信息。这种策略中的"投石"通常表现为以下几种形式。

（1）我们考虑在即将到来的节日季增加葡萄酒的订单量。请问，对于大额订单，贵方是否能提供特别折扣？

（2）我们发现贵公司的葡萄酒在市场上颇受欢迎。如果我们选择更高端的定制包装来提升我们的品牌形象，贵方在价格上能否给予一定的优惠？

（3）我们拥有一支专业的市场推广团队。如果我们将市场推广资源投入贵方葡萄酒的推广上，贵方是否会在价格上给予一定的回馈或折扣？

（4）如果我们对葡萄酒的瓶装规格有特定要求，比如采用大瓶装以提高餐厅的销售效率，贵方是否能在价格上做出相应调整？

通过巧妙地"投石"，葡萄酒商务谈判者能够更深入地了解对方的商业习惯、动机以及可能的最低成交价或价格政策。这种间接的方式有助于买方试探卖方的价格底线，从而在谈判中做到心中有数，攻防得当。

（二）吹毛求疵策略

在葡萄酒产品的价格谈判过程中，议价方为了强化自身立场并展现其精明不易受骗的形象，经常会采用一种特定的策略。这种策略包括寻找葡萄酒在品质、功能、外观设计、色彩搭配、包装等方面的不足，并提出一系列问题。这些问题中，有些是基于实际情况，而有些则可能是故意夸大其词。议价者这样做的目的，是希望引发卖方的不安、沮丧或降低期望，进而促使卖方提供更多优惠或做出更大让步。众多实例表明，这种吹毛求疵的策略是切实可行的，并且效果显著。

然而，在提出这些要求时，议价方必须避免过于严苛或漫无边际，而应确保要求具有针对性且适度，不应偏离行业惯例太远。否则，卖方可能会认为议价方缺乏诚意，从而导致谈判破裂。此外，议价方还应尽量选择在卖方信息掌握较少或难以用客观标准验证的方面提出较为苛刻的要求，以避免被卖方轻易识破并采取相应的反制措施。

（三）价格诱导策略

价格诱导策略指的是卖方巧妙地利用买方对市场价格上涨的忧虑情绪，促使买方尽快签订购买合同的一种谈判技巧。以葡萄酒谈判为例，卖方可能会告知买方，由于葡萄种植区的气候条件变化和原材料成本上扬，预计下个季度葡萄酒的价格将上涨约8%。但如果买方能在年底之前达成协议，就能以现在的价格享受优惠。在市场价格波动较大的背景下，这样的提议往往颇具诱惑力。同时，这种策略同样适用于买方。买方可以凭借自己所掌握的市场信息，诱导卖方大幅度降价，这也是谈判中常见的一种技巧。

（四）感情投资策略

感情投资策略亦称润滑策略。议价过程往往被误解为仅仅是实力与意志的对抗，但实际上远不止于此。许多谈判之所以能够顺利进行，甚至一些棘手问题得以最终解决，很大程度上依赖于双方已建立的感情基础和良好关系。实际上，谈判中的人际关系扮演着举足轻重的角色。若己方希望影响对方，首要任务是获得对方的认可和欢迎。要使己方在谈判中提出的理由和意见能够被对方认真听取并充分接纳，建立相互信任的关系是最为有效的途径。从议价的角度看，感情投资为双方顺利达成协议铺设了情感上的桥梁。

二、实施葡萄酒商务谈判让步策略

在葡萄酒商务谈判的磋商阶段，双方做出适当的妥协是不可避免的。若双方都固守立场，不愿退让，那么谈判将无法达成协议，进而无法实现谈判的最终目标。谈判者需清晰界定他们的最终目标，并明确为了达到这一目标，他们愿意或能够做出哪些妥协，以及妥协的程度。妥协本身便是一种策略，它展现了谈判者通过主动满足对方需求来换取自身需求的智慧。因此，在磋商阶段，如何巧妙地运用妥协策略成为最为关键的任务。

（一）于己无损让步策略

于己无损让步策略，是指在谈判的过程中，己方做出的让步举措既不会损害自身实际利益，还能契合对方部分诉求，以此提升己方的谈判吸引力。当谈判对手就特定交易条款提出让步要求，而己方可在该问题上进行非实质性妥协时，便可采用此策略化解僵局、推动谈判进程。

在葡萄酒商务谈判中，采用于己无损让步策略，如主动在一些非关键的小问题上做出让步，像提供一些额外的葡萄酒品鉴资料、赠送少量的特色酒具等，能向对方展现出己方的合作诚意和积极态度，让对方感受到己方是抱着合作的目的来进行谈判的，而不是一味地追求自身利益，从而为谈判营造出友好、和谐的氛围，使谈判能够更加顺利地进行。

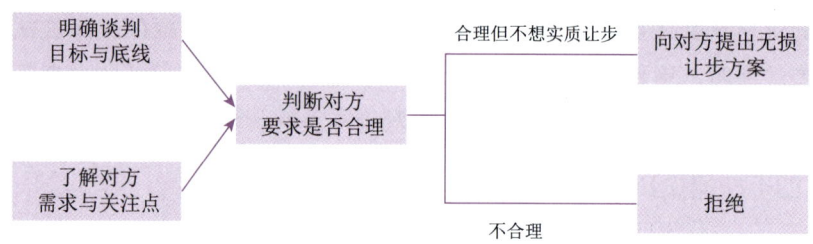

图3-6　于己无损让步策略

（二）以攻对攻让步策略

所谓在葡萄酒商务谈判中的以攻对攻让步策略，是指在谈判中，己方在做出让步前主动向对方提出对等的让步诉求，化被动为主动，将让步转化为谈判博弈的进攻武器。当遭遇对方在某一议题上的施压时，己方需将该问题与其他关联议题统筹考量，以对方在相关问题上的让步作为己方妥协的前提条件，配合以强势的氛围渲染，就可以实现攻防转换。以某款葡萄酒交易的商务谈判为例，若买方要求降价，卖方可以顺势提出增加采购量、分摊运输成本、变更付款方式或延长交货周期等反制条件。如此一来，如果买方接受附加条件，卖方的让利便能获得补偿；若买方拒绝，卖方也能以此为由拒绝让步，有效化解对方的持续施压。

（三）强硬式让步策略

强硬式让步策略，即在谈判初期以强硬姿态示人，始终坚守立场绝不让步，直至谈判尾声才一次性做出全部妥协，推动交易达成。

葡萄酒商务谈判场景中，该策略优势显著：开局的坚决不退让，能向对手传递己方坚定的谈判立场，若对方缺乏足够耐心与韧性，极有可能使己方在谈判中争取到更大利益。当己方在僵持后一次性释放全部让步空间，会让对方产生"艰难取胜"的成就感，促使其珍视谈判成果。然而，此策略弊端同样明显：因前期毫不妥协的态度，易致使合作关系破裂；同时，也可能给对方留下缺乏诚意的负面印象。因此，强硬式让步策略更适于在谈判中占据主导地位的一方。

（四）坦率式让步策略

坦率式让步策略，强调以诚恳务实、开诚布公的姿态，在谈判的让步阶段，率先亮出己方底线，毫无保留地让出全部可让利益，期望凭借这份真诚，赢得对方的信赖，推动谈判走向共识。该策略能使谈判双方快速明确彼此的底线和可协商空间，避免在一些无关紧要的问题上浪费时间和精力，直接进入关键问题的讨论和协商。例如在讨论葡萄酒的交货时间时，采购商直接表示可以接受稍微晚一点的交货时间，前提是供应商在包装上满足一定的定制要求，这样双方可以围绕核心问题迅速展开讨论，加快谈判进程，节省双方的时间和成本。

然而，其缺点也显而易见：过早的让步可能让对方误以为仍有进一步争取的空间，提升其期望值，导致持续的讨价还价；同时，一次性的大幅让步也可能意味着放弃了一些本不应失去的权益。

这种策略更适用于谈判中处于不利地位的一方，或是当谈判双方关系较为融洽时。通过一方先做出较大幅度的让步，以这种友好和坦诚的姿态去影响对方，促使其以同样的态度回应。运用此策略时，需紧密结合实际情况，精准把握时机，确保在主动让步后，己方能够获得相应的利益回报。

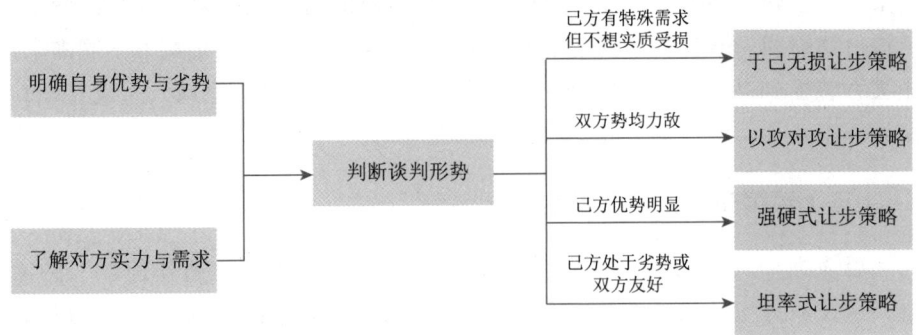

图 3-7　常见葡萄酒商务谈判让步策略

三、选择打破葡萄酒商务谈判僵局的策略与技巧

商务谈判僵局是指在谈判过程中出现的难以持续推进的僵持状况。在葡萄酒商务交流中,由于谈判双方对利益的诉求不同,对于某一议题的立场和看法存在差异,往往难以迅速达成一致。当双方都不愿做出让步、不愿妥协时,谈判的进程就会停滞不前,进入僵持阶段。谈判僵局对谈判双方的情绪都会产生消极影响。僵局产生后,会有两种可能的结果:一是找到方法打破僵局,继续推进谈判;二是谈判彻底失败。显然,后者是双方都不希望看到的局面。因此,当僵局出现时,能够采用科学有效的策略和技巧来打破僵局,对于恢复谈判的顺利进行至关重要。

(一)回避分歧,转移议题

在葡萄酒商务谈判中,当双方就某一争议话题僵持不下,如价格难以达成一致时,可巧妙运用该策略。比如,一方察觉到气氛紧张,立即说:"咱们先不纠结这价格了。我发现您对葡萄酒品鉴很感兴趣,我们酒庄有独特的品鉴方法,还有专业品酒师团队,能为客户提供优质服务,这对提升您的业务也有帮助。"通过这种方式,将话题从敏感的价格分歧转移到服务优势上,缓和气氛,重新引导谈判方向,为后续再回到价格议题并达成共识创造有利条件。

(二)多种方案,选择替代

在葡萄酒商务谈判中,多种方案、选择替代能有效推动谈判进程。比如在价格谈判陷入僵局时,卖方若不愿直接降价,可提供不同的方案供买方选择。方案一,维持原价,但增加赠送酒具的数量与档次,提升产品附加值;方案二,提供中等价位但品质相近的其他系列葡萄酒;方案三,保持价格,延长付款周期,缓解买方资金压力。通过给出多种选择,满足买方不同需求,让买方感受到己方诚意,增加谈判灵活性,促使双方打破僵局,达成互利共赢的合作。

(三)暂缓交锋,暂作停歇

当谈判陷入僵局且常规手段难以破局时,"暂缓交锋,暂作停歇"的策略,往往成为扭转局势的关键之举。葡萄酒商务谈判陷入僵局,双方对利益的分歧争执不下时,双方情绪高度对立,此时理性思考的空间往往被压缩,

难以客观评估整个谈判的态势。休会恰似为紧张的谈判按下"暂停键",随着时间推移,双方激烈情绪逐渐平复,能够以更冷静的视角审视分歧本质。复盘前一阶段谈判情况后,双方会重新考量僵局对自身利益的潜在威胁,密切关注市场环境、政策导向等外部因素的变化,同时权衡谈判的时间压力。在此期间,团队可及时向上级汇报谈判困境,获取更具全局性的指导建议,为后续策略调整提供方向。安排高层领导会面,有助于化解对立情绪,修复关系裂痕;组织参观游览、宴会舞会等社交活动,让谈判人员在轻松氛围中自然交流,增进彼此了解,重塑合作互信的谈判基调。当谈判重启时,曾经棘手的难题在新的氛围下更易达成共识,僵局也将随之迎刃而解。

(四)针锋相对,寸步不让

当对方抛出不合理的条件蓄意制造僵局,甚至在原则问题上强词夺理时,己方必须以坚定的姿态据理力争,以示还击。因为一旦突破原则底线做出妥协,不仅会损害自身利益与尊严,更会助长对方的自大气焰。此时,己方应果断拒绝对方不合理诉求,直击其刻意制造僵局的不当行为,促使对方收敛蛮横态度,主动撤回无理要求。在此过程中,既要展现出己方不畏惧任何压力的自信,坚守平等合作的谈判准则;也要注重沟通策略,以柔中带刚的方式回应,让对方意识到无理取闹毫无意义,从而主动让步。

若遭遇采购商过度压价,严重挤压酒庄利润空间这类情况,酒庄需站稳立场。可通过清晰展示葡萄种植成本、复杂酿造工艺投入、包装运输费用等详细数据,结合产品的品质优势与品牌价值,明确指出过低报价与产品实际价值严重不符。同时援引市场上同品质葡萄酒的定价作为参考,用事实佐证自身报价的合理性。凭借翔实论据与强硬态度,迫使对方重新评估其要求的可行性,从而维护自身合理利益,推动谈判回归公平理性的轨道。

(五)破釜沉舟,放手一搏

当葡萄酒商务谈判陷入困局,某一方既无让步空间,又无替代方案时,不妨采用"破釜沉舟,放手一搏"的策略。此时,谈判方可以直接亮明底线,明确传达己方已退无可退的立场,向对方表明若诉求无法满足,宁可承受谈判破裂的后果。以某葡萄酒企业为例,在争夺国外酒庄进口代理权时,面对激烈竞争,该企业可果断表态:若不能以预期条件达成合作,将转而投入国内葡萄种植基地的开发,自主酿造产品。这番强硬表态最终迫使对方妥协,成功争取到有利的合作条款。

运用此策略需满足两个前提：其一，己方诉求必须合理且已触及底线，任何进一步的退让都将损害核心利益；其二，谈判方需具备承担谈判破裂风险的魄力，绝不以牺牲企业根本利益为代价维系谈判。若对方珍视此次合作机遇，在己方亮出底牌后，极有可能选择妥协，从而化解僵局，促成合作协议的达成。

图 3-8　打破葡萄酒商务谈判僵局的策略与技巧

任务三　葡萄酒商务谈判签约

任务情境

通过紧张、激烈的谈判，双方的合作意向与合作条件基本确定，但双方还存在一定的分歧，小王强调付款时间为每月 30 日，次月 5 日之前付清，而经销商却希望每季度结账一次，下季度第一个月的 10 日之前付清。经销商的要求对于小王来讲，从内心来讲是可以接受的，但小王还在提出更高的要求，因为他想更出色地完成这次谈判任务。小王有点搞不明白这场谈判到底是不是该结束，如果现在结束可能是怎样的结果。看来，小王对于葡萄酒商务谈判结束阶段的认识还需要提高。

任务分析

商务谈判的结束也叫收尾，是商务谈判过程中非常重要的一个环节。小王在本任务中，应该学会正确判断商务谈判的结束时间，并运用有效的策略，圆满地达成协议。

一、选择葡萄酒商务谈判结束的方式

在葡萄酒商务谈判结束时，选择恰当的方式至关重要，合适的结束谈判方式能为与合作伙伴的关系定下积极基调，为未来的持续合作、拓展合作领域或深化合作层次奠定良好基础，有利于形成稳定的供应链、销售渠道等，保障葡萄酒企业的长期运营和发展。只有通过对谈判涉及的交易条件、谈判时间和对方传递的信息，做出正确的判断，才能选择合适的商务谈判结束的方式。

（一）葡萄酒商务谈判结束的方式

葡萄酒商务谈判可采用三种方式结束：成交、中止、破裂。

1. 成交

成交意味着谈判双方就合作事宜达成一致，顺利促成交易落地。而成交的标志性动作，则是双方签署具备强约束力与高可执行性的合同或协议文本。这份文件不仅明确规范商务活动的执行准则，更为后续的交易流程提供了清晰的指引，保障双方合作有序推进。

2. 中止

谈判中止，指因特定缘由，双方未能就交易条款达成协议，或由某一方主动提出，从而暂时中断谈判的情形。倘若中止发生于谈判收尾阶段，这种中止便具有终局性质，等同于宣告谈判结束。依据不同情形，谈判中止可划分为有约期中止与无约期中止两类。

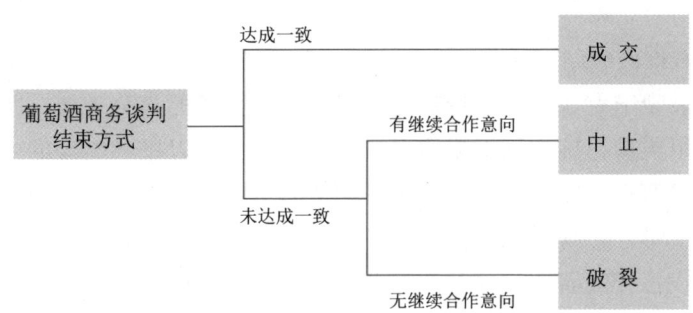

图 3-9　葡萄酒商务谈判结束方式

(1) 有约期中止

有约期中止是指谈判双方在暂停磋商之前，明确约定恢复谈判的具体时间。当谈判出现成交价格超出预算规划、让步幅度突破预设底线，或需等待上级审批等阻碍协议达成的情况，如果谈判双方仍有合作意向，通常会协商一致选择中止谈判。这种中止方式传会递出积极合作的信号，目的是为双方预留调整空间，创造条件推动最终协议的达成。

(2) 无约期中止

无约期中止，指谈判双方暂停协商时，由于某种特定原因并未明确约定何时或者达到何种条件可以恢复谈判。"冷冻政策"便是此类中止的典型体现。当葡萄酒商务谈判陷入僵局，因交易条件的分歧过大，或受特殊困境制约，而双方仍存合作意愿、不愿谈判破裂时，往往会采用冷冻政策暂时搁置争议。此外，若导致谈判中止的因素超出双方可控范围，同样会触发无约期中止。例如，法国某葡萄酒产区突遭霜冻、洪水等自然灾害，葡萄产量与品质严重受损，酒庄因无法预估后续供货能力与产品质量，只能中断与客户的商务谈判，待灾情稳定、完成损失评估后，再决定谈判重启的时机与方案。

3. 破裂

谈判破裂，指谈判双方历经多轮努力仍无法达成共识、签署协议，最终以交易失败告终，双方或平和散场，或不欢而散，就此终结谈判进程。其本质是在反复磋商后，双方均不愿意再做进一步的妥协，或者没有空间再退让，在原有谈判范围内的合作彻底无望，持续推进已无实际意义。这种僵局的形成，可能源于市场环境的剧烈变动、双方核心利益诉求的不可调和，或是突发不可抗力因素的冲击。根据谈判进程中双方的态度差异，谈判破裂可分为友好破裂与对立破裂两种类型。

(1) 友好破裂结束谈判

友好破裂结束谈判，是指双方基于对彼此困境的充分理解，明确当前合作障碍难以突破，确实已无妥协退让的空间，从而以平和友善的方式终止谈判。在此过程中，双方虽坚守自身利益与交易条件，但始终保持理性克制，既充分尊重对方立场，也坦然接受客观利益分歧，对谈判未果抱有遗憾之情。这种破裂往往伴随着双方对彼此专业能力与商业原则的认可，通过复盘谈判过程，梳理分歧根源，反而能更精准定位合作契合点。不仅未损害双方关系，反而通过深度沟通与相互理解，催生了未来合作的意愿，为后续合作埋下伏笔，因而值得倡导。

（2）对立破裂结束谈判

对立破裂，指谈判在双方强烈对立情绪中戛然而止，最终未达成任何协议。引发此类破裂的原因复杂多样：或因一方对另一方态度严重不满、情绪失控；或因谈判中过度指责对方，忽视实质议题；或因一方采取高压手段强迫妥协，遭拒后中断谈判；或因双方条件差距悬殊，相互指责缺乏诚意，导致沟通彻底失效。无论何种原因，对立破裂均非理想结局，不仅使合作流产，更易恶化双方关系，阻碍未来合作。因此，当破裂无法避免时，谈判者应优先平复双方情绪，避免言语冲突；同时以事实为依据、以情理为纽带，展现专业素养与风度，最大限度降低负面影响。

（二）运用葡萄酒商务谈判结束策略

在葡萄酒商务谈判临近尾声时，谈判人员不仅需要精准判断结束时机，预测谈判的收尾方式，更需要具备掌握推动谈判顺利终结的能力。商务谈判的最后阶段犹如一场博弈的终局，稍有不慎便可能功亏一篑，或错失达成最优结局的机会。为此，以下几种常见的谈判结束策略值得关注（见表3-2）。

表3-2　常见葡萄酒商务谈判结束策略

常见葡萄酒商务谈判结束策略	适用场景	注意事项
最后立场策略	谈判接近尾声，双方僵持不下	表明立场要坚定且合理，避免激怒对方
折中进退策略	双方差距不大，期望尽快达成协议	确保折中方案对双方公平，衡量让步程度
一揽子交易策略	涉及多方面合作，整合资源推动交易	明确各交易环节细节，防止出现漏洞

1. 最后立场策略

最后立场策略是通过以谈判破裂为筹码，向对方极限施压从而促成让步的谈判终结手段。当多轮磋商仍未取得进展时，使用该策略的一方会明确亮出最终立场，划定可接受的让步极限，并表明若对方拒绝，谈判将宣告破裂；如果对方接受，则达成交易。例如，在进口葡萄酒代理权谈判中，供应商若坚持最低供货价，否则终止合作，以此迫使采购方接受条件。但需谨慎运用此策略，若双方尚未充分沟通，过早使用不仅难以达成预期，还可能暴露己方底线，使自身陷入被动，得不偿失。此外，使用时需配合坚定的态度与充分的理由支撑，才能让对方感受到决心，避免沦为无效威胁。

2. 折中进退策略

折中进退策略是指依据谈判双方立场与条件的差异，选取较为中立的方案作为共同妥协退步的标准，以此解决相关遗留问题的谈判终结方式。例如，在葡萄酒价格谈判中，双方虽已多次让步但仍存分歧，此时一方可提议双方以相同幅度再作退让，从而推动交易达成。这种策略的核心在于寻找平衡点，例如当酒庄报价每瓶 200 元，采购方还价 150 元时，双方各让 25 元达成 175 元的成交价。不过，判断折中是否为终局不能仅看形式，还需考量前期的互相妥协、立场僵持以及剩余谈判时间等铺垫条件。当这些要素具备时，采用折中策略更易促成成交。该策略尤其适用于双方僵持不下的场景，能有效化解矛盾，促使双方公平让步，避免在细节上过度消耗时间与精力，同时也体现了谈判中的务实与灵活性。

3. 一揽子交易策略

一揽子交易策略，简而言之，是在谈判接近尾声或即将达到预定结束时间时，双方采取的一种整体性策略。此时，双方会基于各自坚持的条件，进行整体的让步与交换，旨在达成协议并圆满结束谈判。若谈判议题广泛，涵盖多个项目，且每个项目都经历了多轮磋商与价格谈判，那么双方可以考虑将所有条件综合起来，进行全面考量。例如，葡萄酒供应商将常规年份酒、珍藏级葡萄酒和限量版葡萄酒搭配成一个套餐。这种产品组合可以满足采购商多样化的市场需求，如面向大众消费的常规酒、针对高端客户的珍藏酒以及用于吸引眼球的限量酒，采购商无须分别与供应商就各类酒进行单独谈判，简化了交易流程。

二、了解签订葡萄酒商务谈判合同的基本程序与注意事项

在葡萄酒商务谈判的过程中，掌握签订合同的基本流程及其注意事项扮演着举足轻重的角色。这不仅关乎确保双方权益在法律框架内得到清晰、有效的保障，而且是预防潜在纠纷、提升合作效率与稳固性的关键所在。通过深入了解从合同草案的拟订、条款的细致磋商、到内容的审核确认，直至最终的正式签署这一系列步骤，并密切关注合同标的物的精确描述、价格与支付安排的明晰性以及违约责任与争议解决途径的合理性等核心要素，双方能够携手构建更为牢固的商业伙伴关系，从而为葡萄酒贸易的顺畅进行铺设一条坚实的道路。

（一）签订葡萄酒商务谈判合同的基本程序

合同签订是一项严谨的法律行为，指双方（或多方）当事人依据法律法规，就合同各项条款展开深入协商，达成一致意见后确立合同关系的过程。在葡萄酒商务领域，这一过程对保障交易双方权益、规范商业行为起着关键作用，其核心流程通常需历经要约与承诺两个重要步骤。

1. 要约

要约是一方当事人向另一方提出的订立合同的具体建议与明确要求，是以缔结合同为目的、向对方作出的明确意思表示，提出要约的一方称为要约人。作为合同订立的起始环节，一个符合法律规范的有效要约，需同时满足多项条件，以确保其法律效力与可执行性。

明确的缔约意愿：要约必须是一种真实且明确的意思表示，这种意愿需通过清晰的外部行为呈现，确保内在订立合同的意图与外在表现高度一致。例如，葡萄酒供应商向采购商发送正式函件，明确表达希望建立长期供货合作关系，此即为要约意愿的外化体现。

具体的条款内容：要约需详细、准确地列明合同的各项关键条款，尤其是主要条款，以便对方能够据此进行考量与决策。内容必须明确且确定，因为一旦要约被对方接受，合同即刻成立，双方将依据这些条款产生相应的权利与义务关系，并承担相应的法律后果。若条款模糊不清，后续极易引发纠纷。

区分要约与要约邀请：依据《中华人民共和国民法典》规定，要约邀请是希望他人向自己发出要约的意思表示。常见的要约邀请形式包括商品目录的寄送、拍卖公告、招标公告、招股说明书以及普通商业广告等。

2. 承诺

承诺是指受要约人对要约中的全部条款予以完全接受，并向要约人作出同意按照要约内容签订合同的明确意思表示，是合同订立的决定性环节。没有承诺，合同便无法成立。一个合格的承诺需同时满足以下三个关键条件：

内容一致性：承诺的内容和条件必须与要约的内容和条件保持绝对一致，不存在任何出入或附加条件。各国法律普遍规定，承诺即意味着对要约的同意，两者内容必须相符，否则将被视为违反要约。《国际货物销售合同公约》也遵循这一原则，明确指出：若承诺中对货物价格、付款方式、货物数量或质量、交货地点和时间、当事人间的赔偿责任范围、争议解决方法等六项核心内容进行任何添加、变更或修改，均视为实质性变更，不再是对原要约的有效承诺，而是构成一项新的要约。

主体适格性：承诺必须由合法的受要约人作出。所谓合法的受要约人，是指要约中明确规定的特定人，或者是获得该特定人授权的代表人。只有符合这一身份条件的主体作出的承诺，才具有法律效力。

主体合法性：除上述适格主体外，任何其他知悉要约内容的第三方，即便通过某种途径了解到要约信息，甚至通过不正当手段获取该项要约，其所作出的承诺均不能被视为有效承诺。例如，未经授权的中间人擅自对葡萄酒采购要约作出回应，该回应不具备法律约束力，无法促成合同成立。

（二）签订葡萄酒商务谈判合同应注意的问题

合同是交易双方为明确各自的权利和义务，以书面形式将其确定下来的协议。合同具有法律效力，即合同一经双方签订，就成为约束双方的法律性文件，双方必须履行合同规定的各自应尽的义务，否则就必须承担法律责任。合同还是仲裁机关处理矛盾纠纷的依据。签订合同能以具有法律约束力的形式明确交易双方的权利与义务，保障葡萄酒企业在采购、销售等环节的利益，避免潜在纠纷。因此，在谈判中，必须十分重视合同的签约，不仅要严肃、认真地讨论合同的每一条款，还要慎重地对待合同签约的最后阶段。因为在合同的敲定阶段，每一个漏洞都可能影响合同的实际履行，造成无可挽回的损失。从实际情况看，谈判签订合同，应注意以下几方面的问题。

1. 合同文本的起草与审核

（1）合同文本的起草

当葡萄酒商务谈判双方就交易核心条款达成共识后，便进入至关重要的合同签约阶段，而合同文本的起草则是这一阶段的首要任务。合同文本起草权在很大程度上决定了谈判的主动权归属。起草方能够依据双方协商成果，细致入微地拟定合同条款，巧妙选用对己方有利的措辞，灵活安排条款顺序，并对相关条款进行解释。由于对方往往对此缺乏充分准备，起草方在后续谈判中便占据先机。

起草合同文本并非孤立的工作，可与谈判准备环节紧密结合。例如，在制定谈判计划时，确定的谈判要点实际上就是合同的主要条款雏形。合同文本需涵盖双方协商确定的交易条款，以及各自应承担的责任与义务。这使得起草方有机会全面深入地研究各项条款，明确哪些是不容妥协的核心条款，哪些可以适当让步，以及让步的程度和底线。如此一来，当双方就合同草稿展开实质性谈判时，起草方凭借对条款的透彻理解和充分准备，牢牢把握谈判主动权。

葡萄酒供货合同范本

甲方（供货方）：
乙方（购货方）：
甲乙双方本着共同发展。诚实守信。互惠互利的原则。为了明确甲乙双方的责任和义务。经甲乙双方共同协商。达成协议如下：
一、甲乙双方权利与义务
甲方：
1. 甲方所供红酒产品。必须符合产品质量标准。如出现产品质量问题或者达不到标准。乙方有权退货或换货。
2. 甲方需按乙方所需产品规格、数量及时送货。不得以任何借口拒绝或推迟送货时间。原则上订货到供货不超过个 _____ 工作日。
3. 在本合作协议书有效期内。如甲方调整产品价格。应及时通知乙方。经双方协商按市场价格定价。在同等条件下以优先、优质、优惠的原则。
4. 甲方负责送货到乙方指定的地点。由甲方承担运输费用。
5. 按照乙方的实际销售情况甲方给予销售奖励。此条款另行协商。
乙方：
1. 乙方应配合把甲方所有的产品摆在吧台上作为展示。
2. 乙方每月必须提供准确、真实的销售情况。并及时向甲方业务反应。
3. 乙方按照双方协商的结算方式在合同期内结算货款。
4. 乙方购进的产品如果销售不畅。随时可调换别的产品。
二、结算方式：
以送货单为准。每月 _____ 日前结清上月货款。
三、退佣机制：
甲方对乙方销售人员所销售之酒塞和酒盖以 5 元 / 个进行回收。此费用是甲方对乙方销售人员给予的奖励。
四、合同期限
本协议有效期限 _____ 年 _____ 月 _____ 日至 _____ 年 _____ 月 _____ 日止。甲乙双方有特殊情况不能履约。须提前壹个月以书面形式通知对方。并承担相应法律责任及经济损失。
五、违约责任
未经甲乙双方同意。任何一方无权中途终止协议。如有违约。履约方有权向违约方索赔损失。
六、其他
本协议未尽事项。甲乙双方另行协商。本协议壹式两份。经双方代表签字生效。甲乙双方各执壹份。
注：产品清单及价格见附件。

甲方（盖章）：   乙方（盖章）：

代表（签字）：   代表（签字）：

联系电话：   联系电话：

年 月 日   年 月 日

图 3-10　葡萄酒供货合同范本

（2）合同文本的审核

合同文本撰写完成，或者确定采用标准化合同文本后，不能立即签署，必须经过严格细致的审核流程，确保协议内容准确无误后，方可进入签字环节。合同审核主要包含以下几个关键方面：

合法性审核：合法性审核旨在确认此次葡萄酒商务谈判及相关交易行为的合法性，同时检查各项手续是否完备。这包括审查合同内容是否符合国家法律法规、行业政策以及国际贸易规则；交易双方是否具备开展相关业务的合法资质；合同签订的程序是否符合法定要求等。只有确保合同的合法性，才能保障其法律效力，避免因违法而导致合同无效或引发法律纠纷。

一致性审核：一致性审核的核心是核对协议内容与谈判实际情况是否一致。对于正式的葡萄酒商务谈判，通常会留存详细的会议记录，这些记录可作为查证依据。谈判过程中的定义、解释、说明等内容，最好在双方确认后作为协议书的附录，以避免日后产生争议。尤其是一些具有弹性或模糊性的表述，必须明确其具体内容和适用范围，并记录在案。审核时要仔细检查协议是否存在遗漏或需要补充的内容，一旦发现问题，应立即提出修改。同时，要特别注意协议中的数据、标点符号等细节，任何差错都可能影响合同的准确理解和执行。

文字性审核：文字性审核聚焦于合同文字是否严谨、准确地表达了谈判内容。合同语言必须清晰明确，避免使用模棱两可、具有歧义的表述。每一个条款都应使用恰当的词汇和语句，确保双方对合同内容的理解一致。在审核过程中，若发现文字性问题，非实质性的可直接修正；若怀疑对方故意歪曲意思，则应秉持耐心、友善的态度进行再协商，直至双方达成共识，确保合同文字准确无误后再签字。

2. 明确合同双方当事人的签约资格

合同作为具有法律约束力的文件，要求签订双方必须具备相应的签约资质。若一方不具备合法签约资格，即便签署了合同，该合同也将被认定为无效，无法保障双方权益。因此，在签约过程中，深入调查对方的信用状况，并要求双方相互提交相关法律文件，以验证各自的合法签约资格，是必不可少的环节。

在重要的葡萄酒商务谈判中，通常由公司董事长或总经理负责签约。即便实际签约人并非高层管理人员，也必须严格审核其签约资格。具体而言，要核实对方提供的由法人出具的正式授权文件，如授权书或委托书等，明确对方的合法身份以及被授予的权限范围。通过这种方式，确保合同签订主体适格，保障合同的合法性和有效性。

此外，在与外国葡萄酒贸易公司及其子公司合作时，不能简单依据母公司的信誉和资产状况来判断子公司的履约能力。从法律角度看，母公司对子公司通常不承担连带责任，子公司作为独立法人，需独立承担民事责任。同时，也不能轻信对方提供的名片信息，名片不能替代正式的资格证书。只有通过全面、深入的资格审查，才能有效防范风险，确保葡萄酒商务合同顺利履行，维护双方的合法权益。

3. 明确规定双方应承担的义务、违约的责任

许多合同在制定时仅聚焦于交易的主要条款，却未能充分明确双方各自应承担的责任与义务，特别是关于违约时应负的具体责任，这种做法实际上削弱了合同对双方的约束力，仿佛为双方卸下了本应承担的责任重担，使合同在某种程度上变得形同虚设或效力大打折扣。另一种常见情形是，尽管合同中包含了对双方责任与义务的条款，但这些规定往往表述得模糊不清、笼统宽泛，以至于在违约情况发生时，由于合同条款缺乏明确性，难以有效追究违约方的责任。

项目总结

葡萄酒商务谈判实施是达成葡萄酒交易、实现合作共赢的关键环节，涵盖开局、磋商、签约等多个重要阶段，各阶段紧密相连，共同影响谈判的成败。

葡萄酒商务谈判开局阶段主要任务：协商谈判通则、营造谈判气氛、进行开场陈述。

营造葡萄酒商务谈判开局气氛原则：把握关键时机，形成良好氛围；巧用中性话题，加强沟通；树立良好形象，收获对方信任；注意利用正式谈判前的场外非正式接触。

葡萄酒商务谈判初始报价的基本原则：报价的首要原则，开盘价必须合乎情理，报价应该坚定、明确，不对报价做主动地解释、说明。

葡萄酒商务谈判报价策略：报价时机策略、报价起点策略、报价差别策略、报价对比策略、报价分割策略。

葡萄酒商务谈判议价策略：投石问路策略、吹毛求疵策略、价格诱导策略、感情投资策略。

葡萄酒商务谈判让步策略：于己无损让步策略、以攻对攻让步策略、强硬式让步策略、坦率式让步策略。

葡萄酒商务谈判结束的方式：成交、中止、破裂。

葡萄酒商务谈判结束策略：最后立场策略、折中进退策略、一揽子交易策略。

签订葡萄酒商务谈判合同的基本程序：要约、承诺。

素养提升

中国传统文化在葡萄酒商务谈判中的价值与运用

中国传统文化源远流长，其中蕴含的智慧和道德观念，能为葡萄酒商务谈判提供独特的指引。在谈判中融入这些理念，不仅能展现中国风范，还有助于达成良好的谈判成果。

诚信是中国传统文化的核心道德准则之一。在葡萄酒商务谈判里，诚信贯穿始终。就像在谈判开局，双方介绍团队成员、明确合作目标时，如实相告，不夸大其词，这是诚信的基础体现。报价环节，严格遵循合理报价原则，不虚报高价误导对方，让对方基于真实信息进行谈判，这是对诚信的坚守。比如在介绍葡萄酒产品时，实事求是地阐述葡萄酒的品质、产地、酿造工艺等，不做虚假宣传，为建立长期稳定的合作关系奠定基础。

"和为贵"的思想在中国传统文化中占据重要地位。葡萄酒商务谈判中难免会出现分歧，此时"和为贵"能有效引导谈判方向。在磋商阶段，当双方因价格、交货期等问题僵持不下时，秉持"和为贵"理念，以平和的心态沟通，不激化矛盾。可以采用多种方案选择替代、回避分歧转移议题等策略，寻找双方利益的平衡点，实现互利共赢。比如价格谈判陷入僵局时，提出增加赠送酒具、调整付款周期等替代方案，既满足对方部分需求，又保障自身利益，维护和谐的谈判氛围。

此外，"义利兼顾"也是中国传统文化倡导的价值观。在葡萄酒商务谈判中，不能只追求自身利益最大化，而忽视对方的合理诉求。在确定合作条款时，充分考虑双方的投入与回报，确保合作公平合理。例如在制定利润分配方案时，综合考虑双方的成本、市场风险等因素，让双方都能从合作中获得相应的利益，实现真正的合作共赢，而不是短期的利益博弈。

作为葡萄酒商务谈判者，要深入理解并运用中国传统文化和道德观念。在谈判中展现诚信、和谐、义利兼顾的态度，不仅能提升自身的谈判素养，还能为葡萄酒商务合作注入文化内涵，推动行业健康发展，在国际商务舞台上展现中国风采。

主要术语

谈判开局；谈判磋商；谈判策略；谈判签约；谈判合同

思考与讨论

1. 葡萄酒商务谈判开局阶段的主要任务有哪些？

2. 简述在葡萄酒商务谈判中，报价的基本原则都包含什么？

3. 对比分析以攻对攻让步策略和坦率式让步策略在葡萄酒商务谈判中的适用场景及优缺点。

4. 在葡萄酒商务谈判陷入僵局时，"暂缓交锋，暂作停歇"这一策略的具体操作及作用是什么？

5. 签订葡萄酒商务谈判合同的基本程序有哪些，每个程序的关键要点是什么？

葡萄酒采购谈判实战策略

项目四

葡萄酒国际贸易概述

思维导图

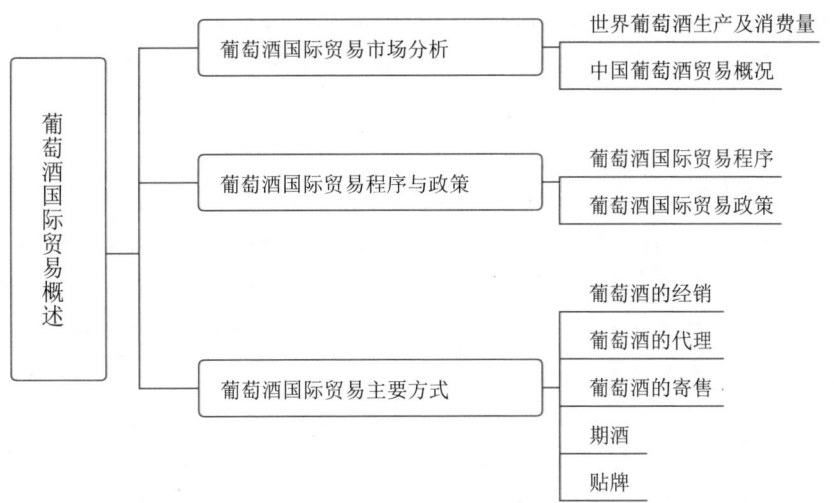

学习目标

知识目标：了解葡萄酒贸易的市场概况，熟悉葡萄酒国际贸易的程序，理解葡萄酒国际贸易政策，掌握葡萄酒国际贸易的方式。

能力目标：能对中国葡萄酒贸易市场现状有正确的认知，能从整体上把握葡萄酒贸易的流程，能正确区分葡萄酒独家经销与独家代理，能根据进口商的特点选择合理的国际贸易方式。

素质目标：具备葡萄酒贸易的国际视野，以开放的眼光认知葡萄酒国际贸易，树立诚实守信的经营理念，具备严谨细致的学习和工作态度。

任务一 葡萄酒国际贸易市场分析

任务情境

小王经过一段时间的历练，在与客户谈判时已经能够做到游刃有余，这给他的销售工作带来了很大的助力。随着经验的不断积累，小王的销售业绩不断提升，他越来越自信，同时对自己的职业生涯有了新的规划，想要接触公司的国际贸易业务。要做好葡萄酒国际贸易工作，需要熟悉哪些业务，具备哪些能力呢？

任务分析

从历史悠久的欧洲葡萄酒庄，到新兴崛起的新世界葡萄酒产区，葡萄酒跨越国界，满足着全球消费者对其独特风味和文化内涵的追求。任务中的小王开始想从事贸易工作，那么当今世界葡萄酒市场的概况是怎样的？近年中国葡萄酒市场又呈现出怎样的特征？

一、世界葡萄酒生产及消费量

国际葡萄与葡萄酒组织（OIV）是一个由符合一定标准的葡萄及葡萄酒生产国组成的政府间的国际组织，是国际葡萄酒业的权威机构，其标准被世界贸易组织（WTO）采用。2024年11月15日，中国正式加入OIV，成为该组织的第51个成员国。世界葡萄酒产销量数据主要表现为全球葡萄种植面积、全球葡萄酒产量、全球葡萄酒消费量三个统计数据，数据皆来自OIV组织发布的2018—2023年的统计报告。

（一）全球葡萄种植面积

2023年全球葡萄园种植面积为720万公顷，与2022年相比缩减0.5%，主要原因是全球主要葡萄种植区出现拔藤现象。整体趋势上，从2018年到

2023 年，全球葡萄种植面积呈现下降趋势。

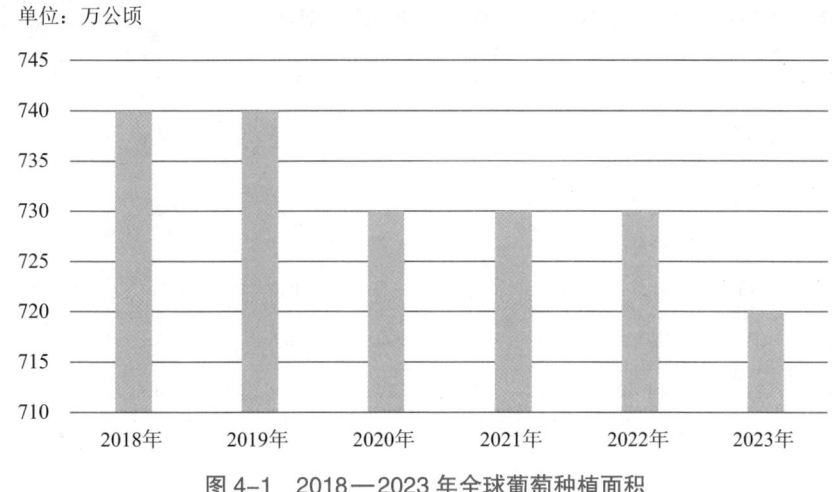

图 4-1　2018—2023 年全球葡萄种植面积

数据来源：国际葡萄与葡萄酒组织（OIV）

葡萄种植面积排在前五位的分别是西班牙、法国、中国、意大利和土耳其，这五个国家的葡萄种植面积占到全球葡萄种植面积的 60%。其中法国和意大利近六年葡萄种植面积保持稳定，并且有略有增长，法国维持在 79 万公顷左右，意大利维持在 72 万公顷左右，是主要种植国里仅有的保持小幅度增长的两个国家。种植面积最大的西班牙近六年略有下降，下降比率在 2% 左右，中国在 2018 年到 2019 年出现波动，下降明显，2020—2023 年基本稳定。需要注意的是，中国尽管在全球葡萄种植国排第三位，但是酿酒葡萄的产量却不高，占比仅为 10.3%，鲜食葡萄占比能够达到 84.1%，而对于西班牙、法国、意大利这些欧洲传统葡萄酒产国，酿酒葡萄占葡萄种植的绝大数，尤其是法国，酿酒葡萄占比 95% 以上，鲜食葡萄比例极低。2018—2023 年全球葡萄生产国种植面积变化情况，如表 4-1 所示。

表 4-1　2018—2023 年全球主要葡萄生产国种植面积

单位：万公顷

国家	2018 年	2019 年	2020 年	2021 年	2022 年	2023 年	2022/2023 年变化量	2022/2023 年变化率（%）
西班牙	96.9	96.7	96.1	96.4	95.5	94.5	−1	−1

续表

国家	2018年	2019年	2020年	2021年	2022年	2023年	2022/2023年变化量	2022/2023年变化率（%）
法国	78.9	79.7	79.7	79.8	79.8	79.2	−0.6	−1
中国	87.5	74.6	78.5	78.3	78.5	75.6	−2.9	−4
意大利	70.2	70.8	71.9	71.8	71.8	72	0.2	0
土耳其	44.8	43.5	41.9	41.9	41	41	0	0
美国	43	40.5	40.5	40	39	39.2	0.2	1
阿根廷	21.9	22	21.1	21.1	20.7	20.5	−0.2	−1
智利	21.2	21	21	21	19.6	17.2	−2.4	−12
葡萄牙	19.2	19.2	19.2	19	18.5	18.5	0	0
罗马尼亚	19.1	19.1	19.1	18.9	18.9	18.9	0	0

数据来源：国际葡萄与葡萄酒组织（OIV）

（二）全球葡萄酒产量

全球葡萄酒产量数据包含起泡酒和其他特殊种类的葡萄酒，不包括葡萄原汁和发酵中的葡萄汁。OIV统计数据显示，2023年全球葡萄酒产量为237亿升，与2022年相比大幅下降近25亿升。整体趋势上来看，2019年较2018年，全球葡萄酒产量有较大下跌，下降幅度为12.3%；随后2020—2022年三年时间产量相对稳定，保持在260亿升左右；2023年世界葡萄酒产量又出现较大幅度下降，远低于近年的平均水平，相较2022年下降了10%左右。

2023年，欧洲三大葡萄酒生产国法国、意大利、西班牙以及美国位列前四位，其中法国居第一位，葡萄酒产量为48亿升，与2022年相比增加4.3%，增量为2亿升，成为世界最大的葡萄酒生产国。意大利以38.3亿升居第二位，但是却成为近六年葡萄酒产量最低的一年，相较2022年下降11.5亿升，下降幅度达到23%，2023年意大利大部分葡萄酒产区遭受到了恶劣天气影响，尤其是北部地区大部分葡萄园因为遭受冰雹而减产。西班牙居第三位，葡萄酒产量为28.3亿升。西班牙种植面积最大但是在产量上却落后于法国和意大利，分析原因主要有两个，一是西班牙单位面积土地出产葡萄的产量偏低；二是西班牙作为待发酵葡萄汁原产国，葡萄汁多用于出口到其他国家进行生产罐装。南半球国家智利、澳大利亚、阿根廷 2021—2023 年连续三年葡萄酒产量出现下滑，2023 年阿根廷受春季霜冻和冰雹影响而减产，智利则是因为一些葡萄酒产区春季低温和干旱导致的采收延迟造成的。2018—2023 年全球主要葡萄酒生产国产量变化情况，如下图及表 4-2 所示。

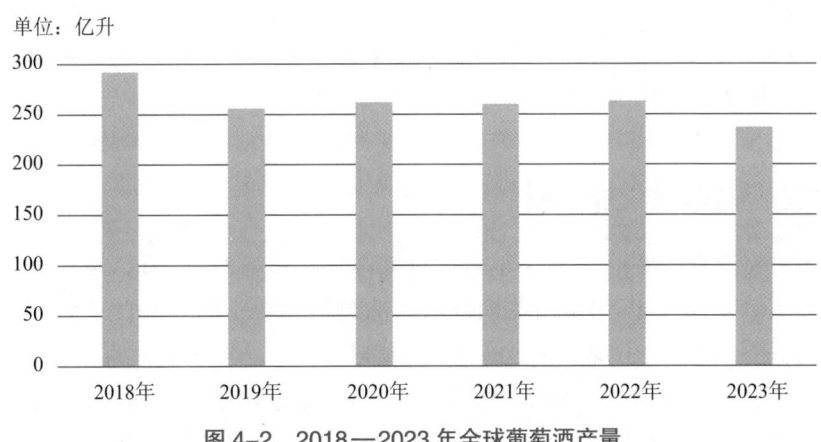

图 4-2　2018—2023 年全球葡萄酒产量

数据来源：国际葡萄与葡萄酒组织（OIV）

表 4-2　2018—2023 年全球主要葡萄酒生产国产量表

单位：亿升

国家	2018 年	2019 年	2020 年	2021 年	2022 年	2023 年	2022/2023 年变化量	2022/2023 年变化率（%）
法国	49.2	42.2	46.7	37.6	46	48	2	4
意大利	54.8	47.5	49.1	50.2	49.8	38.3	−11.5	−23
西班牙	44.4	33.7	40.9	35.3	35.8	28.3	−7.5	−21
美国	26.1	25.6	22.8	24.1	22.4	24.3	1.9	8
智利	12.9	11.9	10.3	13.4	12.4	11.0	−1.4	−11
澳大利亚	12.7	12.0	10.9	14.8	13.1	9.6	−3.5	−27
南非	9.5	9.7	10.4	10.8	10.3	9.3	−1	−10

续表

国家	2018年	2019年	2020年	2021年	2022年	2023年	2022/2023年变化量	2022/2023年变化率（%）
阿根廷	14.5	13.0	10.8	12.5	11.5	8.8	−2.7	−23
德国	10.3	8.2	8.4	8.4	8.9	8.6	−0.3	−3
葡萄牙	6.1	6.5	6.4	7.4	6.8	7.5	0.7	10

数据来源：国际葡萄与葡萄酒组织（OIV）

（三）全球葡萄酒消费量

OIV 统计数据显示，2023 年全球葡萄酒消费量为 221 亿升，与 2022 年相比下降 2.6%，创下近六年消费最低值。从总体趋势上看，2018—2023 年六年时间，除 2021 年出现反弹，较上一年增长 1.3%，整体上一直保持稳定下降的趋势。2021 年，旅行限制开始放松，酒店业开始复苏，随之而来的社交聚会和庆祝活动慢慢增多，导致许多国家在葡萄酒消费量方面出现反弹。

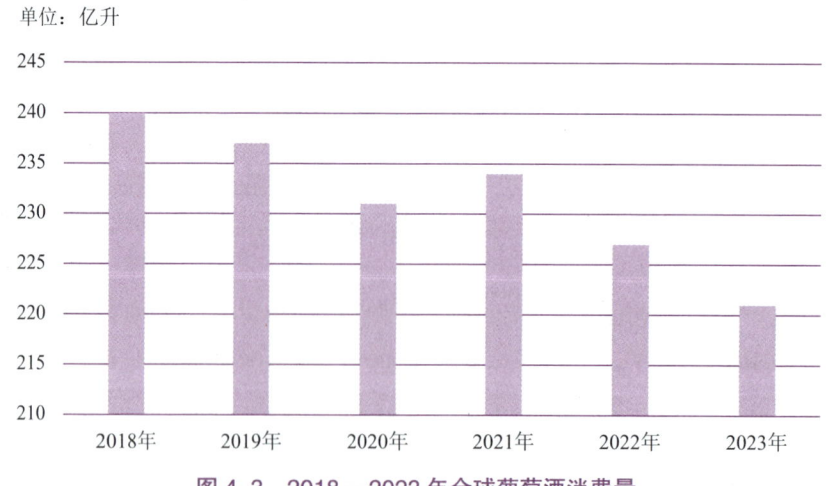

图 4-3　2018—2023 年全球葡萄酒消费量

数据来源：国际葡萄与葡萄酒组织（OIV）

分国别来看，消费量排在前三位的国家分别是美国、法国和意大利，其中美国是世界上最大的葡萄酒消费国，也是全球消费量唯一超过 30 亿升的国家。近六年，美国葡萄酒的消费量保持相对稳定状态，维持在33亿升左右，与消费量相比，美国葡萄酒的生产量不高，说明其消费有一定比例要依赖进口。法国排在第二位，同时也是欧盟国家中最大的葡萄酒消费国，2023年消费量为24.4亿升，相较上一年下降0.6亿升，下降幅度为2%。意大利排在第三位，法国和意大利同属欧洲三大葡萄酒生产国，生产量均高于其消费量，说明这两个国家有相当比例的葡萄酒用于出口。与美国相同的是，德国和英国的葡萄酒消费量高于生产量，说明消费市场有一定比例依赖进口。西班牙和俄罗斯是2023年消费量没有下降的少数几个市场，消费量增加0.2亿升，变化率为2%，西班牙是世界三大葡萄酒生产国之一，消费量只占生产量的1/4左右，是典型的葡萄酒出口大国。中国葡萄酒消费量在2023年下降2.3亿升，下降幅度为25%，葡萄牙下降10%。2018—2023年全球主要葡萄酒消费国消费量变化情况，如表4-3所示。

表4-3　2018—2023年全球主要葡萄酒消费国消费量表

单位：亿升

国家	2018年	2019年	2020年	2021年	2022年	2023年	2022/2023年变化量	2022/2023年变化率（%）
美国	33.7	34.3	32.9	33.1	34.3	33.3	-1	-3
法国	26.0	24.7	23.2	24.9	25.0	24.4	-0.6	-2
意大利	22.4	22.6	24.2	24.2	22.4	21.8	-0.6	-3
德国	19.7	19.5	19.8	19.9	19.4	19.1	-0.3	-2
英国	12.9	12.6	13.7	13.9	13.1	12.8	-0.3	-2
西班牙	10.7	10.2	9.2	10.3	9.6	9.8	0.2	2
俄罗斯	8.6	8.7	8.5	8.1	8.4	8.6	0.2	2
阿根廷	8.4	8.5	9.4	8.4	8.3	7.8	-0.5	-6
中国	17.6	15.0	12.4	10.5	9.1	6.8	-2.3	-25
葡萄牙	5.1	5.4	4.4	5.3	6.1	5.5	-0.6	-10

数据来源：国际葡萄与葡萄酒组织（OIV）

二、中国葡萄酒贸易概况

20世纪末以来,随着葡萄酒产业的快速发展,中国葡萄酒生产和消费持续提高,尤其是中国加入WTO后,进口葡萄酒的数量和金额迅速增长,进口葡萄酒市场呈现出多样化的发展趋势,能够满足中国消费者需求的葡萄酒种类日益增多。在出口领域,中国虽然是全球贸易第一大国,但是在葡萄酒出口方面一直是弱项,一是因为国内市场庞大,大部分葡萄酒在国内就可以消费掉;二是中国葡萄酒国际知名度较低,与法国、意大利等传统葡萄酒强国相比,竞争力不足,因此出口规模比较小。这里主要介绍中国进口葡萄酒市场的贸易概况。

(一)进口量及进口额

2019—2024年,中国葡萄酒经历了波动和结构性调整,在进口量方面,根据中商产业研究院数据库公布的数据,2019年为近六年峰值,进口量达6.62亿升,随后2020—2023年四年时间进口量持续下降,尤其是2023年达到最低点,2024年随着澳大利亚回归中国市场,进口市场迎来转折,实现六年来的首次回升,全年进口量为2.83亿升,同比上涨13.6%。

图4-4 2019—2024年中国葡萄酒进口量

数据来源:中商产业研究院数据库

从金额方面来看,进口金额和进口量呈现出相同的发展趋势,2024年中国葡萄酒进口金额为15.94亿美元,同比上涨37.2%。

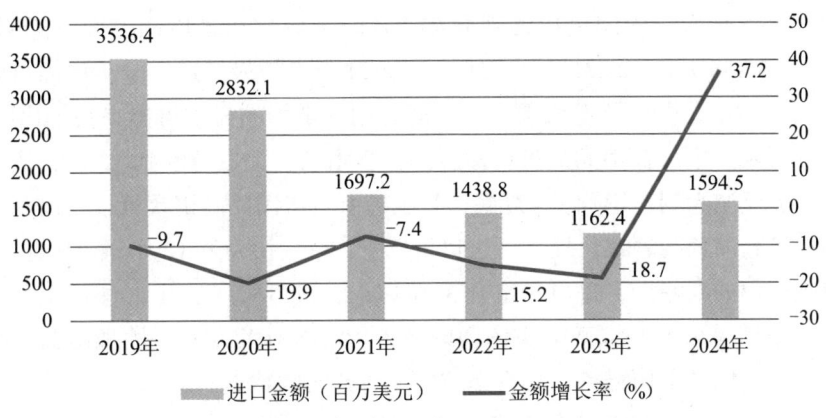

图 4-5　2019—2024 年中国葡萄酒进口金额

数据来源：中商产业研究院数据库

（二）2024 年中国葡萄酒进口数据

从包装方式上看，2024 年瓶装葡萄酒的进口量为 1.75 亿升，相较上一年度增长了 8.49%，进口额为 15.11 亿美元，实现大幅增长，增长额为 38.87%。相对进口量，瓶装葡萄酒进口金额提升明显，说明国内消费者对葡萄酒品质的追求，也意味着葡萄酒出现高端化趋势；散装葡萄酒进口量为 1.08 亿升，进口额为 0.8 亿美元，同比增长 22.92% 和 12.02%，进口量较大且保持增长。整体来看，瓶装葡萄酒占比明显较高，说明葡萄酒国际贸易还是以瓶装酒为主，但是国内对散装葡萄酒的需求比较稳定，散装葡萄酒在量上正在扩张，由此可见葡萄酒市场正在分化，高端市场与价格敏感市场各有侧重。2024 年 1—12 月中国葡萄酒进口数据，如表 4-4 所示。

表 4-4　2024 年 1—12 月中国葡萄酒进口数据

类型	进口量（升）	进口额（美元）	量同比（%）	额同比（%）	量占比（%）	额占比（%）
瓶装葡萄酒	174 504 402	1 511 186 904	8.49	38.87	61.71	94.93
散装葡萄酒	108 291 888	80 770 669	22.92	12.02	38.29	5.07
总进口	282 796 290	1 591 957 573	13.59	37.21	—	—

数据来源：中国海关

分月份来看，中国进口葡萄酒在 2 月的进口量和进口额方面下降明显，分别为 –35.56% 和 –24.35%，达到整个 2024 年度的最低点，分析原因可能与春节假期物流、进口节奏放缓有关，同时国内市场的需求可能在短期内降低；从 4 月开始，中国葡萄酒的进口额开始稳步增长，一直持续到 12 月，这在很大程度上受澳大利亚影响。3 月底，我国结束对澳洲反倾销政策，之前很多囤积在保税仓的葡萄酒很快提货，进口量爆发。7 月、10 月和 12 月分别是进口量、进口额涨幅的高峰期，进口量上升 35% 以上，进口额则上升 70% 以上，分别与夏季饮酒需求上升以及节庆场合以及备货增多有关，充分体现出葡萄酒的需求与消费场景密切相关，具有季节性消费鲜明的特点。

总体来看，2024 年中国葡萄酒进口量显著回升，虽然在个别月份出现负增长，但是大多数月份保持正增长，且进口额的涨幅高于进口量的涨幅，显示中国葡萄酒消费升级的趋势，高端市场持续上升。2024 年 1—12 月中国进口葡萄酒分月数据，如表 4–5 所示。

表 4–5　2024 年 1—12 月中国进口葡萄酒分月数据

月份	进口量（升）	量同比（%）	进口额（美元）	额同比（%）
1 月	25 419 411	12.30	102 536 773	–6.84
2 月	11 490 775	–35.56	64 805 515	–24.35
3 月	22 790 775	32.87	78 201 422	–2.66
4 月	21 99 066	18.89	113 143 359	44.69
5 月	22 833 317	–9.79	149 218 693	41.14
6 月	25 985 120	–3.29	203 343 309	56.67
7 月	35 089 908	45.65	196 408 830	71.27
8 月	23 533 999	2.28	128 946 964	11.40
9 月	24 922 628	46.53	120 680 069	30.79
10 月	19 702 054	40.72	118 919 040	73.09
11 月	20 162 891	–5.12	156 670 410	83.18
12 月	2 934 996	35.58	159 083 189	70.02

数据来源：中国海关

(三)2024 年中国葡萄酒进口来源国

从进口瓶装葡萄酒来源国看,排在第一位的是澳大利亚,进口量为 3451 万升,进口额为 5.49 亿美元,如此大的涨幅主要是中国取消对澳大利亚葡萄酒进口的惩罚性关税,使澳洲酒在价格和供应链上重新具备优势,澳洲品牌大量涌入市场,推动了我国进口葡萄酒数据的整体增长。但是不可否认的是,这部分增长很大程度是酒商在补仓与备货,并未完全进入消费领域。法国在进口量和进口额上虽然有不同程度下降,但是依然位居前列,在中国进口市场中依然占据重要位置。作为传统葡萄酒产国,法国、意大利、西班牙凭借悠久的酿造历史、严格的产区标准和高端的品牌形象,在高端葡萄酒市场具有较强的竞争力。

进口来源地中仅有新西兰和德国实现量、额双增。其中,新西兰在量、额方面分别增长了 16.29% 和 17.91%,德国分别增长了 8.17% 和 8.44%。这主要和这两个国家生产优质的白葡萄酒有关,白葡萄酒的流行推动需求的增长。新西兰葡萄酒如长相思展现出的高品质和特色化,对消费者产生较强的吸引力,同时也契合当下高端化的发展趋势。德国作为传统白葡萄酒酿造国,雷司令在 2023 年全网搜索量第一位,受欢迎程度有目共睹。美国葡萄酒的进口量出现下降,但是进口额略有上涨,说明精品酒的需求一直稳定存在。

智利在进口量、进口额上虽有所下降,但是依然保持领先,还有南非和阿根廷也位于前十位,体现出中国市场对新兴产国葡萄酒的热爱,也显示出新兴产国葡萄酒在性价比和市场适应性上的优势,它们更注重创新和市场营销,满足了不同层次消费者的需求。2024 年 1—12 月中国瓶装葡萄酒进口来源国,如表 4-6 所示。

表 4-6　2024 年 1—12 月中国瓶装葡萄酒进口来源国

序号	进口来源地	进口量（升）	量同比（%）	进口额（美元）	额同比（%）	均价（美元/升）
1	澳大利亚	34 517 632	14419.86	549 448 631	31234.77	15.92
2	法国	48 142 695	−16.41	488 465 021	−11.63	10.15
3	智利	35 003 537	−10.27	142 689 431	−17.80	4.08
4	意大利	16 295 946	−5.50	104 891 841	−9.82	6.44
5	美国	5 003 817	−4.26	51 770 101	1.46	10.35

续表

序号	进口来源地	进口量（升）	量同比（%）	进口额（美元）	额同比（%）	均价（美元/升）
6	西班牙	13 109 167	−18.59	50 687 702	−11.67	3.87
7	新西兰	3 381 986	16.29	33 824 665	17.91	10.00
8	德国	4 664 463	8.17	26 374 835	8.44	5.65
9	南非	3 724 185	−33.17	13 453 556	−31.40	3.61
10	阿根廷	1 987 454	−22.01	12 216 736	−28.29	6.15

数据来源：中国海关

散装进口葡萄酒来源国中位于前三位的分别是澳大利亚、智利和法国，其中智利和法国均有不同程度的下降，西班牙和南非下降较为严重，尤其是南非，进口量跌幅为97.44%，进口额跌幅为98.79%。除澳大利亚，仅有德国实现量和额的双向增长。2024年散装葡萄酒的进口量为1.08亿升，在进口量上与瓶装酒差距并不大，但在进口额上仅为瓶装酒的零头，分析其原因主要是超低价原酒充斥着消费市场，且有很多以进口酒、精品酒名义兜售，这在很大程度上影响了葡萄酒的长远发展。2024年1—12月中国散装葡萄酒进口来源国，如表4-7所示。

表4-7　2024年1—12月中国散装葡萄酒进口来源国

序号	进口来源地	进口量（升）	量同比（%）	进口额（美元）	额同比（%）	均价（美元/升）
1	澳大利亚	44 019 941	3313.39	38 192 353	2167.75	0.87
2	智利	58 944 917	−17.69	36 262 783	−28.22	0.62
3	法国	3 835 374	−40.13	4 818 665	−30.65	1.26
4	西班牙	847 800	−81.87	752 758	−92.16	0.89
5	意大利	404 336	−34.24	462 334	−49.23	1.14
6	德国	120 000	66.67	186 238	62.70	1.55
7	南非	71 520	−97.44	57 704	−98.79	0.81

数据来源：中国海关

任务二 葡萄酒国际贸易程序与政策

任务情境

经过学习，小王了解到世界葡萄酒生产及消费量，也知道了近六年中国葡萄酒贸易的整体情况，这些见识让他开始具备国际视野，从更广阔的角度去看待葡萄酒国际贸易。但只是了解这些还远远不够，小王需要深入学习更多的知识，葡萄酒国际贸易的程序是什么？相关的政策又有哪些？

任务分析

我国在葡萄酒国际贸易中通常处于进口方地位，以进口业务为主，因此小王需要从进口方的视角深入了解葡萄酒贸易的程序，熟悉葡萄酒贸易从前期筹备到后期交付的完整流程，理解相关政策对葡萄酒贸易带来的影响，初步构建全面而扎实的葡萄酒贸易知识体系。

一、葡萄酒国际贸易程序

葡萄酒进口贸易大致分为三个阶段，首先是分析准备阶段，即了解企业自身和市场需求，寻找合适的生产商，开展初步的贸易洽谈；其次是实际操作阶段，涉及贸易谈判、合同拟订、国际物流与保险、报关入库等环节；最后是进入国内后的市场操作，包括品牌策划和市场营销等。这些环节相互衔接，共同构成了国际贸易的完整流程。

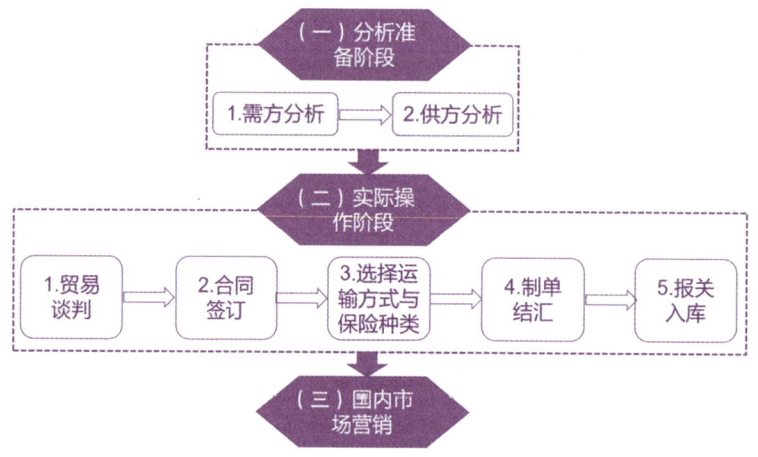

图 4-6　葡萄酒国际贸易流程

（一）分析准备阶段

在进口葡萄酒之前首先要进行需方分析，也就是分析进口商的实际需求，例如计划年销量大概是多少，计划采用的销售方式和渠道有哪些，客户群体对葡萄酒价位、口感的喜好是什么，对葡萄酒国际贸易是否了解，等等。在认真分析完本公司的情况后，再去对供货方进行分析，与供货方接洽。对于进口商而言，寻找优质的葡萄酒供应商是确保产品质量和供应稳定性的关键。国外葡萄酒供应商大致分为酒庄、农业合作社、酒商等三类形式，每一类供货商在酿造工艺和酿造设备、葡萄酒品质、特点和产量上都存在差异，因此进口商需要结合自身的实际需要对供应商全面考察，做到知己知彼，才能在葡萄酒的进口市场迈出正确的一步。

参加国际葡萄酒展会是与供应商建立联系的重要途径，如法国波尔多葡萄酒及烈酒展览会（Vinexpo Bordeaux）、德国杜塞尔多夫国际葡萄酒烈酒展览会（ProWein）等。这些展会汇聚了来自世界各地的酒庄和葡萄酒企业，为进口商提供了与供应商面对面交流和品尝产品的机会。在选择供应商时，进口商还可以参考专业葡萄酒评级机构的评价、行业内的口碑以及其他进口商的经验分享，确保选择到符合自身需求的优质供应商。

（二）实际操作阶段

1. 贸易谈判

贸易谈判是葡萄酒国际贸易中一个重要环节，在正式谈判前，首先要组建一支具备多方面专业知识的谈判团队。团队成员熟悉我国及有关国家的法律、惯例和政策措施、管理制度等方面的知识，具备丰富的行业知识，熟悉葡萄酒产品的各类信息，熟练掌握外语，能用外语直接洽谈交易，善于灵活处理谈判中出现的各类问题。其次是选择谈判目标，谈判目标主要是对产品的讨论和付款条件的商讨，产品的讨论重点有葡萄酒的质量、价格、包装、酒标、供货期等，对于付款条件的商讨也是一个重要的谈判目标，包括选择什么样的付款方式，全部付款有没有优惠等。最后还可以制定商务谈判方案，谈判方案可根据谈判规模、重要程度的不同而定。

到了谈判的具体实施阶段，需要了解进口商和供应商双方的规模、市场的规划、产品的全面信息以及双方合作的基础和计划。产品信息的了解非常重要，在谈判前可以要求供应商寄送样品，收到样品后，邀请葡萄酒专业或资深从业者对样品进行有效的品鉴。在了解产品后，进口商可以根据自己的市场需要，按照自己的市场策略与供货商就供货量、包装、支付方式等通过邮件、电话进行初步探讨。在通过邮件或电话初步沟通后，如果双方有合作的可能性，可以计划如何进行面对面谈判，进一步确认和建立更熟悉和更长期的信任关系，开始制定见面的时间、谈判需要确定的具体内容以及长期战略合作的方向等。在正式谈判过程中，不仅要运用国际贸易知识，还要灵活使用谈判技巧，面对不同国家的人在生活习惯、性格等方面的特点，如法国人开朗、热情幽默，德国人严谨、保守稳重，展示不同的谈判风格。

2. 合同签订

为达成具有法律效力的合约，买卖双方需要进行贸易磋商。贸易磋商一般包括询盘、发盘、还盘和接受四个环节。

询盘通常由买方主动向卖方发出，一般是先询问价格和供货量，询盘的目的除了探寻价格和有关交易条件，还表达了愿意与对方合作交易的意愿。询盘本身不构成发盘，不具有法律上的约束力。

在国际贸易中，发盘在法律上称为要约，实质是交易一方想要出售或购买某种商品时向对方提出的交易条件。

发盘既可以由卖方提出，也可以由买方提出，可以是对于询盘的回复，也可以独立存在，具有法律效力。在发盘有效期内，一旦受盘方接受了发盘方提出的交易条件，买卖合同即告成立，发盘方有义务履行合同中的条件和义务。

还盘在法律上称为反邀约，受盘人如果在答复上变更了发盘条件，就构成对发盘的拒绝。所以还盘既是受盘人对发盘的拒绝，也是受盘人以发盘人的身份提出的新发盘。一旦还盘作出，原发盘即失去效力，除非得到原发盘人的同意，受盘人不得再接受原发盘。对发盘表示有条件的接受，也是还盘的一种。

接受是对发盘表示同意，具有法律效力，受盘方一旦接受发盘，合同即告成立，买卖双方承担履行合约的法律义务。接受有书面接受和口头接受两种形式。

买卖双方经过磋商达成一致后，便可在进口贸易的合同上签字，合同开始正式生效，合同实际生效时间以到达对方的时间为准。合同的形式无论是打印的正式文本，还是通过传真或电子文档传递的合同，双方在合同上均应体现具有法律约束的企业公章或亲笔签名。

3. 选择运输方式与保险种类

供货商应按合同约定，准备好符合质量、数量和规格的葡萄酒。根据合同交货期，安排货物运输，选择合适的运输方式。国际贸易中葡萄酒运输一般有海洋运输和航空运输两种方式，一般价值的大批量的葡萄酒通常采用海洋运输，高档的小批量或者样品酒通常采用航空运输。海洋运输是进口葡萄酒最常用的运输方式，具有运量大、成本低的显著优势。按照船舶的经营方式，海洋运输可以分为班轮运输和租船运输，在葡萄酒的国际贸易中主要使用的是集装箱班轮运输模式。一个标准20英尺集装箱可以装载约1200~1500箱（每箱12瓶）葡萄酒，有效降低了葡萄酒的单位运输成本。与陆运方式相比，海运航道四通八达，航线成熟，不受制于陆地，运输网络覆盖全球主要葡萄酒产区和消费市场，适应性强。海洋运输也存在明显的缺点，运输速度慢运输时间长，对于急需上市的葡萄酒来说，可能会影响销售时机，而且温度、湿度变化较大，环境复杂，需采取特殊的保护措施，如使用冷藏集装箱，确保品质不受影响。

航空运输方式近年来得到越来越广泛的使用。空运的最大优势在于交货速度快、安全性能高，能够在短时间内将葡萄酒送达目的地。从欧洲主要葡萄酒产区运往中国，海洋运输需要30~45天，而航空运输通常需要3~5天，这对于一些高端、限量版葡萄酒或急需补货的情况非常适用，能够快速满足市场需求。此外，航空运输中还具有葡萄酒破损率小、不受地面条件限制和处理流程相对规范等优点。缺点体现在运输数量有限，运输成本较高，是海运的数倍甚至数十倍，所以主要适用于高价值、小批量的葡萄酒运输。

葡萄酒进口贸易运输距离远、时间长、风险大，且在运输中属于易碎品，一般都要投保货物运输保险。国际贸易货物运输保险分为海上货物运输保险、陆上货物运输保险、航空货物运输保险和邮包货物运输保险。其中以海上货物运输保险起源最早，历史最悠久，其主要承保两类风险，分别是海上风险和外来风险。承保的费用包含施救费用和救助费用。进口商在选择投保险别上应综合考虑货物的性质、用途、包装、运输方式、运输季节、不同国家的具体情况等因素，充分考虑可能发生的货损货差，以便选择适当的投保险别。

4. 制单结汇

在合同履行过程中，制单结算是卖方实现货款回笼的关键环节，要求卖方严格按照合同要求，及时提交各类单据。常见的单据包括产地分析证书、原产地证明书、瓶装证书、商业发票、装箱清单、海运提单等，单据要求准确完整，缺少任何一份或内容不完整都会影响结汇的顺利进行。完成制单后，卖方应进行内部审核，保证单证相符、单单相符，确保无误后提交给银行，银行审核无误即对外付款。在葡萄酒贸易中，常见的结汇方式有三种，分别是信用证、汇付、托收。如果是采用信用证付款，卖方在葡萄酒装船后，需要将信用证规定的汇票和全套单据提交开证行，银行谨慎合理审核所规定的单据，以确定单据上的信息与信用证条款相符；如果买卖双方属于长期合作的伙伴，已经建立信任的基础，可以采用汇付，票据不通过银行而是直接寄给进口方；如果采用托收，卖方需要将单据交给银行，由银行通过其国外代理行向买方提示付款或承兑。

5. 报关入库

在货物到港前，进口商应完成报关申报工作，避免因申报延误导致货物滞港，产生额外的费用。同时，要密切关注海关的审核进度，及时处理海关反馈的问题，确保报关流程顺利进行。报关人具有进出口经营权和报关权，可以进行自理报关，不具备相关资质可以选择代理报关。报关前国外出口商先要进行备案，葡萄酒进口收货人也需要按照规定备案，进口葡萄酒属于食品，因此需要向指定的检验检疫机构提出食品标签审核申请，进行标签备案，同时准备报关相关的文件资料。注意报关期限，以免超过期限缴纳滞报金。进口报关的程序包括换单、报检、电子申报、现场接单、审价、缴税、现场放行、报提货计划、动植检、出卡口等步骤。报关过程中进口商应提前准备好款项并做好缴税准备，在报关行通知缴税时，及时缴纳税款。进口葡萄酒需要缴纳三种税金，分别是关税、消费税和增值税。掌握集装箱的装箱情况，让海关人员能及时找到需要查验的货物，提高查验的速度。同时提前选好具备相应资质和条件的仓库，联系好车辆，安排好卸货人员，确保货物能按时入库储存。

(三)国内市场营销

进口葡萄酒在顺利完成报关入库后,进口商面临的关键任务是成功地在国内市场进行营销推广,从而实现产品的市场价值。对于葡萄酒而言,想要打造品牌,美誉度和知名度尤为重要,对于中国市场可以先拓展美誉度,再解决产量问题,以拓展葡萄酒销售。因此可以通过品牌名称、标识、包装设计、宣传口号等元素,传达葡萄酒品牌的核心价值和形象,使消费者对品牌产生深刻的印象和认同感。同时加强品牌传播渠道,线上渠道方面通过微信、微博、抖音等社交媒体平台发布葡萄酒知识、品牌故事、品鉴活动等内容,吸引消费者关注和互动,线下可以举办葡萄酒展会、品鉴会、行业论坛等活动,展示产品,与潜在客户和合作伙伴进行面对面交流,树立良好的品牌形象。

二、葡萄酒国际贸易政策

1. 自由贸易政策

自由贸易政策是指国家取消对进口贸易的限制和障碍,取消对本国进出口商的各种特权和优待,使商品自由进出口,让其在国内外市场上自由竞争。这种政策主张取消或降低关税和非关税壁垒,鼓励国家间的商品和服务自由流动。自由贸易政策有助于提高效率,促进资源在全球范围内的优化配置。香港是践行自由贸易政策的典型代表,在关税方面,香港一直奉行低税率政策,对进口葡萄酒不设关税,所以无论是法国波尔多的顶级佳酿,还是澳大利亚的特色葡萄酒,都能以较低的价格进入香港市场;在非关税壁垒方面,葡萄酒进口流程简便快捷,没有烦琐的进口配额限制,也没有复杂的技术标准阻碍,这使得大量的葡萄酒贸易商聚集在香港开展业务,香港因此成为亚洲重要的葡萄酒贸易和集散中心。

图 4-7　香港自由贸易政策

2. 保护贸易政策

保护贸易政策是指国家采取各种限制进口的措施，以保护其本国市场免受外来商品的竞争，并对本国出口商品给予优惠和津贴以鼓励其出口。保护贸易政策旨在通过高额关税保护本国产业免受外国竞争的影响。这种政策认为，在早期阶段，国内产业需要保护以发展壮大，从而在国际竞争中取得优势。以中国和澳大利亚的葡萄酒贸易为例，澳大利亚凭借前期自贸协定下的零关税优势，以较低的价格进入中国市场并迅速扩张，在很大程度上对中国本土葡萄酒企业造成冲击。2020—2021 年，中国对原产于澳大利亚的进口葡萄酒发起反倾销和反补贴调查，并最终裁定征收反倾销税和反补贴税，通过这一措施提高了澳大利亚葡萄酒进入中国市场的成本，使其竞争力下降，从而保护国内葡萄酒企业免受可能存在的不公平竞争的影响，提供了一定的缓冲空间，维护国内葡萄酒市场的健康稳定发展。

3. 管理贸易政策

管理贸易政策又称"协调贸易政策"，是指国家对内制定一系列的贸易政策、法规，加强对外贸易的管理，实现一国对外贸易的有秩序、健康的发展；对外通过谈判签订双边、区域及多边贸易条约或协定，协调与其他贸易伙伴在经济贸易方面的权利与义务。管理贸易政策介于自由贸易和保护贸易之间，强调政府对贸易活动的管理和协调。这种政策通过制定规则和标准来促进公平贸易，同时保护国家安全和公共利益。以法国为例，法国通过制定严格的葡萄酒质量标准与认证体系 AOP（原 AOC），对葡萄品种、种植区域、酿造工艺、产量等进行严格规定，保证了法国葡萄酒的高品质形象。此外，法国还高度重视葡萄酒的原产地保护和地理标志管理，政府通过法律手段，严格限制地理标志的使用，比如香槟这一地理标志只有在法国香槟地区才能采用，通过这一措施保护了法国葡萄酒产业的独特性和竞争优势。在国际葡萄酒贸易中，法国积极参与贸易规则的制定，并通过国际合作推动规则的实施，如在国际葡萄与葡萄酒组织（OIV）中发挥重要作用，同时在与欧盟外国家的贸易谈判中，维护法国葡萄酒产业的利益。

图 4-8　葡萄酒国际贸易政策

任务三　葡萄酒国际贸易主要方式

 任务情境

经销、代理、寄售、期酒、贴牌……当身边同事谈起这些业务时，刚刚接触国际贸易业务的小王不禁疑惑，这些专业名词是什么意思？分别适用于什么样的市场环境？它们之间又有什么区别？看来葡萄酒国际贸易真是一项专业性特别强的工作，要做好葡萄酒贸易不容易，学好专业知识是基石。

 任务分析

经销、代理、寄售、期酒、贴牌是葡萄酒国际贸易五种常见的方式，按经销权限不同，经销可以分为独家经销和一般经销；按代理权限不同，葡萄

酒的代理可分为总代理、独家代理和佣金代理；委托人将葡萄酒发送给代销人，由代销人负责销售，但货物的所有权仍归委托人所有，这是寄售……不同的贸易方式各有特点，适用于不同的市场环境和交易需求。了解并合理运用各种葡萄酒贸易方式，是小王作为葡萄酒贸易从业者必备的技能。

一、葡萄酒的经销

（一）葡萄酒经销的含义

葡萄酒经销是指在国际贸易中经销商按照约定条件为葡萄酒供货商销售葡萄酒。双方订立协议或相互约定，由供货商向经销商定期、定量供应葡萄酒，经销商在约定市场上销售。

（二）葡萄酒经销的分类

1. 独家经销

独家经销（Exclusive Distribution）也称为包销，是指供货商授予某一经销商在协议规定的期限和地域内独家销售其指定的葡萄酒的权利，不得再指定其他经销商销售该产品。独家经营权分为拥有供货商所有品牌的独家经营权和某一个品牌的独家经营权。

独家经销有助于供货商维护品牌的一致性，经销商成为该地域内唯一的销售代理商，能够在规定期限内拥有稳定的葡萄酒货源，获得独占市场的机会，从而提高经销商的利润和积极性。与此同时，由于经销商在该区域内缺少竞争对手，容易放松对市场的控制和拓展，造成供货商市场份额下降，而且独家经营覆盖区域有限，难以覆盖整个销售市场，最终影响葡萄酒供货商的市场拓展计划。

2. 一般经销

一般经销（General Distribution）也称为定销，是指经销商与供货商达成协议，在规定的期限和地域内销售指定葡萄酒。在这种模式下，经销商不享有独家专营权，供货商可以在同一时间、同一地区内，委派几家经销商来经营同类商品。经销商与供货商之间形成买卖关系，双方需签订经销协议，明确各自的权利和义务。

一般经销可以使供货商借助经销商的本地资源和销售网络，迅速扩展葡萄酒市场，增加市场覆盖面，而且能够减少市场开拓的初期投入，降低运营成本。对于经销商而言，没有独占市场的压力，经营风险相对较小。同时，供货商对经销商依赖性强，如果经销商能力不足或市场推广不利，可能会影响供货商的品牌形象和销售业绩，而且供货商获取终端市场的反馈信息比较滞后，因而会影响到葡萄酒产品调整和市场策略的及时性。

（三）葡萄酒的经销协议

经销协议是进口企业和国外葡萄酒供应商之间签订的具有法律效力的书面文件，契约中明确了双方的权利和义务关系。

经销协议主要包括以下内容：

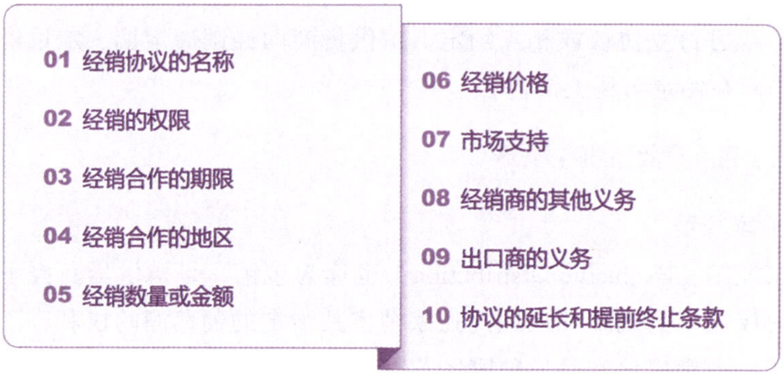

01 经销协议的名称
02 经销的权限
03 经销合作的期限
04 经销合作的地区
05 经销数量或金额
06 经销价格
07 市场支持
08 经销商的其他义务
09 出口商的义务
10 协议的延长和提前终止条款

图 4-9 葡萄酒经销协议的内容

1. 经销协议的名称

双方当事人的名称，契约日期和地点。

2. 经销的权限

经销权限是独家经销还是一般经销，对于独家经销有专买权和专卖权的规定。其中专买权规定独家经销商只能购买该葡萄酒供应商的葡萄酒，而不得购买其他供应商的同类产品；专卖权是指国外葡萄酒供应商在规定时间和地域内只把产品给该经销商独家销售，不得销售给其他经销商。

3. 经销合作的期限

经销合作的期限即协议的有效期，一般为签字生效起一年或者若干年。葡萄酒国际贸易中产品影响力是逐步的，因此合作周期比较长，供应商往往要求开始合作时以一年为限，如果是品牌操作，最好能争取到三年或者更长时间，并且在协议里规定期满后续约或终止条款。

4. 经销合作的地区

地区是指经销权有效行使的范围，它可以是一个国家或地区，也可以是一个或数个国家的一部分。独家经销则要考虑经销范围是否包含两岸三地，尤其是中国香港是葡萄酒的免税区，如果经销地区不包括香港，则要考虑到来自香港地区的同类产品在价格上对内地造成的竞争和影响。经销合作地区并非一成不变，可以根据业务发展和合作情况在协议中加以调整。

5. 经销数量或金额

这是指经销商在一定时期内向供应商购买葡萄酒的数量，也是供应商应该提供的数量和金额。这一条款是经销协议中的关键条款，能够确保供应商的产品通过经销商有效进入市场，同时也为经销商设定了明确的销售目标。同时要注意经销协议中要明确数量或金额的计算方式，例如"经销商同意在协议有效期内，每年采购不少于 1000 箱葡萄酒，或完成不低于 50 万元的销售额"。

6. 经销价格

经销价格是经销协议的核心内容之一，直接影响到经销商的利润空间和市场竞争力。进口葡萄酒一般都是以外币报价，包含到岸价、离岸价。由于葡萄酒受到当地风土的影响，每一年的收成和品质都会存在差异，为了回避价格变动带来的风险，双方可约定一个价格的最大浮动比率。

7. 市场支持

市场支持是出口商为帮助经销商推广和销售葡萄酒而提供的各种资源和服务。由于葡萄酒行业的文化属性、品牌认知度等特殊性，市场支持在这一领域尤为重要，包括出口商的品牌推广与广告支持，赞助或协助进口商举办葡萄酒品鉴会或晚宴等促销活动支持等。

8. 经销商的其他义务

其他义务包括经销商承担市场调研，提供市场信息的义务，促进销售和广告宣传的义务，对出口商的商标和专利权的保护义务等。

9. 出口商的义务

这是指出口商为经销商提供经销所需的便利条件，例如提供海报、宣传册、产品手册等宣传材料，葡萄酒展示架、酒柜等设备。根据目标市场需求，提供特定包装、容量或酒标设计等定制化支持，针对独家经销，不向规定区域内的其他客户直接售货的义务。

10. 协议的延长和提前终止条款

方便起见，可以在协议中签订自动延长条款，协议自动延长一年或数年。

为预防不可抗力等意外事件造成的协议不能继续履行,可以签订提前终止条款。另外,还可以规定争议解决条款,如仲裁、诉讼等。

二、葡萄酒的代理

(一)葡萄酒代理的含义

葡萄酒销售代理(Selling Agent)是指在指定地区和一定期限内,由葡萄酒生产商或品牌所有者授权代理人在特定区域或市场内代表其销售和推广葡萄酒产品的商业活动。

销售代理有如下特点:

(1)代理是委托与被委托的关系,而经销是买卖关系。

(2)代理商通常不拥有葡萄酒产品的所有权,而是通过销售产品赚取佣金而不是购销差价。代理商只是一种中间商,只能等葡萄酒商品售出、货款汇回委托方后,才能从委托方获得佣金收入,佣金通常按照销售额的一定比例计算,随代理额的浮动而浮动。

(3)代理商负责在代理区域内进行葡萄酒品牌推广、市场宣传和客户开发,由出口商和客户直接签订合同,代理商负责参与协调,因而不承担法律上的风险。如果协议规定代理商直接和客户签订合同,代理商须承担法律上的风险。

(二)葡萄酒代理的分类

1. 葡萄酒总代理

葡萄酒总代理(General Agent)是指在指定地区或市场内,全权代表委托人进行葡萄酒销售、市场推广等活动的代理商。总代理通常拥有较大的权限,包括发展下级代理商、制定销售策略和价格政策等。

2. 葡萄酒的独家代理

葡萄酒的独家代理(Sole Agent)是指在指定地区或市场内,委托人授权某一企业或个人作为唯一的销售代表,负责推广和销售其葡萄酒产品。在独家代理的有效期内,委托人不得在该地区内再委托第二个代理人。

3. 葡萄酒的佣金代理

葡萄酒的佣金代理(Commission Agent)是指不享有独家经营权的代理。在同一地区和期限内,委托人可同时委派几个佣金代理代表委托人进行业务活动,是一种常见的代理形式。

(三)独家代理协议

独家代理协议是明确出口商与独家代理商之间的权利和义务的法律文件,确保双方在合作中的利益得到保障。主要包括以下内容:

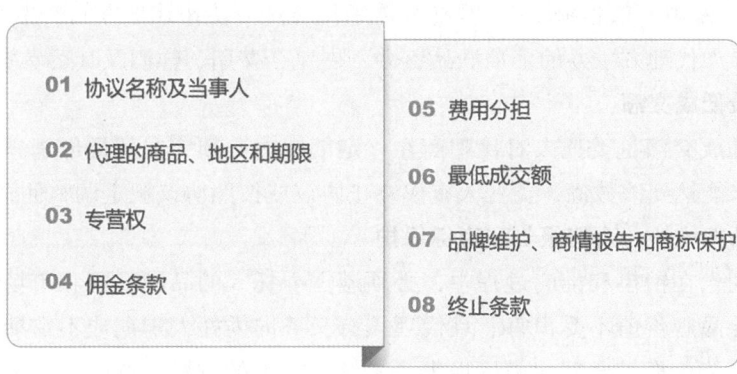

图 4-10　葡萄酒独家代理协议的内容

1. 协议名称及当事人

协议名称和当事人是协议中最基本且关键的部分,它们明确了协议的性质和参与方。协议名称是对合同或协议内容的概括,直接反映协议的核心内容,当事人通常分为两方或多方,具体信息包括名称、地址、法定代表人及联系方式等。

注意协议名称要区分是独家代理还是独家协议,签订代理协议时,要明确是总代理、独家代理还是佣金代理。

2. 代理的商品、地区和期限

协议中应明确说明代理人代理销售的葡萄酒品牌和类别,独家代理则必须明确其业务的地理范围,约定代理协议的有效期限。

3. 专营权

在独家代理协议中,专营权是核心条款之一,指的是出口商授予代理商在特定区域内独家销售其葡萄酒的权利。这意味着在该区域内,只有该代理商可以销售出口商的产品,出口商不得授权其他代理商直接销售。是否授予专营权是独家代理与一般代理的主要区别。

4. 佣金条款

佣金条款是规定代理商因销售出口商产品而获得报酬的具体条款。代理协议中必须约定佣金的计算方式、支付时间、支付条件和支付方式等，葡萄酒的佣金率通常在 5%~12%。

5. 费用分担

费用分担条款是规定出口商和代理商在合作过程中产生的费用如何分摊的具体条款。除另有约定外，所有电信费、差旅费以及其他有关葡萄酒商品销售的费用均由代理商承担。委托人需承担委托方协作代理方而产生的费用，如分摊参加代理方主办的葡萄酒品鉴会、展览会费用，样酒及其运费费用。

6. 最低成交额

最低成交额是委托人对代理商在一定期限内必须完成的最低销售额的要求，若未能达到该数额，委托人有权终止协议或按照协议规定调整佣金率。

7. 品牌维护、商情报告和商标保护

代理人在销售和推广过程中，必须遵守委托人的品牌形象和市场定位要求，确保品牌价值不受损害。且代理人有义务向委托人定期或不定期提供商情报告，能否提供合理的商情报告是考核代理人的重要依据。代理人还应尊重和保护委托人的商标权，防止侵权行为发生。

8. 终止条款

终止条款是指协议双方在特定条件下可以提前终止协议的规定。包括违约、未达到销售目标、不可抗力事件等，目的是保护双方的合法权益。

（四）独家经销与独家代理的区别

独家经销与独家代理是两种常见的葡萄酒贸易方式，两者均能在一定程度上起到扩大销售、拓展市场、推广品牌的作用，但也存在很多不同之处，如表 4-8 所示。

表 4-8 独家经销与独家代理的区别

不同之处	独家经销	独家代理
法律关系	经销商与供货商是买卖关系，经销商拥有产品的所有权	代理商与委托人是委托关系，代理商不拥有产品的所有权
风险承担	经销商自担风险，自负盈亏	独家代理不承担市场经营风险
利润来源	通过买卖差价赚取利润	通过销售佣金赚取利润
费用分担	经销商承担大部分费用（如物流、仓储、市场推广）	品牌方和代理商共同分担费用（如市场推广、培训）

三、葡萄酒的寄售

（一）葡萄酒寄售的含义

寄售（Consignment）是指委托人将葡萄酒发送给代销人，由代销人负责销售，但货物的所有权仍归委托人所有。代销人在货物售出后，按约定向委托人支付货款，并从中扣除佣金或费用。佣金条款中会规定佣金的比率，有时还可以增加佣金比率增减额的计算。寄售是一种委托代售的贸易方式，也是国际贸易中习惯采用的做法之一。

国际贸易中寄售商品的作价方法主要有三种，规定最低售价；由代销人按市场行情自行定价；由代销人向寄售人报价，征得寄售人同意后确定价格，这种做法较为普遍使用。

（二）葡萄酒寄售的特点

1. 现货交易

寄售人先将葡萄酒发送给代销人，然后经代销人在寄售地向当地买主销售，属于典型的先发运、后销售的现货交易方式。

2. 委托代售

代销人根据寄售人的委托销售葡萄酒，寄售人与代销人之间是一种委托代售的关系，而非买卖关系。

3. 风险承担

寄售货物在售出前所发生的诸如运输途中和到达寄售地后的一切费用和风险，均由寄售人承担。

（三）葡萄酒的保税区仓库寄售

在中国常见的葡萄酒寄售是保税区仓库寄售，即葡萄酒供货方将葡萄酒发往中国保税区仓库，置于海关监管之下，葡萄酒所有权归供货方所有，其实质为供货方将葡萄酒仓库从国外迁到中国。在这种模式下，葡萄酒在保税区内处于保税状态，即暂不缴纳进口关税、增值税和消费税等税费，直到葡萄酒实际销售出保税区，才按照规定办理报关纳税等手续。

1. 葡萄酒保税区仓库寄售的优势

（1）进口商无须在葡萄酒进境时就立即缴纳高额的关税和其他税费，而是可以在葡萄酒销售后再进行结算，这大大缓解了进口商的资金流动压力。且因为有现货在仓库，所以节省了交易的周期。

图 4-11　葡萄酒保税区仓库

（2）进口商可以根据市场反馈及时调整销售策略，小批次进口不同酒款，以满足特定客户群体的需求，使产品更加贴近市场。另外，客户可以在交易地点现场品鉴，看货交易，更容易获得买方的信任，有助于开拓市场。

（3）如果葡萄酒在寄售期间出现价格波动或销售不畅等情况，进口商可以选择将葡萄酒继续存放在保税区，等待更好的销售时机，有效降低了货物积压、仓储成本增加等风险。

2. 葡萄酒保税区仓库寄售的劣势

（1）葡萄酒寄售涉及诸多报关、报检等手续和流程，保税区仓库受海关严格监管，增加了运营成本和管理难度。

（2）保税区相关税收、监管政策可能会调整变化，如果进口商不及时了解会影响寄售业务的正常开展。

（3）相比普通仓储，保税仓储需要提供更专业精细的服务，还要承担额外的税费和手续费用，仓储费用通常更高。

（4）承担汇率变化的风险，且分批销售会带来更多的工作量。

（5）如果货物滞销，进口商需要运回或转运到其他口岸，这一过程支付额外的运费，使其遭受损失。

（四）中国葡萄酒保税区仓库寄售的现状

在总体规模上，随着中国葡萄酒市场发展，2023 年葡萄酒进口量约为 2.43 亿升，进口额约 10.82 亿美元（约合人民币 77.86 亿元），有越来越多的葡萄酒通过保税区仓库寄售的方式进入中国市场。

在城市分布上，中国多个城市设有保税区，开展葡萄酒保税仓寄售业务，主要包括上海外高桥、天津港、深圳坪山和盐田港、大连、广州、张家港、海口、厦门象屿、福州、宁波、青岛、汕头、合肥等。

四、期酒

（一）期酒的含义

葡萄酒期酒（Wine Futures，法语称为"En Primeur"）是葡萄酒贸易中一种比较特殊的贸易形式，是指消费者与酒商预先签订合同，在葡萄酒还在橡木桶中陈酿、尚未装瓶上市时，预先付款购买指定酒，等待一到两年后才能实际拿到酒。这种交易方式主要适用于好年份时酿造投资级酒的酒庄，例如法国波尔多地区的顶级酒庄。

（二）期酒的背景

1. 历史因素

期酒概念最早出现在法国波尔多地区，第二次世界大战后，波尔多诸多酒庄被毁，加上法郎持续贬值，酒庄恢复重建需要大量资金。但当时出品的葡萄酒至少需要储存两年才能达到稍好的口感，酒庄无法在酿制后及时卖出以获取资金，于是酒商提议在葡萄酒还在橡木桶中陈酿时，将其预售给客户，从而实现资金回流。加上波尔多地区独特的葡萄酒商业体制，酒庄负责葡萄酒生产，酒商负责葡萄酒销售，这种生产者与销售者各司其职的模式，为葡萄酒批发商提出类似期货的销售办法奠定基础，使得期酒销售能够顺利开展。

2. 市场因素

波尔多1959年、1961年以及1982年等年份的葡萄酒品质卓越，在后续的市场中展现出了巨大的升值潜力，让投资者看到了期酒的投资价值，推动了期酒商业模式的发展，越来越多的投资者开始关注和参与期酒交易。另外，期酒为消费者和投资者提供了一个以相对较低价格获取未来高品质葡萄酒的机会，尤其对于一些知名产区、具有稀缺性和高陈年潜力的葡萄酒，期酒购买者有机会提前锁定购买权。

3. 行业因素

大概每年四月，波尔多的一些酒庄会邀请国际葡萄酒评论家、记者等专业人士来参加期酒品鉴活动，他们的评分和评价对期酒的市场价格和销售情况产生了重要影响，为投资者和消费者提供了参考依据，也使得期酒市场更加透明和规范，促进了期酒市场的发展。同时期酒市场形成了一套相对规范的交易流程和规则，保证了期酒交易的顺利进行。

（三）期酒的特点

（1）期酒是现在进行买卖，但是在未来两年左右进行交收。

（2）期酒以实物来进行交易，以100%的价格进行支付，期酒不同于期货，不存在价格杠杆。

（3）期酒权可以买卖，不一定要等到拿到现货才能买卖。

（4）期酒交易的基础是看好将来的收益，是一种风险投资。

五、贴牌

（一）葡萄酒贴牌生产的含义

葡萄酒贴牌生产，也称为定牌生产或代工生产，在行业内通常被称为OEM（Original Equipment Manufacturer），是指葡萄酒生产商根据委托方的要求，为其生产某品牌葡萄酒并贴上委托方指定的品牌标签。委托方可以是品牌商、零售商、餐厅、酒店或经销商。

（二）贴牌生产的特点

（1）葡萄酒以委托方的名义进行销售，生产商自身的品牌不对外展示。

（2）品牌的所有权和控制权属于委托方。

（3）委托方负责葡萄酒的开发，酒标设计，酒瓶选择和市场开发与销售工作，生产商根据委托方要求进行生产，确保产品符合标准。

（三）进口葡萄酒贴牌分类

第一种，原装进口贴牌，即葡萄酒在国外完成酿造、陈酿和装瓶等所有环节后，以委托方指定的品牌和包装原装进口到国内。这种贴牌方式通常适合贸易型企业，葡萄酒品质稳定且遵循生产国的口感特点，能最大限度地保留生产国的风味和特色。

第二种，进口原料国内灌装贴牌，委托方从国外进口散装的葡萄原酒，然后在国内的生产基地灌装和贴牌。这种方式适合生产型企业，可以充分利用各地原酒的特点，调配出符合国内消费者口味的葡萄酒产品，产品口感更加灵活和本土化。

（四）贴牌生产的优势

对于委托方来说，贴牌生产不需要投资酿酒设备，不需要生产许可证就能够快速推出自有品牌的葡萄酒，而且可以完全控制品牌形象和市场定位，并根据消费者需求，定制出更容易满足市场需求的产品。

对于生产商来说，贴牌生产可以充分利用自有的生产设施和资源，提高生产效率。稳定的订单量保证了稳定的收入来源，且无需承担品牌推广和市场销售的风险。

项目总结

葡萄酒进口贸易大致分为三个阶段，一是分析准备阶段，了解企业自身和市场需求，寻找合适的生产商，开展初步的贸易洽谈；二是实际操作阶段，包括贸易谈判、合同拟订、国际物流与保险、报关入库等；三是进入国内后的市场操作，包括品牌策划和市场营销等。

贸易磋商一般包括询盘、发盘、还盘和接受四个环节。

国际贸易中葡萄酒运输一般有海洋运输和航空运输两种方式。

常见的结汇方式：信用证、汇付、托收。

葡萄酒国际贸易政策：自由贸易政策、保护贸易政策、管理贸易政策。

葡萄酒经销的定义：是指在国际贸易中经销商按照约定条件为葡萄酒供货商销售葡萄酒。

按经销权限不同，经销可以分为独家经销和一般经销。

葡萄酒销售代理的定义：是指在指定地区和一定期限内，由葡萄酒生产商或品牌所有者授权代理人在特定区域或市场内代表其销售和推广葡萄酒产品的商业活动。

按代理权限不同，代理可分为总代理、独家代理和佣金代理。

寄售的定义：是指委托人将葡萄酒发送给代销人，由代销人负责销售，但货物的所有权仍归委托人所有。

葡萄酒期酒的定义：是指消费者与酒商预先签订合同，在葡萄酒还在橡木桶中陈酿、尚未装瓶上市时，预先付款购买指定酒，等待一到两年后才能实际拿到酒。

葡萄酒贴牌生产的定义：也称为定牌生产或代工生产，是指葡萄酒生产商根据委托方的要求，为其生产某品牌葡萄酒并贴上委托方指定的品牌标签。

素养提升

葡萄酒贸易中的文化差异与冲突

法国某酒庄有着几百年传承,对葡萄酒品质把控严格,遵循传统酿造工艺,十分注重产地和年份标识,认为这是葡萄酒品质与文化的象征。然而,中国进口商在市场推广时,发现国内消费者更青睐包装精美、品牌知名度高的产品,对年份和产地的关注度相对较低。在一次促销活动中,进口商计划推出迎合中国春节的喜庆包装葡萄酒,法国酒庄却觉得这破坏了葡萄酒的传统形象,双方产生冲突。

在贸易谈判中,法国酒庄谈判风格严谨,着重讨论酿造工艺与质量标准;中国进口商则更看重合作后的市场推广与销售渠道。这一系列的文化差异,让合作一度陷入僵局。

思考一下,如果你是进口商,面对这种文化冲突,你会采取什么策略来促进合作顺利进行呢?

主要术语

市场分析;葡萄酒贸易;葡萄酒国际贸易程序;葡萄酒国际贸易政策;葡萄酒国际贸易方式

思考与讨论

1. 为什么近几年国际葡萄酒生产量和消费量呈现下降趋势?
2. 葡萄酒国际贸易的完整流程是什么?
3. 葡萄酒国际贸易有哪些政策?
4. 寄售这种贸易形式适合什么类型的进口商?
5. 独家经销和独家代理的区别是什么?
6. 查询相关资料,分析期酒在中国市场上的表现。

葡萄酒如何跨越国界:国际贸易的流程与方式

项目五

葡萄酒国际贸易合同

思维导图

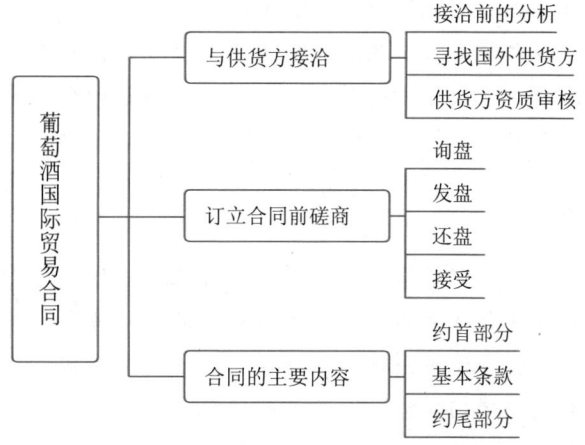

学习目标

知识目标：熟悉接洽前的供需方分析，了解接洽国外供货商的主要方式，掌握供应方审核资质的方式，掌握订立合同前磋商的主要流程，掌握葡萄酒贸易合同的结构和内容。

能力目标：能够熟练与国外供货方进行沟通，从需求和供给两个方面与葡萄酒供货方接洽，能够对供货方进行资质审核，能够依照磋商的流程与对方进行谈判，具备葡萄酒贸易合同管理能力。

素质目标：树立正确的职业道德观，坚持诚实守信、公平交易的原则。具有国际化视野，保持对国际市场变化的敏感性和适应性。尊重合同精神，提高法律素养，切实履行自己的义务。

任务一 与供货方接洽

任务情境

经过一段时间的学习,小王已经掌握了国际贸易的程序、政策以及葡萄酒国际贸易的主要方式,接下来他决定拓展葡萄酒进口业务。通过对国内市场进行深入调研,小王发现消费者对法国波尔多产区的干红葡萄酒、意大利托斯卡纳产区的甜白葡萄酒以及澳大利亚巴罗萨谷产区的西拉葡萄酒需求极为旺盛。小王开始寻找供货方进行接洽。如何才能找到合适的供货方?针对供货方如何进行资质审核?小王需要做哪些准备?

任务分析

在国内葡萄酒市场需求增长、本土供应存在局限的大背景下,寻找合适的国外供货方并建立合作关系是葡萄酒进口商的重点业务。通过参加国际展会、利用贸易平台和委托中介机构等途径寻找供货方,不仅可以考察业务代表对不同资源渠道的运用能力,还能了解国际贸易中的人脉拓展与信息获取方式。只有从多维度对潜在供货方深入分析,构建起全面评估合作伙伴的思维框架,才能做出科学合理的商业决策,为后续签订葡萄酒国际贸易合同奠定坚实基础。

一、接洽前的分析

"知己知彼,百战不殆。"在制定葡萄酒国际贸易战略时,需要对供货方和需求方充分分析和了解。找到适合自己的葡萄酒供货商,是关系到贸易成功与否的关键因素之一。因此,在正式接洽之前,需要进行一系列准备和分析。

（一）需方分析

在考虑进口葡萄酒之前，首先要分析自己的特点、优势和劣势，并根据自己的需要去寻找合适的供货商。一般从以下几个方面进行详细分析。

1. 计划销售方式和渠道

进口商需要明确自己的销售策略，是通过线上平台销售，还是通过传统的线下渠道，或者是将两者结合起来。同时，考虑是否需要建立自己的销售网络，或者选择与现有的销售商进行合作。销售策略将直接影响市场覆盖范围和销售效率。

2. 计划年销售量

根据市场需求和自身生产能力，设定一个合理的年销售目标。这个目标既要切实可行，确保在现有资源和能力范围内可实现，又要具有一定的挑战性，以激励团队不断努力，推动业务向前发展。

3. 产品客户群体分析

对目标客户群体进行深入分析，包括其消费能力、消费习惯、对葡萄酒的价位、口感和知识的了解程度，以便更好地把握市场需求，制定符合客户期望的产品策略。

4. 对葡萄酒国际贸易的熟练程度

客观评估自身在国际贸易方面的经验和能力，包括对相关法律法规的了解以及对国际市场动态的把握。这将直接影响与供货方的谈判能力和合作的顺利程度，从而影响整个业务的稳定性和可持续性。

5. 希望得到的经销权利的形式

明确自己希望获得的经销权利的类型，是独家经销权还是非独家经销权。不同的经销权利形式将影响与供货方的合作模式和利益分配。选择合适的经销权利形式，可以确保自己在市场中的竞争优势，同时也能更好地保护自身的利益。

（二）供方分析

在认真分析自己的情况后，还需要分析供货方的形态。葡萄酒的供货方和其他国际贸易的供货方不同，有自己的特点。葡萄酒是一种农业产品，其生产具有明显的季节性和地域性，葡萄酒的品质和供应量可能会受到气候和地理条件的影响。同时，葡萄酒的生产商可能也是贸易商，其本身是农业工作者出身，并不一定具备专业的国际贸易知识，与他们沟通时需要采取不同的策略和方法。葡萄酒的供货方有多种类型，对于不同的供货方，进口商需要对此有一定的了解，并且掌握不同的沟通方式和技巧。

在法国能提供货源的供货方主要有酒庄、农业合作社和酒商三种类型，每一类所能提供的产品、产量各有特点，所以进口商有必要了解这三类供应商，并选择适合自己的供应商进行联系接洽。

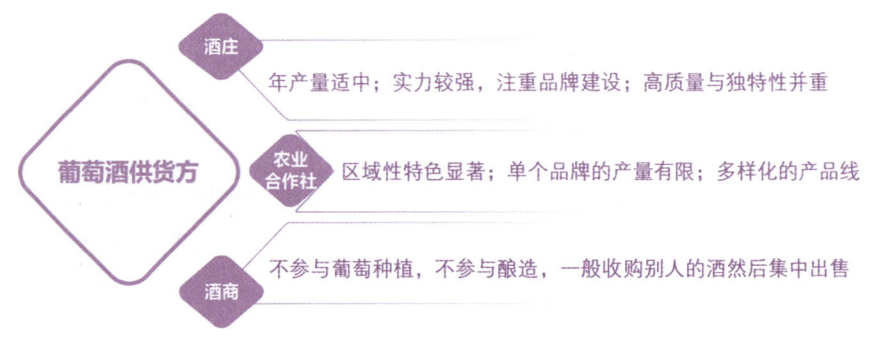

图 5-1　葡萄酒供货方类型

1. 酒庄

酒庄通常拥有自己的葡萄园，在自己的场所生产酒，有自己的品牌和自己的销售团队，独立完成从种植到酿造再到销售的全过程。这种酒也就是国内常说的酒庄酒。酒庄酒注重年份、土质和小气候条件下的特色，品质较高，适合中等规模的投资者或追求品牌口感的进口商。酒庄酒代表了精植细酿的工艺投入和独特先进的酿酒理念，是葡萄酒爱好者的追逐对象。酒庄酒有以下几个特点。

（1）年产量适中。酒庄酒通常不会追求大规模生产，而是保持一个适度的产量水平，这样既能保证酒的质量，又能维护酒庄的品牌形象。适度的产量也意味着酒庄能够更好地控制生产过程中的每一个细节，确保每一批次的酒都能达到预期标准。

（2）实力较强，注重品牌建设。酒庄往往有着较为雄厚的资金支持和技术积累，它们非常重视品牌的长期发展和市场定位。通过持续地投资葡萄园管理、酿酒技术以及市场营销，不断提升品牌的知名度和美誉度。

（3）高质量与独特性并重。酒庄酒以其高品质著称，每款酒都带有鲜明的个性特征。这主要得益于特定年份的气候条件、独特的土壤类型以及微环境的影响，使得每一瓶酒都能展现出与众不同的风味和品质。

酒庄酒凭借其独特的品质、强大的品牌影响力以及对细节的关注，成为众多国内中等规模投资者的理想选择。通过精准地定位目标市场和消费者群体，进口商可以充分利用酒庄酒的优势，实现业务的持续增长和发展。

2. 农业合作社

农业合作社是较小的生产商自发的合作联盟。这些较小的生产商有自己的葡萄园和品牌，但因为规模太小而多家联合起来，共同享有大型的固定资产，如酿酒设备、收割设备，按生产量支付一定比例的资金来共同支付销售、市场宣传的费用或者工资等。

合作社葡萄酒的质量介于酒庄酒和酒商酒之间，通常具有一定的区域性特点，但单个品牌的产量有限。农业合作社葡萄酒特点如下。

（1）区域性特色显著。合作社成员通常位于同一地理区域内，因此葡萄酒往往带有明显的地域特色，不仅体现在葡萄品种上，还包括当地的风土人情、酿造工艺等方面，为消费者提供了独特而丰富的体验。

（2）单个品牌的产量有限。尽管合作社整体的生产能力较强，但每个成员的品牌酒产量相对有限。这种小批量生产的方式有助于保持产品质量的一致性和高端性，同时也使每个品牌都能够保持其独特性和稀缺性。

（3）多样化的产品线。由于合作社内部包含多个不同的生产商，因此能够提供从低端到高端、从日常饮用到特别场合使用的多种价位和品牌选择。这种多样性可以满足不同消费者的需求，增加了产品的市场覆盖范围。

农业合作社凭借其成员之间的合作机制，能够在保持每个品牌独特性的同时，共享资源、降低成本、提高效率。对于国内的中小规模投资者而言，选择农业合作社的产品不仅可以获得具有地域特色和多样化的葡萄酒，还能享受独家代理带来的市场优势。同时，这种合作模式也符合当前市场对个性化、高品质产品日益增长的需求趋势。通过与农业合作社建立长期合作关系，进口商可以在保障产品质量的前提下，实现业务的稳步发展。

3. 酒商

酒商通常不直接参与葡萄种植或酿造，而是从其他葡萄种植者或合作社购买葡萄或基酒进行加工处理，并以自有品牌出售。在全球葡萄酒贸易体系中，酒商是不可或缺的核心供货主体，尤其在法国这一历史悠久的葡萄酒生产大国表现更为突出。波尔多地区的酒商依托成熟且稳定的销售模式，将当地葡萄酒输送至世界各地。其经营呈现以下显著特征。

（1）多数酒商不涉足葡萄种植与酿造环节，大型酒商往往通过收购分散酒源，完成集中化销售运作。这种分工模式深植于法国葡萄酒行业传统，部分酒庄尤其是列级名庄，专注于生产环节，在销售领域则严格遵循与少数资深大酒商长期合作的商业规则。

（2）酒商的市场和商业职能主要包括对其各类产品供货的管理、对不同系类产品的结构划分、对其各个品牌的定位分析及具体实施、销售渠道的组织与操作以及全球化营销策略的制定。

这类供应商适合国内以下进口商。

（1）纯粹的葡萄酒国际贸易进口商，需要大量的同一质量、口感和同一品牌或者可以多品牌运作的葡萄酒。对于中国的大市场容量来说，法国单个或几个联合的酒庄很难满足这种采购者的单品数量要求，和大型酒商合作，可以按照进口商的要求寻找货源，或者可以通过合作共同创造一个新的品牌，保证供货的数量和持续性。

（2）国内专卖连锁经营商，需要丰富的品种。酒商因为地域、品种涉及面广泛，可以在一批次进口货源里提供多样的产品，在不同价格档次、产区、品种等多方面来满足进口商的需要。

（3）寻求名庄酒的进口商。对于列级名庄以及一些相应品质的葡萄酒来说，期酒（即新生产的葡萄酒还未到法定可流入市场进行商业流通此期间内的份额买卖）在某种程度上对酒商来讲十分重要，它体现酒商自身实力，反映与生产高端葡萄酒的名庄之间的沟通情况及业务合作关系的紧密程度。高端酒庄基本都有固定的酒商代理其产品。

不同供货商的特点如表 5-1 所示。

表 5-1 不同供货商的特点

供货商	特点
酒庄	独立完成全流程，注重品质和独特性，适合中等规模投资者和高端市场
农业合作社	由多个小规模种植者联合，共享资源，适合中小规模投资者和对产量要求不高的市场
酒商	集中采购葡萄或基酒进行加工，适合大规模生产和出口市场

每种类型的供货商都有其独特的优势和适用场景，了解自己的经销方式，选择适合自己的供应商需要根据市场需求、投资规模和品牌定位等因素综合考虑，做到知己知彼，才能在葡萄酒的进口市场迈出正确的第一步。

二、寻找国外供货方

现代资讯发达、信息沟通顺畅,但是要快速找到一个合适的合作伙伴并不是一件容易的事情。总体来说,接洽到葡萄酒供货方的途径有国际性博览会、展览会、相关网站、其他国家或各地区驻中国商务代表处、协会驻中国代表处、留学生、朋友介绍和其他相关媒体等。在这些途径中,最有效的还是传统的酒展方式。

(一)参加葡萄酒展览会

国内外有许多专业葡萄酒展览会和产品推介会,进口商可以通过这些展会同时直接与许多厂商面对面地洽谈,按照自己的需要比较品质、价格、包装、供货代理条件等。

近些年,随着中国葡萄酒市场的蓬勃发展,很多国外酒会进入到中国,而且国内原有的酒展也加重了葡萄酒的比例,并且还新增举办了以葡萄酒为主题的酒展。

图 5-2 参加葡萄酒展会

国际著名的酒展有波尔多国际葡萄酒及烈酒展览会(VINEXPO)、巴黎国际葡萄酒及烈酒展览会(Wine Paris)、亚太区国际葡萄酒及烈酒展览会(VINEXPO Asia-Pacific)、法国地中海葡萄酒与烈酒展览会(Vinisud)、杜塞尔多夫国际葡萄酒展览会(ProWein)、意大利葡萄酒展览会(VinItaly)等(见表 5-2)。

表 5-2 葡萄酒展览会相关信息

展会名称	时间	地点
ProWine China（中国国际葡萄酒博览会）	每年 11 月	上海
China Wine Fair（中国葡萄酒博览会）	每年 10 月	烟台
Wine & Spirits China Expo（北京国际葡萄酒及烈酒博览会）	每年 6 月	北京
Wine China Expo（上海国际葡萄酒与烈酒博览会）	每年 11 月	上海
China Food & Drinks Fair（广州国际葡萄酒博览会）	每年 3 月	广州
ProWein（德国杜塞尔多夫国际葡萄酒博览会）	每年 3 月	德国杜塞尔多夫
VINEXPO（法国波尔多国际葡萄酒展）	每年 6 月	法国波尔多
The Wine & Spirits Show（英国伦敦葡萄酒和烈酒展）	每年 4 月	英国伦敦
Hong Kong International Wine & Spirits Fair（香港国际葡萄酒烈酒展）	每年 11 月	香港
La Revue du Vin de France Wine Show（法国巴黎葡萄酒展）	每年 10 月	法国巴黎
New York Wine & Food Festival（美国纽约葡萄酒美食节）	每年 10 月	美国纽约
Napa Valley Wine Auction（美国加州葡萄酒博览会）	每年 6 月	美国加州
The Wine & Spirits Show Asia（新加坡葡萄酒与烈酒展）	每年 8 月	新加坡

国内酒展除了有大型传统的综合性酒展外，地方性的和国外协会直接组织的酒展也如雨后春笋般涌现。如全国糖酒商品交易会、国际食品和饮料展览会（SIAL China）、国际食品及饮料展（FHC China）、中国（广州）国际名酒展（Interwine China）、中国·北京葡萄酒博览会（Topwine China）等。

（二）行业和专业网站

通过网站寻找信息，优点在于快速且经济，但是缺乏面对面的交流和对酒的品鉴，并且对外语也有一定的要求。酒庄网站、协会网站，或者国内外的专业门户网站都是收集信息的主要网站。通过网站与酒庄进行沟通，选择合适的产品后可要求厂商寄样酒，以供进口商进行外观直观考察和对酒质进行品鉴。

1. 协会网址

法国协会网址见表 5-3。

表 5-3 法国葡萄酒协会网址

协会名称	网址
法国葡萄酒生产商协会 （Interprofession des Vins de France）	https://www.intervin.org
法国葡萄酒协会（Vins de France）	https://www.vins-france.com
法国葡萄酒与烈酒联合会 （Fédération des Vins et Spiritueux de France）	https://www.vins-spiritueux.fr
法国葡萄酒合作社联合会 （Confédération des Coopératives Viti-vinicoles）	https://www.coop-vins.fr
波尔多葡萄酒协会 （Conseil Interprofessionnel du Vin de Bordeaux，CIVB）	https://www.bordeaux.com
勃艮第葡萄酒委员会（Bourgogne Wines）	https://www.bourgogne-wines.com
香槟酒委员会（Comité Champagne）	https://www.champagnes.fr
罗纳河谷葡萄酒协会（Inter Rhône）	https://www.inter-rhone.com
阿尔萨斯葡萄酒委员会（Vins d'Alsace）	https://www.vinsalsace.com
卢瓦尔河谷葡萄酒委员会（Vins de Loire）	https://www.vinsdeloire.fr

其他国家协会网址见表 5-4。

表 5-4 其他国家协会网址

协会名称	网址
意大利葡萄酒协会 （Federazione Italiana Vignaioli）	https://www.fivino.org
西班牙葡萄酒协会（Federación Española del Vino，FEV）	https://www.fevecu.org
葡萄牙葡萄酒协会（Associação Portuguesa de Empresas de Vinho）	https://www.apev.pt
澳大利亚葡萄酒协会（Wine Australia）	https://www.wineaustralia.com
美国葡萄酒协会（Wine Institute）	https://www.wineinstitute.org
阿根廷葡萄酒协会（Bodegas de Argentina）	https://www.bodegasdeargentina.org
智利葡萄酒协会（Wines of Chile）	https://www.winesofchile.org
南非葡萄酒协会（South African Wine Industry Information & Systems，SAWIS）	https://www.sawis.co.za

续表

协会名称	网址
新西兰葡萄酒协会（New Zealand Winegrowers）	https://www.nzwine.com
德国葡萄酒协会（Deutsche Weinakademie）	https://www.deutsche-weinakademie.de
奥地利葡萄酒协会（Österreich Wein）	https://www.oesterreichwein.at
南美洲葡萄酒协会（South American Wine Association）	https://www.southamericanwines.org

国内也有葡萄酒协会和网站，可以作为葡萄酒经销商寻找国外供货商的渠道。例如：国内葡萄酒协会如国际葡萄与葡萄酒组织协会、中国食品工业协会葡萄酒与果酒专委会、全国食文化联盟、国际洋酒协会、中国欧洲经济技术合作协会葡萄酒与烈酒分会等。国内一些咨询类网站也有不少信息，如葡萄酒资讯网（winesinfo.com），葡萄酒（putaojiu.com），中国葡萄酒信息网（winechina.com）等。

2. 酒庄地址

国外著名葡萄酒庄及网址见表5–5。

表5–5　国外葡萄酒庄及网址

国家	酒庄	网址
法国	拉菲酒庄	https://www.lafite.com
	拉图酒庄	https://www.chateau-latour.com
	玛歌酒庄	https://www.chateau-margaux.com
	木桐酒庄	https://www.chateau-mouton-rothschild.com
	奥比昂酒庄	https://www.haut-brion.com
	柏翠酒庄	https://www.moueix.com
意大利	西施佳雅	https://www.tenutasanguido.com
	嘉雅酒庄	https://www.gaja.com
西班牙	维加西西里亚	https://www.vega-sicilia.com
	橡树河畔	https://www.riojalta.com

续表

国家	酒庄	网址
美国	作品一号	https://www.opusonewinery.com
	山脊酒庄	https://www.ridgewine.com
澳大利亚	奔富酒庄	https://www.penfolds.com

（三）搜索引擎

使用搜索引擎，输入关键词搜索，如搜索法国波尔多酒庄的酒，可以输入"Chateau+vin+Bordeaux"，这样就能找到酒庄方面的信息。

（四）留学生

同当地学习葡萄酒专业的中国留学生或工作者取得联系，能避开语言的障碍。又因为葡萄酒作为一种专业性强的商品，其营销必然要求具备专业知识，这个群体能较清楚地明白购买方的需求和寻找的目标，为此在获取信息方面，效率能有所提高。

三、供货方资质审核

在葡萄酒国际贸易中，供应商资质审核是保障交易安全的第一道防线。据中国海关总署数据，2024 年因供方资质瑕疵导致的葡萄酒退运案例中，63% 源于 VI-1 证书不规范，28% 涉及虚假可持续认证。这些数字背后，折射出资质审核在贸易链条中的战略价值——它不仅是法律合规的"通行证"，更是品质把控的"守门人"。

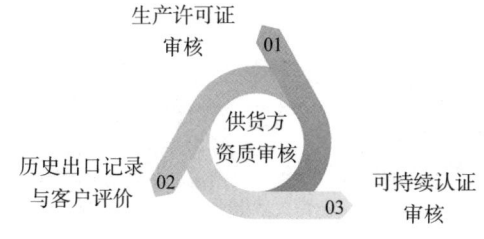

图 5-3　供货方资质审核

（一）生产许可证审核

VI-1 证书是欧盟针对输欧葡萄汁、葡萄酒必须符合的质量要求及分析报告证书。出口葡萄酒经酒精度、挥发酸、柠檬酸、干物质、二氧化硫等项目检测符合欧盟标准限值后，即可获取海关开具的 VI-1 证书，企业可凭借该证书在出口葡萄酒抵达欧洲进行口岸清关时，依法享受到出口国低关税优惠待遇。欧盟 VI-1 证书（VI-1 Document）是葡萄酒出口的法定文件，由生产国官方机构（如法国海关总署）签发，证明产品符合欧盟及进口国卫生标准。

作为法定证书，欧盟 VI-1 证书需确保签发日期在有效期内（通常为 6 个月），签发机构印章与官网备案一致，且产品信息（如酒精度、年份）与合同完全匹配。

（二）历史出口记录与客户评价

1. 出口记录核查

在葡萄酒国际贸易中，供应商的历史出口记录是判断其履约能力的关键依据，主要通过以下方式核查出口记录。

（1）提单。提单（Bill of Lading）的核查需通过船公司官网（如马士基、中远海运）的"提单验证系统"，输入提单号、发货日期等字段，重点核验以下信息：收货人是否为中国进口商、货物描述是否与合同一致等。

（2）原产地证书。原产地证书（COO）的审核需结合自贸协定政策，如 RCEP 框架下，持有东盟成员国签发的原产地证书可享受关税减免，但需确认证书中葡萄种植比例，如智利酒需含 75% 以上本国葡萄。

（3）海关数据平台。海关数据平台的运用需专业化操作，通过 Panjiva 输入供应商名称，可查询其近 5 年对华出口频次、主要客户（如 ASC 精品酒业）及单品均价波动，若某酒庄年出口量突增 300% 但无新增客户，可能涉及"借壳出口"风险。

图 5-4　出口记录核查方式

2. 客户评价分析

客户评价体系需兼顾显性数据与隐性信用，主要有以下三种方式。

（1）B 2 B 平台评分需动态分析。在 Alibaba 国际站中，供应商的"交货准时率"若低于90%，可能存在供应链稳定性问题；而 GlobalWine 平台上的"纠纷解决率"高于95%，则表明其售后响应高效。例如，西班牙某酒庄因连续3年保持98%的"纠纷解决率"，被中国进口商列为优先合作对象。

（2）行业协会背书是品质的权威佐证。IWSC（国际葡萄酒与烈酒大赛）金奖酒庄的产品溢价可达30%，而获得波尔多特级酒庄联合会（UGCB）认证的酒庄，其出口合规性通常更高。

（3）第三方背景调查是风险防控的终极防线。委托邓白氏（D&B）生成的信用报告可揭示供应商的财务健康度（如资产负债率）、诉讼记录（如商标侵权史）及关联企业（是否涉及离岸空壳公司）。

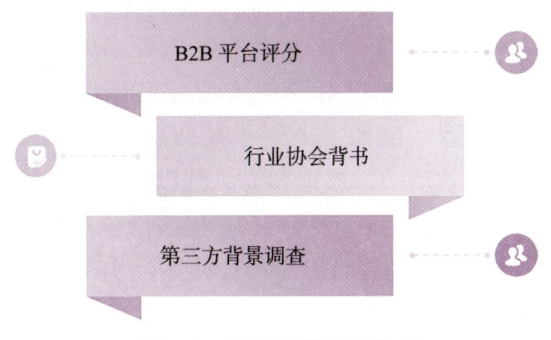

图 5-5　客户评价分析方式

3. 中国市场适配性评估

对中国市场的理解深度直接决定贸易成败。供应商的中文服务能力不仅是语言问题，更是文化适配的体现。进口商应注意核查供应商是否配备中文技术文件（如检测报告译本）、能否提供符合中国消费者偏好的酒标设计（如生肖元素限量版）。某澳洲酒庄因合同仅提供英文版本，与中国经销商产生条款歧义，导致百万订单流产。

合规经验则是实操层面的硬指标，供应商是否熟悉中国 AEO 认证的"分送集报"流程、能否协助完成 GACC（海关总署）注册的葡萄园备案（需提供地块 GPS 坐标及农药使用记录）。数据显示，具有3年以上对华出口经验的供应商，因熟悉中国海关的"审单放行"规则，其清关时效较新进入者缩短40%，订单履约率高出行业平均23%。例如，法国某中型酒庄通过建立中国专属合规团队，将单批次货物通关时间从 15 天压缩至 7 天，迅速打开华东市场。

（三）可持续认证审核

据 2024 年 Wine Intelligence 数据显示，全球有机葡萄酒市场以年均 11.3% 的速度增长，可持续认证已不再是空洞的环保宣言，而是重构国际贸易价值链的核心筹码。一方面是欧盟有机认证标识带来的 23% 终端溢价，另一方面是生物动力法酒庄因认证瑕疵遭遇的千万级索赔，在这场"绿色博弈"中，认证审核成为平衡生态承诺与商业利益的精密天平。

1. 欧盟有机认证

欧盟有机认证（EU Organic Certification）是葡萄酒可持续生产的基准门槛，其核心要求包括：禁止使用化学合成农药与化肥，硫化物残留量严格限制在 150mg/L 以下（非有机酒允许至 250mg/L），且葡萄园需经历 3 年转换期方可获得认证。审核时需重点核查证书编号是否在欧盟官方数据库（EUDAM）中有效，并比对酒标上的有机标识与认证机构徽标（如法国 Ecocert）是否一致。例如，2023 年某西班牙酒庄因在酒标违规使用"Organic"字样却无有效证书，被中国海关处以货值 30% 的罚款。获得该认证的葡萄酒在中国市场可溢价 20%~30%，但需同步申请中国有机产品认证（COFCC）方可在我国境内销售时标注"有机"字样。

2. 生物动力法认证

生物动力法（Biodynamic）认证由国际 Demeter 协会颁发，其标准严苛程度远超普通有机认证：要求按农历周期进行种植作业，使用 BD500（牛角粪制剂）等天然肥料，且葡萄园需维持 10% 以上的生物多样性区域。审核时需通过 Demeter 官网验证会员资格，并要求供应商提供完整的"生物动力日历"执行记录。法国勃艮第名庄乐桦（Domaine Leroy）因全面采用生物动力法，其葡萄酒拍卖价格较同类酒庄高出 80%。但需警惕"伪生物动力"陷阱——2024 年意大利某酒庄被曝仅象征性使用 BD500 却未遵循种植周期，遭 Demeter 取消认证并引发进口商集体索赔。

3. 中国有机认证

中国有机认证（GB/T 19630）要求葡萄酒生产全过程符合中绿华夏（COFCC）标准，特别强调重金属残留检测（如铅 ≤ 0.2mg/L）与中文标签预审制度。对于已获欧盟 / 美国有机认证的酒庄，可通过"等效性认证"简化流程，但需额外提交葡萄园土壤检测报告（符合 NY/T 395 标准）。审核时要重点检查认证机构的 CNAS（中国合格评定委员会）资质，并核实证书有效期（通常为 1 年）。某智利酒庄 2023 年因未及时续费导致认证失效，价值 500 万元的货物滞留上海港 45 天。数据显示，持有中国有机认证的进口葡萄酒在电商平台复购率提升 37%，但需配合"有机追溯二维码"等本土化营销手段。

以上三种认证标准的差异见表 5-6。

表 5-6 认证标准差异

认证类型	核心要求	市场溢价
欧盟有机认证	禁用化学合成农药，硫化物残留 ≤ 150mg/L	+20%~30%
生物动力法	按农历周期种植，使用 BD500 天然制剂	+50%~80%
中国有机认证	符合 GB/T 19630 标准，需中绿华夏（COFCC）认证	+15%~25%

任务二 订立合同前磋商

任务情境

小王通过参加展会初选了几家葡萄酒商，经过资质审核，小王选定了位于法国的大型葡萄酒零售商李先生作为自己的供货商。双方计划通过电子邮件进行交易磋商，旨在达成一份葡萄酒国际贸易合同。小王率先发送邮件给李先生表示对他的产品感兴趣，并询问具体的葡萄酒品种、价格、最小起订量以及交货时间等信息。李先生整理并发送了详细的报价单给小王，小王回复邮件，提出对价格和最小起订量的调整意见。经过内部讨论，李先生决定接受小王的部分调整建议，双方同意继续推进合同细节的讨论。

任务分析

在国际贸易中，交易磋商是签订合同的基础，没有交易磋商就没有买卖合同。在葡萄贸易合同订立前进行磋商，可以为合同的签订奠定坚实的基础，确保双方对交易的各项条件有充分的理解和认同。通过磋商，双方可以就葡萄的品质、数量、价格、包装、运输、保险、支付等关键条款进行深入的讨论和协商，从而制定出更加合理、公平的合同条款，这有助于减少交易过程中的风险和不确定性，保障双方的合法权益。

国际贸易的本质是交易的过程，对于买卖双方来说，为了交易的顺利进行，双方需要签订具有法律效力的合约。为了达成合约，买卖双方需要进行交易磋商，分为四个步骤：询盘、发盘、还盘和接受。其中，发盘和接受是达成交易必不可少的两个步骤，也是合同成立的前提条件。

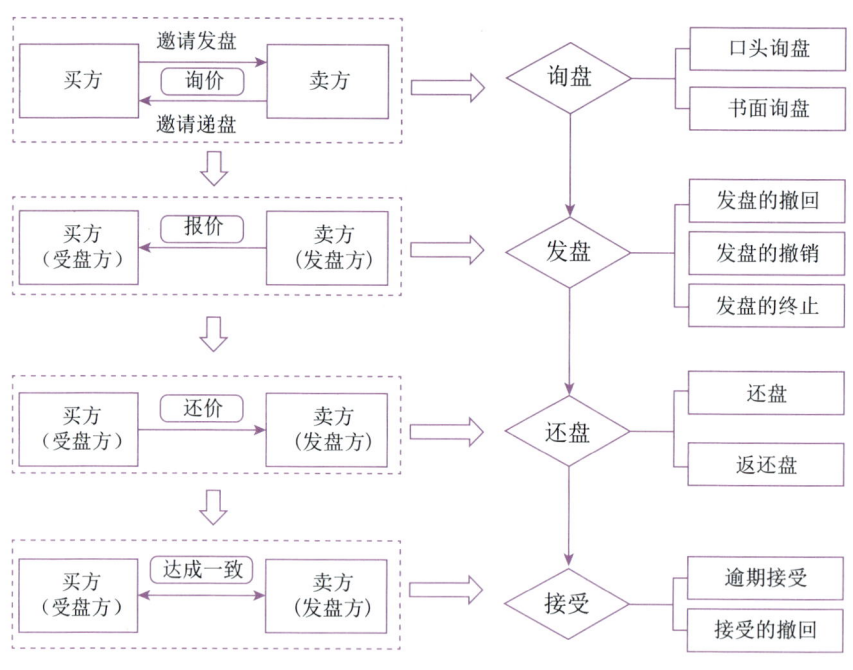

图 5-6　国际贸易交易磋商的步骤

一、询盘

（一）询盘的定义

询盘（Inquiry）也称询价，旨在探询交易意向及了解双方对交易条件的意见，通常包含价格、规格、品质、数量、包装、交货期等内容，也可能涉及样品索取或目录获取，其中价格问询最为常见。该行为可由买卖双方发起，买方发起的称为"邀请发盘"，卖方发起的则称作"邀请递盘"。

针对新客户，函件需阐明建立业务关系的意愿，明确沟通目的、本公司及产品概况等。询盘既可聚焦价格问询，也可全面征询交易条款，或直接要求对方提交发盘。无论对发起方还是接收方询盘均不具有法律约束力，且并非贸易流程的必需环节。但是询盘往往是一笔交易的起点，所以，被询盘人应对接到的询盘给予重视，及时进行适当的答复。

葡萄酒国际贸易合同的询盘通常都是邀请发盘。考虑到葡萄酒的商品特性，询盘内容除了对葡萄酒价格的询问以外，还会涉及葡萄酒的质量、等级、数量、包装、结算方式、装运时间、索取样品等内容。

（二）询盘的方式

询盘的方式通常可以分为口头询盘和书面询盘两种形式。口头询盘一般发生在专业葡萄酒展或面对面商务拜访中。为了更有效地保存信息和信息的可追溯性，书面询盘也非常常见，书面询盘通常有传真、电子邮件、书信、询价单等形式。需要注意的是，询盘本身并不具备法律效力，对于买卖双方来说，发出询盘并不意味着交易必须进行，询盘只是为了促成交易的试探性询问。虽说询盘没有法律效力，但也需要谨慎对待，根据己方对于葡萄酒价格、质量及数量等要求，选择合适的对应方发出询盘要求，表达出达成交易的愿望。否则不仅容易扰乱市场价格，也有损自身在交易市场上的形象。

二、发盘

（一）发盘的定义

在国际贸易中，发盘（OFFER）又被称为发价、报盘或报价，在法律上称为要约。其实质是交易一方想要出售或购买某种商品时向对方提出的交易条件。发盘可以是对于询盘的回复，也可以独立存在，其具有法律效力。法律效力体现在一旦受盘方接受了发盘方提出的交易条件，买卖合同即告成立，发盘方必须按照交易条件与对方达成交易。因此，发盘方必须非常谨慎，对交易条件进行充分的核算和分析，以免陷于被动甚至造成损失。由于葡萄酒的独特性，每年的质量和产量都有可能发生较大变化，以至于价格波动较频繁，发盘方更需谨慎对待。

（二）发盘的前提条件

一个具有法律效力的发盘应该具有以下四个条件，否则不能被视为有效的发盘。

1. 发盘内容必须十分明确

一般来说，发盘内容必须包括商品名称、价格和数量。对于葡萄酒来说，由于其产品特性，在实际操作中如果只含有这些信息往往会造成误解和争议，为了避免麻烦，通常在发盘中还会标明葡萄酒的等级、规格、年份、包装、支付条件等信息。比如付款方式是电汇还是信用证？商品规格是 750 毫升还是 1.5 升？酒塞用的是橡木塞还是螺旋盖？包装是纸箱还是木箱？一箱是 6 瓶还是 12 瓶？为了双方更快达成交易，这些都需要在发盘时给出明确的信息。需要指出的是，如果发盘内容不明确，即使对方接受了，也不具有法律效力。

2. 发盘必须有明确对象

发盘方必须向一个或一个以上的对象提出发盘，即要有明确的受盘方。如果没有特定的发盘对象，则不是一个有法律效力的发盘。比如电视上的商业广告，由于其面向大众，没有特定的受盘方，不能构成有效的发盘。

3. 发盘必须表明发盘方愿意承受合同约束的意旨

具有法律效力的发盘应该是受盘方一旦接受发盘方提出的交易条件，并据此制作合同，则发盘方必须接受合同约束。用来表示愿意承受合同约束意旨的表达方式有多种，可以使用表示发盘的术语，如"发盘""不可撤销发盘"等。也可以规定有效期，如标注"限××日之前回复有效"等字样。如果发盘内容中涉及限制条件，如"仅供参考""以我方最终答复为准"等字样，则不能构成具有法律效力的发盘。

4. 受盘方需确认收到发盘

无论发盘通过什么形式发送，必须确认受盘方准确无误地接收到了发盘信息。由于任何原因造成受盘方未能正确接收的，都不能被视为有法律效力的发盘。

（三）发盘的有效期

发盘的有效期是指受盘方只有在发盘方规定的期限内接受交易条件，买卖合同才会成立，发盘方继而承担履行合同义务的法律责任。受盘方的回复一旦超出发盘的有效期，则该发盘失效。关于发盘的有效期，可以规定最晚答复日期，比如"该商品及价格在××××年××月××日之前有效"，也可以规定有效期时间，比如"本发盘有效期一个月"等。

对于葡萄酒企业来说，发盘有效期与商品本身特点密切相关。比如期酒、名庄酒、散装酒等受市场调节影响较大的，通常来说发盘有效期比较短。对于大型生产商中供货量稳定、价格波动较小的葡萄酒，发盘有效期通常会更长。

（四）发盘的撤回及撤销

发盘的撤回是指发盘方在受盘方收到该发盘之前，向受盘方提出取消该发盘的申请。发盘撤回的前提条件是该发盘还未生效，即发盘方需要以更快的通信方式或者至少同时将取消发盘的申请送达受盘方。如果受盘方在收到取消发盘申请之前已经确认收到发盘，则发盘的法律效力立即生效，此时便不可进行发盘撤回的操作。

发盘的撤销是指发盘已经生效，发盘方向受盘方提出取消该发盘的申请。此时双方将以协商的方式进行处理。通常来说，买卖双方本着互惠互利和长期合作的原则，在签订正式的合同之前，发盘的撤销都是可行的。

（五）发盘的终止

发盘的终止是指该发盘的法律效力失效，此时发盘方可以不按照交易条件继续履行法律义务，同时受盘方也失去了接受该发盘的权利。发盘的终止一般有以下几种情况。

（1）超出发盘的有效期。

（2）发盘被依法撤回或撤销。

（3）发盘被受盘方还盘或拒绝。

（4）不可抗力因素，如政府禁令等。

（5）发盘在被接收前，双方中有任何一方丧失行为能力，如死亡、破产等。

三、还盘

还盘（COUNTER-OFFER），也称还价，是指受盘方不完全接受该发盘，并对发盘内容提出更改的行为。此时发盘方和还盘方的位置将互换，还盘方成为新的发盘方。还盘的本质是对原发盘拒绝，所以一经还盘，则原发盘就失去法律效力。原受盘方可以提出新的交易条件，原发盘方可以接受，也可以再次还盘（又称返还盘）。在实际操作中，一次成功的交易往往需要经过多次还盘和返还盘才能最终达成。在葡萄酒的国际贸易中，双方经常会对葡萄酒的价格、等级、品质、包装、交货日期等进行还盘和返还盘。

四、接受

（一）接受的定义

接受（ACCEPTENCE）在法律上称为承诺，是指受盘人在收到发盘后完全同意交易条件，以声明或其他行为表示同意，并以此为基础签订合同。接受有口头和书面两种形式。与发盘一样，接受也具有法律效力，要盘方一旦接受了发盘，合同即告成立，买卖双方承担履行该合同的法律义务。

（二）接受的前提条件

与发盘相同，一个具有法律效力的接受应具有以下四个条件。

（1）接受必须由发盘的特定对象做出。接受的主体具有严格限定性，只能由发盘人在发盘中明确指定的受盘人作出。若第三方擅自对发盘表示同意，不构成有效的接受，因为发盘的法律约束力仅针对特定对象，非指定主体的回应视为新的发盘。

（2）接受必须在发盘的有效期内做出。接受必须在发盘有效期传达到发盘人才有效。在口头磋商时，接受可被立即传达到发盘人，但在使用信件和电报表示接受时，不能立即传达到发盘人，接受于何时生效，各国解释不同。英美法国家采用"投邮生效"原则（Despatch-theory），即一般情况，接受送达发盘人生效，但是，在以信件或电报传达接受时，接受自信件投邮或电报发出时即生效。但是也有一个限制，即如果发盘人明确规定接受应于有效期内到达发盘人，则接受必须在发盘有效期内到达才有效。

大陆法系国家遵循"到达生效"原则（Receipt-throry），即表示接受的函电须于发盘有效期内送达发盘方始生效力。若文件在邮递过程中遗失，则合同关系不成立。

（3）接受的内容必须与发盘的内容相一致。如果对发盘表示接受但有附加限制等，视为拒绝发盘，构成还盘。

（4）接受必须采取明确的方式来表达。主要包含两种形式：其一为声明承诺，即受盘人通过口头或书面形式明确表示接受，此为国际通例；其二为履约承诺,即卖方通过履行发货、买方支付货款或卖方开始生产货物、采购货物等行为表明接受。采用这种方式需要特别注意,履约行为应符合发盘要求或当事人之间的习惯做法,并在发盘有效期完成。

(三)逾期接受

若接受通知超过发盘规定的有效期,或未约定期限但超出商业惯例认可的时间范围,则构成逾期接受(Late Acceptance)。逾期接受原则上不具有法律约束力,但《联合国国际货物销售合同公约》规定存在两种例外情形:

(1)当发盘人收到逾期接受后,立即以书面形式告知受盘人确认其效力,则该逾期接受视为有效承诺;

(2)如逾期接受在传递系统正常运转情况下本应准时送达,但因不可归责于受盘人的第三方原因导致延误,除非发盘人在合理时间内声明发盘失效,否则该接受仍产生法律效力。

(四)接受的撤回

接受的撤回,是在接受生效之前撤回,阻止它生效。《联合国国际货物销售合同公约》规定,"接受得以撤回,如果撤回通知于接受生效之前或同时送达发盘人"。接受送达发盘人之后立即生效,就不能撤回了。

发盘与接受的生效时间特点见表 5-7。

表 5-7 发盘与接受的生效时间特点

名词	时间特点	备注
发盘生效	发盘到达受盘人时	
撤回发盘	发盘到达受盘人之前/同时	发盘尚未生效
撤销发盘	撤销通知在受盘人发出接受通知前送达受盘人	发盘已经生效,但合同未成立
接受生效	接受通知到达发盘人时	合同成立,任何一方不得任意更改或撤销
撤回接受	接受通知到达发盘人之前/同时	接受尚未生效,合同尚未成立

任务三 合同的主要内容

任务情境

作为公司的新晋业务代表,小王在历经两个月的磋商后,终于与法国波尔多酒商李先生就首批1000箱AOC级赤霞珠达成合作意向。面对人生第一份国际贸易合同,小王深知稍有疏漏可能导致公司数百万损失。深夜的办公室内,他逐项核对着合同草案,脑海中不断浮现出必须确认的关键问题……

任务分析

葡萄酒国际贸易合同详细规定了进出口商之间的权利和义务,是各国经营进出口业务的企业开展葡萄酒交易最基本的手段,主要包括产品的品种、数量、价格、质量、包装、运输、售后服务等各个方面。这些条款确保了双方在交易过程中的行为有明确的法律约束,从而保护了双方的合法权益,减少了交易过程中的不确定性和风险。当发生纠纷时,双方可以依据合同中的条款进行协商和调解,或者通过法律途径进行解决。合同中的条款和规定为纠纷的解决提供了明确的标准及依据,有助于维护双方的合法权益和国际贸易秩序。随着国际贸易自由化的不断发展,各国之间的贸易壁垒逐渐降低,葡萄酒国际贸易合同也需要适应这种趋势。合同中需要明确双方遵守国际贸易规则、尊重知识产权、保护消费者权益等方面的义务,以确保交易的合法性和合规性。同时,合同还需要关注国际贸易中的新变化和新趋势,如电子商务、数字贸易等,以便更好地适应国际贸易的发展需求。

在葡萄酒国际贸易中,买卖双方经过磋商达成一致便可签订正式的交易合同。通常来说,一份标准的葡萄酒国际贸易合同包括以下几项基本内容。

一、约首部分

（一）合同编号

每份合同都会有一个合同编号，对于企业来说，合同编号的作用主要是为了方便管理，特别是在业务量较大的时候，合同编号便显得尤为重要。每个企业都会有自己固定地编制合同编号的习惯。合同编号一般包含时间和顺序两个概念，例如"202409001"，其含义为该企业在2024年9月签订的第一份合同。

（二）签订日期

除特别说明外，如果交易是通过磋商过程达成的，受盘方接受的日期就是合同的签订日期。如果交易双方还是以上一次的交易条件为基础进行交易，往往不会再经过磋商，此时会另签署一份书面合同，该书面合同的签订日期以交易双方签字盖章日期为准。在实际操作中，由于交易双方通常相距较远，大多会采取电子合同形式，在这种情况下，发盘方会拟订电子合同签字盖章后，以电子邮件或传真方式送至受盘方，受盘方签字盖章后再返回至发盘方处。这种情况下，签订日期以受盘方签字盖章时间为准。

（三）签约主体

签约主体一般包含交易双方的公司名称、地址、电话、邮编和传真等信息。

（四）引导语

在合同的基本条款之前，通常会有一句引导语来引出下文。常见的引导语如"经过买卖双方的友好协商，买方和卖方同意按以下条款和条件进行交易"。

二、基本条款

基本条款是合同的主体部分，也是交易双方磋商结果的体现，通常包含以下条款。

（一）商品描述

1. 酒庄名或品牌名

酒庄名可以是品牌名，但品牌名不一定就是酒庄名。特别对于大型生产商或酒庄来说，旗下往往会有多个品牌，如对于大部分波尔多列级庄来说，有正牌酒、副牌酒甚至三牌酒的区别，因此在商品描述中一定要写清楚具体的酒款名称。

2. 原产国

原产国是指葡萄酒生产灌装所在地，这里需要跟原产地的概念进行区分。原产地是指葡萄酒所用葡萄的产地，原产国是指葡萄酒最终生产灌装的国家。有时这两个地区并不相同。

3. 产区和级别

葡萄酒是一类特殊的产品，不同产区有不同的法规，对应不同的级别。有些酒看似都是同一家酒庄出产，但由于产地和级别不同，其价格有时甚至相差十倍以上。尤其像法国、意大利、西班牙这些欧洲传统产酒国，其法规更为复杂，在合同中一定要注意葡萄酒对应的产区和级别。

4. 颜色和品种

通常来说，葡萄酒按颜色分为红葡萄酒、白葡萄酒、桃红起泡酒三大类。同一个酒庄出产的相同级别的葡萄酒还会有颜色区别，颜色的区别往往是由于酿造所用的葡萄品种不同。有些新兴产酒国，如美国、澳大利亚、新西兰等，由于只用了一个葡萄品种，往往倾向于把葡萄品种标注在酒标上，这时，合同中也可以同时标注该酒款的颜色和品种。

5. 瓶型和包装

大部分葡萄酒采取玻璃瓶灌装，少数也会有盒中袋（Bag-in-Box）甚至橡木桶的包装方式。对于玻璃瓶的包装方式来说，比较常见的有375毫升、750毫升、1.5升等。随着小瓶酒的走俏，市场上也出现了更多的187毫升和250毫升瓶型。葡萄酒通常都是放在箱子中运输的，所以除了容量，合同中还要规定箱子的参数和类型。常见的有纸箱和木箱，每个箱子所包含的瓶数也不同，比较常见的是6瓶/箱和12瓶/箱。另外，在箱子中，酒瓶是竖放还是卧放也有区别。

6. 瓶塞

葡萄酒的瓶塞大致可分为软木塞、合成塞、螺旋盖、玻璃塞以及一种特殊的蜡封葡萄酒。不同市场对不同瓶塞会有所偏好，不能简单地认为用软木塞的酒一定好于螺旋盖。例如，中国消费者更偏爱软木塞，而北欧消费者则更偏爱螺旋盖。在签订合同时也要结合市场需求确定合适的酒塞类型。

7. 酒标

对于大部分葡萄酒来说，酒标都是生产厂家设计的，实际收到的货物与样品不会有区别。但是对于贴牌酒（OEM）来说，有时生产厂家会以购买方的意愿设计酒标，这时就需要在签订合同前确定酒标设计权，并在合同中体现。除了酒标设计以外，还需要关注酒标的材质、尺寸和形状等。

8. 数量

葡萄酒的数量是制定合同总金额的重要参数。对于散装葡萄酒来说，其数量单位通常为体积单位，如升（L）和百升（HL）。对于瓶装葡萄酒来说，通常按照计件方式来统计数量，常见单位如瓶和箱等。

9. 价格

合同中应该体现商品的单价和总价，价格通常以生产商所在地区的货币为单位。

图 5-7 商品描述条款

（二）质量描述

葡萄酒的质量分两个方面：一个是指感官质量，另一个是生产厂家提供的原产国官方化学分析报告和原产地证明等材料。葡萄酒作为一种特殊商品，是一种感性的饮品，其感官质量也受到很多因素影响，而且每个人对于口感标准不一，所以买方在采购前更关注感官质量。通常做法是品尝样品酒，通过样品酒来判断一批货的感官质量是否符合要求。由于感官质量特别是香气、口感等难以用明确的语言加以规定，在合同中一般不会进行明文规定，这需要买卖双方对彼此信任。当然，如果买方收到的酒有显而易见的质量问题，如漏液、顶塞、沉淀等情况，通常都可以向卖方追溯。

关于葡萄酒的化学分析报告和原产地证明材料，在合同中都会加以规定，生产厂家需要提供对所生产的葡萄酒进行理化指标的检测，并保证符合原产国的法律要求。对于买方来说，也需要关注进口国的有关政策法令。

（三）价格条款

进口葡萄酒的运输一般分为海洋运输和航空运输，最常见的是海洋运输。在海洋运输中，通常有两种交货方式，分别是工厂交货和船上交货，共有三种价格条款 EXW、FOB 和 CIF。其中，EXW 对应的是工厂交货，FOB 和 CIF 对应的是船上交货。这是葡萄酒国际贸易中最常见的三种价格条款，对于其他价格条款，这里不作讨论。

EXW 是 EX Works 的缩写，本意即工厂交货，它是指卖方在其所在地或其他指定地点将货物交给买方或买方指定的承运人即完成交货。以 EXW 的价格条款进行交易，卖方无须办理出口手续，也不承担运输义务，自交货时起，货物灭失或损坏的风险由买方承担，出口手续、至始发港的内陆运输、海洋运输和保险、自目的地港口起的内陆运输和进口手续均由买方负责。因此，EXW 是三种价格条款中最低的。值得注意的是，EXW 不仅仅适用于海洋运输，也同样适用于国际贸易的其他运输方式。

FOB 是 Free on Board 的缩写，本意即船上交货，它是指卖方在指定的运输港将货物交至船边即完成交货。以 FOB 的价格条款进行贸易，卖方需要办理出口手续，承担将货物运至指定运输港的内陆运输费用，自货物被交至运输港船边起，灭失或损坏的风险由买方承担。海洋运输和保险、目的地港口起的内陆运输和进口手续均由买方负责。

CIF 是 Cost Insurance and Freight 的缩写，本意是成本、保险和运费。它是指卖方在指定的运输港将货物装到船上即完成交货，自交货时起，货物灭失或损坏的风险由买方承担。与之前不同的是，卖方除了负责交货前的出口手续和至始发港的内陆运输外，还需承担海洋运输和保险的费用。买方只需负责目的地港口起的内陆运输和进口手续即可。因此，CIF 是三种价格条款中最高的。买卖双方关于三种价格条款的义务比较见表 5-8。

表 5-8　三种价格条款不同流程的责任方比较

价格条款	交货地点	风险转移	出口手续负责方	至始发港的内陆运输负责方	海洋运输和保险负责方	自目的地港口起的内陆运输负责方	进口手续负责方
EXW	卖方所在地或指定地点	交货后由买方负责	买方	买方	买方	买方	买方
FOB	装运船边	交货后由买方负责	卖方	卖方	买方	买方	买方
CIF	装运船上	交货后由买方负责	卖方	卖方	卖方	买方	买方

（四）支付方式

一般来说，葡萄酒的国际贸易支付工具大多采用金融票据，包括汇票、本票和支票三种类型。

汇票（bill of exchange，draft）：无条件支付命令，卖方开给买方。

本票（promissory note）：无条件支付承诺，买方开给卖方。

支票（cheque，check）：存款人对银行无条件支付一定金额的委托和命令。

支付方式主要有信汇（M/T）、电汇（T/T）、票汇（D/D）。其中，汇付分为一次性支付和预付款加尾款形式。最为常见的是预付款加尾款形式，相较于一次性支付，这种支付方式对于交易双方会有更多保障。关于支付方式的具体内容详见"项目七　葡萄酒国际贸易单证与结算"。

（五）运输方式

葡萄酒国际贸易的运输方式一般分为海洋运输和航空运输两种，其中，海洋运输最为常见。对于海洋运输来说，合同中除了规定运输方式以外，还会标明运输船的始发港和目的地港。

（六）装运日期

以海洋运输举例来说，货物在装上运输船后，船方会开具提单。提单的签发日期为装运日期。在葡萄酒国际贸易中，装运日期主要取决于卖方备货时间和运输工具的可用性。一般来说，现货商品的备货时间要更加便于把控。

但是如果签订合同的时候葡萄酒还未生产，则有卖方不能按时出货的风险。运输工具的可用性主要是指运输船的船期、集装箱的可用性等。通常卖方只对备货时间负责，如发生特殊情况如船期延误、港口罢工、无可用集装箱等情况，不属于卖方责任。买方在签订合同时应考虑各种风险，以免由于各种原因引起延误而给己方带来损失。

（七）卖方提供的单据

在葡萄酒国际贸易中，为了顺利报关，需要卖方提供的单据也会规定在合同中，并且通常会规定一个截止时间。通常情况下，卖方需要提供以下单据。有关各单据的说明详见"项目七　葡萄酒国际贸易单证与结算"。

（1）分析证书。

（2）原产地证明。

（3）装瓶证书。

（4）商业发票。

（5）熏蒸消毒证明。

（6）装箱清单。

（7）销售合同。

（8）海运提单。

（9）葡萄酒正标和背标。

（八）不可抗力

装运日期可能会受到不可抗力的影响，合同履行中的其他环节也有可能受到不可抗力的影响。一般都会在合同中标注不可抗力的影响及处理方法。常见的条款如"由洪水、火灾、地震、干旱、罢工、战争或协议一方无法预见、控制、避免或克服的其他事件导致不能履行或暂时不能全部或部分履行本协议，该方不承担责任。但是受不可抗力事件影响的一方须尽快将发生的事件通知另一方，并在不可抗力事件发生15天内将有关机构出具的不可抗力事件的证明寄交对方"。

（九）仲裁

仲裁，是指买卖双方就合同产生争议并将此争议提交至第三方进行评判和裁决的行为。如"一切因执行本合同所发生或与本合同有关之争执，双方应友好协商解决。如双方协商不能解决时，此争议可提交到×××机构进行仲裁，按照仲裁机构仲裁程序规定进行仲裁。仲裁机构的裁决为终局裁决，对双方均有约束力。仲裁费用除非仲裁机构另有决定外，均由败诉一方负担"。

（十）附加条款

如果基本条款中有未规定的内容，可以经双方协商达成一致后，添加至附加条款中，附加条款与基本条款享有同等的法律效力。

三、约尾部分

约尾部分需要列明合同的份数、使用的文字及其效力、签约地点、生效时间和双方当事人签字等项内容。一般包含以下几项内容。

（1）买卖双方公司名称、地址、电话、邮编等信息。

（2）买卖双方代表人签字或公章。如果合同有多页，通常做法是每一页都需要签字或盖骑缝章。

（3）签约日期和地点。

项目总结

与供货方洽谈之前通常需要从供给和需求两方做好充分的准备，需方分析主要包括计划销售方式与渠道、计划销售量、目标客户群体分析、对葡萄酒国际贸易的熟练程度、希望获得经销权利的形式等几个方面；供方分析主要包括供应商的形态，如酒庄、农业合作社或者酒商，对于不同的供货方，需要有一定的了解，并且掌握不同的沟通方式和技巧。

供货方资质审核主要包括生产许可证审核、历史出口记录与客户评价、可持续认证审核三项内容。

生产许可证审核主要是针对欧盟 VI-1 证书的审核。历史出口记录与客户评价主要包括出口记录核查、客户评价分析、中国市场适配性评估三个方面。

可持续认证审核包括欧盟有机认证、生物动力法和中国有机认证。

葡萄酒国际贸易合同订立之前，双方需要进行交易磋商过程，包括四个步骤：询盘、发盘、还盘和接受。

询盘（Inquiry）也称询价，是指买卖双方为了促进交易的达成，向对方询问交易的价格和条件的行为，可以由买方或者卖方提出。

发盘，又被称为发价、报盘或报价，在法律上称为要约。

一个具有法律效力的发盘应该具有以下四个条件：发盘内容必须十分明

确；发盘必须有明确对象；发盘必须表明发盘方愿意承受合同约束的意旨；受盘方需确认收到发盘。

还盘，也称还价，是指受盘方不完全接受该发盘，并对发盘内容提出更改的行为。

接受在法律上称为承诺，是指受盘人在收到发盘后完全同意交易条件，并以声明或其他行为表示同意，并以此为基础签订合同。

一个具有法律效力的接受应具有以下四个条件：接受必须由发盘的特定对象做出；接受必须在发盘的有效期内做出；接受的内容必须与发盘的内容相一致；接受必须采取明确的方式来表达。

一份标准的葡萄酒国际贸易合同包括约首部分、基本条款、约尾部分三项基本内容。

约首部分主要包括合同编号、签订日期、签约主体和引导语四部分内容。

基本条款主要包括商品描述、质量描述、价格条款、支付方式、运输方式、装运日期、卖方提供的单据、不可抗力、仲裁和附加条款。

约尾部分一般包含以下几项内容：买卖双方公司名称、地址、电话、邮编等信息；买卖双方代表人签字或公章；签约日期和地点。如果合同有多页，通常做法是每一页都需要签字或盖骑缝章。

素养提升

葡萄酒国际贸易合同的数字化趋势应对

在全球葡萄酒贸易规模持续扩大的背景下，国际贸易环境正经历着深刻变革。据国际葡萄与葡萄酒组织（OIV）数据显示，2024年全球葡萄酒贸易额突破320亿美元，其中电子商务渠道占比已达18%，较2019年增长近3倍。在电子商务与数字贸易蓬勃发展的当下，葡萄酒国际贸易合同需精准界定各方权利义务，才能有效防范风险，保障交易顺利进行。

在合同订立阶段，为确保电子订单的法律效力，合同应明确规定电子要约和承诺的具体形式与生效条件，清晰界定数据所有权，明确消费者品鉴偏好等数据归消费者所有，企业仅在获得授权后有权使用。

在合同履行阶段，针对电子商务特有的物流节点，细化风险承担条款。在海外仓备货模式下，约定货物在目的国仓储期间，除因不可抗力外，货物灭失、损坏风险由卖方承担，直至货物交付给买方指定的物流配送方；若买方延迟提货导致风险增加，买方需承担相应责任。

对于直播带货场景，要明确主播、卖方和买方的责任。卖方需确保主播对葡萄酒的描述真实准确，若因主播虚假宣传导致退单，卖方应承担退货运费及买方的合理损失；买方在收到货物后，应按照约定的验收标准及时验收，若存在质量问题，需在规定期限内提出异议。

随着智能温控集装箱等设备的应用，合同应增加设备监测相关权利义务条款。规定卖方有义务确保运输过程中设备正常运行，实时向买方传输温度、湿度等数据；买方有权对数据进行监督，若发现异常，卖方需及时采取措施处理，并承担由此产生的额外费用。

通过在葡萄酒国际贸易合同中全面、细致地明确各方在电子商务和数字贸易中的权利义务，能够有效应对新型贸易模式带来的挑战，保障交易的公平、有序进行，推动葡萄酒国际贸易在数字时代的健康发展。

请思考，在数字化浪潮中，葡萄酒国际贸易从业者应在合同起草中强化哪些条款？

主要术语

供货方洽谈；资质审核；询盘；发盘；还盘；葡萄酒国际贸易合同

思考与讨论

1. 买方与葡萄酒供货方洽谈前应该做哪些准备？
2. 对葡萄酒供货方的资质审核包括哪些内容？
3. 签订葡萄酒贸易合同之前的磋商流程包括哪些步骤？
4. 什么是询盘？询盘的方式有哪些？
5. 一个具有法律效力的发盘应该具有哪些条件？
6. 一个具有法律效力的接受应具有哪些条件？
7. 葡萄酒国际贸易合同的基本条款应包含哪些内容？
8. 在葡萄酒国际贸易合同中，商品条款应包含哪些内容？
9. 葡萄酒国际贸易合同中价格条款包括几种类型？请分别解释上述价格条款的应用情景。

国际贸易中的身份密码——葡萄酒酒标解析

项目六

葡萄酒国际运输与保险

思维导图

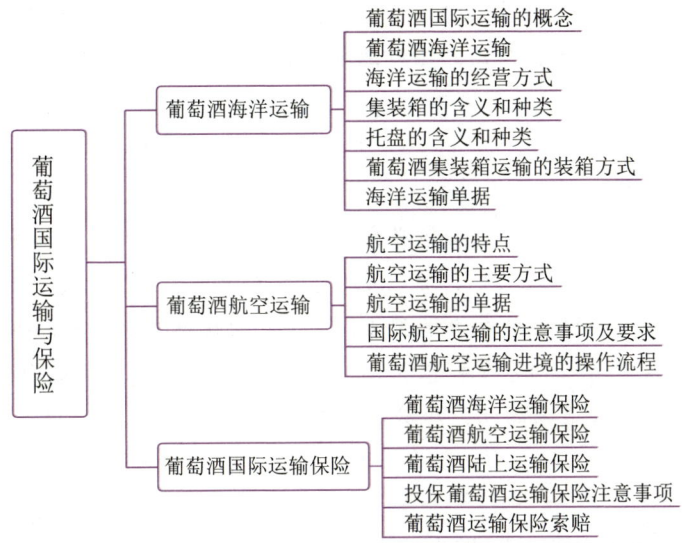

学习目标

知识目标：掌握葡萄酒海洋运输和葡萄酒航空运输的概念、特点及各自适用范围及主要经营方式，了解葡萄酒国际运输保险的基本原则、承保范围及保险条款。

能力目标：能够根据具体葡萄酒运输任务选择合适的运输方式和保险类别，具备灵活选择葡萄酒运输方式的能力，熟悉葡萄酒主要运输方式的基本操作流程，可以处理运输过程中遇到的问题。

素质目标：兼顾经济性、效率及安全性，做好风险预期评估，优化解决实际问题的能力。

任务一 葡萄酒海洋运输

任务情境

小王经过前期的商务谈判成功签订了一份法国葡萄酒的贸易合同，但目前他面对的是如何把国外的葡萄酒顺利运送到自己公司所在的城市。因为这一批次的葡萄酒数量较大，综合考虑了多种因素，为了节省成本，小王选择了海洋运输方式。此次葡萄酒国际运输距离远、时间长、风险大，小王会遇到哪些问题和挑战呢？

任务分析

海洋运输方式是葡萄酒国际贸易中历史最悠久和最重要的一种运输方式，整个运输流程包括定舱装货、运输途中、到港清关、提货出仓等环节，小王将会面对许多困难并需要做出很多选择，例如他该选择哪一种船舶运输模式，需要将葡萄酒放置在何种货柜里及如何放置等？想弄清楚这些问题，小王需要学习葡萄酒海洋运输的相关知识，以便顺利完成这项工作任务。

一、葡萄酒国际运输的概念

在全球化趋势的大背景下，越来越多的企业选择将业务拓展至海外市场。国际商务合作机会越来越多，国际物流需求也应运而生。随着我国经济的发展，居民生活水平的提高，葡萄酒在国内市场越来越受到欢迎，同时由于葡萄酒历史、文化传统和风格类型及品质品牌等因素影响，我国从国外进口葡萄酒的比例一直较高，进口葡萄酒从国外运输到国内，就有了国际葡萄酒运输的概念。

（一）国际物流运输的含义

国际物流运输是指卖方将商品从一个国家通过海运、陆运、空运等方式运输到目的地国家，并通过当地物流配送完成国际商品交易的过程。由于不同国家之间的法律、文化和语言等方面存在很多差异，因此国际物流比传统国内物流更加复杂。葡萄酒国际运输即属于国际物流运输的一种类别。

图 6-1　葡萄酒国际运输

（二）葡萄酒国际运输定义及特点

葡萄酒国际运输又称葡萄酒国际贸易运输，指的是葡萄酒在不同国家或地区之间的流动，是葡萄酒国际贸易中不可或缺的一环。它涉及将葡萄酒从一国运送到另一国，以满足不同国家或地区的供需需求。葡萄酒国际运输不限于单纯的货物运输，还包括从包装、标记、装运、保险、海关清关到最终交付给收货人的全过程。这一过程需要严格遵守各国关于酒类运输的法律法规，以及国际物流行业的操作规范。一般说来，葡萄酒国际运输具有以下几个特点。

1. 多式联运

葡萄酒国际运输中间环节多，常采用多种运输方式联合运输。

2. 复杂多变

运输过程涉及面广，情况复杂，需要应对各种不可预见因素，尤其是葡萄酒对环境温度和湿度都有特殊的要求。

3. 时间性强

对运输时间有严格要求，需确保按时交付。

4. 标准化要求高

需遵循国际标准和规定，确保葡萄酒安全、合规。

5. 风险较大

需办理相关运输保险，以应对可能的风险和损失。

6. 国际化信息系统支持

要求具备国际化信息系统，以便实时跟踪和管理葡萄酒运输情况。

（三）葡萄酒国际运输方式

在葡萄酒国际运输过程中，从酒庄原产国到目的地国，往往要跨越大洲和大洋，因此距离一般来说都比较远。葡萄酒属于易碎品，在存放和运输过程中，也需要注意防潮、防震、防损措施，例如使用缓冲材料防止酒瓶互相碰撞。同时葡萄酒是具有活性的酿造型果酒，易受到高温条件的影响，需要注意保持适当的温度和湿度等条件。葡萄酒的每种运输方式各有优缺点，选择时需根据实际需求、预算成本、运输距离和时间等因素综合考虑。具体来说，葡萄酒国际运输主要包括以下几种运输方式。

1. 液袋运输

液袋运输是一种批量运输葡萄酒的经济有效的方式，在隔氧层采用镀铝膜，成本低且效率高。使用专门的葡萄酒液袋，能有效降低氧气透过率，避免葡萄酒氧化变质，保留葡萄酒的香气和风味。这种方式适用于大量葡萄酒的长途运输，在运输过程中，应确保液袋的选择、固定与保护、温度控制以及遵守法规等方面的工作得到妥善落实，以确保葡萄酒的品质和安全。

2. 铁路运输

铁路运输是一种可以满足从欧洲进口葡萄酒的运输方式，"中欧班列"的开通使中国可以通过陆运的方式从欧洲进口葡萄酒，其成本比航空运输低，时间比海洋运输快。但目前由于配套设施尚未完善，中欧铁路途经6个国家停12站，其间容易受到政策、政局、气候等因素影响，考虑到稳定性和便利性，目前使用较少。

3. 海洋运输

海洋运输提供了超过2/3的国际贸易运力，也是葡萄酒进出口中最常用的运输方式，占每年葡萄酒进口运输的90%以上。海洋运输服务相对成熟，海运线路较成熟，物流公司和船运公司提供全方位的服务，可以确保葡萄酒的安全运输，适用于大批量葡萄酒运输，成本相对较低，但运输时间较长，通常需要1~2个月。

4. 航空运输

航空运输是一种快速且相对安全的运输方式,其最大的特点是速度快,一般一周内即可到达国内。航空公司对行李的运输过程有严格的管理和监控,因此安全性高,但相较于海运和陆运,其成本较高,运输量有限,适用于急需、小批量、价格高昂的葡萄酒运输。

二、葡萄酒海洋运输

海洋运输是指利用商船在国内外港口之间通过一定航线进行货物运输的一种方式。海洋运输是国际贸易中历史最悠久和最重要的一种运输方式。据统计,目前海洋运输占国际贸易总运量的 2/3 以上,我国进出口货物运量的 90% 左右是通过海洋运输来完成的,它适用于运输大批量、体积较大、价值相对较低且不急需的货物。尤其是葡萄酒国际贸易,贸易双方往往相隔距离较远,其地理位置和条件限制决定了海洋运输是葡萄酒货物运输的最主要的方式。

(一)海洋运输的优点

与其他运输方式相比,海洋运输主要有以下几个优势。

1. 运载量大

船舶运载量大,适合大批量货物运输。现代船舶设计使海洋运输的装载能力大大增强。例如,油轮的载重能力可以达到 60 万吨,散装船也达到 30 万吨,有的轮船可装 5000 多个标准集装箱。一艘万吨轮船的载重能力一般相当于 250~300 个火车车皮的载重量。

2. 运费低廉

海洋运输利用天然航道,能够大量运输不同规格、类型的货物。船舶容积大且造价较低,分摊到单位货物的运费相对较低。船舶的成本较低,加之海域通行免费性使海洋运输的运营成本低廉。此外,海洋运输的能耗远低于陆地运输中卡车或汽车的能耗,而船舶的初期投入成本也低于同等载重的陆运工具。

3. 适应性强

船舶由于运量大,一个十分明显的优点就是基本上适应各种货物的运输要求,包括石油、煤炭、粮食、集装箱等。这种广泛的适应性使得海洋运输在各种货物运输中具有很强的竞争力。

4. 通关能力强

海洋运输借助天然水路进行，不受道路和轨道的限制，这使其通关能力比其他运输方式更强。根据政治、经济和贸易条件的变化可以随时调整和改变航线，确保运输的连续性和灵活性。海洋运输的全球网络覆盖使其能够处理跨国界的货物运输，适应国际贸易的需求。

（二）海洋运输的缺点

1. 运输时间长

由于船体的面积巨大，在起始港和目的港的装卸时间会因设备及人力等原因而延长，且因其在水上的阻力强，导致海洋运输的运输速度相对较慢。海洋运输需要经过多个港口，有些路线需要多次中转，增加了运输时间，导致运输时间延长。

2. 受气候影响

风浪和海冰会直接影响船舶的稳定性和安全性，因躲避恶劣的天气条件会延长航行时间，增加运输成本。另外气温变化和极端天气会增加船舶的维护成本和燃料消耗，提高运输成本。

3. 港口限制

港口拥堵可能是导致海洋运输受到影响的主要原因之一。港口拥堵可能是由于货物量过大、装卸设备不足、人力资源不足等因素引起。例如，美国东西海岸港口的拥堵问题严重，导致集装箱堆积如山，而货主无法及时取货，船舶需在海上等待几天之久才能入港。

4. 航速低

海洋运输的优点很多，但其最大的缺点在于航速低，进而运输速度慢。主要是因为大型船舶体积大，航线水流阻力高，航速一般较低。

海洋运输的优缺点对比见表 6-1。

表 6-1 海洋运输的优缺点对比

海洋运输优点	海洋运输缺点
运载量大	运输时间长
运费低廉	受气候影响
适应性强	港口限制
通关能力强	航速低

三、海洋运输的经营方式

按照船舶经营方式的不同,海洋运输可分为班轮运输和租船运输两种方式。在葡萄酒国际贸易中,主要采取集装箱班轮运输方式,因此以下主要介绍班轮运输模式。

图 6-2 班轮运输模式

(一)班轮运输的特点

班轮运输也称为定期船运输,是指船舶在固定航线上和港口之间按事先公布的船期时间表航行,开展客、货运输业务,并按照事先公布的费率收取运费。班轮运输主要有以下几个特点。

1. 固定航线、固定港口和固定船期

班轮运输按照事先制定的航线运行,沿途停靠固定的港口,并且有固定的船期表。这些特点使得班轮运输具有较高的可靠性和可预测性。

2. 相对固定的运费

班轮运输的运费通常是固定的,不会因为具体的货物量或距离而变化,这使托运人可以提前知道运输成本。

3. 承运方负担装卸费用

在班轮运输中,货物的装卸费用包含在运费中,承运人负责货物的装卸工作,不需要货主额外支付装卸费用。

4. 不规定装卸时间

与租船运输不同,班轮运输不规定具体的装卸时间,不计算滞期费和速遣费，这使其更加灵活而高效。

5. 提单作为证明

班轮运输中将提单作为运输合同的证明，提单上明确规定了承运人和托运人的权利和义务，成为解决纠纷的依据，并且受到国际公约的制约。

（二）班轮运输的优点

班轮运输在葡萄酒国际贸易中的主要优点如下。

1. 稳定性

班轮运输按照固定的航线和事先公布的船期表航行，这种规律性确保了葡萄酒货物运输的可靠性，减少了因等待船期或航线变动带来的不确定性。

2. 减少延误风险

班轮运输的延误风险较低，有助于葡萄酒等易受时间影响的商品按时到达目的地，保证其品质和市场价值。

3. 便捷性

班轮运输的手续十分便捷，托运方只需按照规定的程序办理托运、提单等事项，无须操心具体的运输操作，承运人提供从装货到卸货的一站式服务。

4. 经济性

班轮运输适合大批量葡萄酒的运输，葡萄酒进口商可以通过整箱采购或拼箱运输的方式降低成本，提高经济效益。

5. 服务专业性

班轮公司拥有专业的运输团队和设备，能够确保葡萄酒在运输过程中的安全和质量，同时可以提供全程跟踪服务，托运人可以实时了解货物的运输状态和预计到达时间，从而更好地安排后续的接货和销售计划。

（三）班轮运输的费用

班轮运输费用包含了基本运费和附加费两部分。其中，前者是指货物从装运港到卸货港对应收取的基本运费，它是构成全程运费的主要部分；后者是针对一些需要特殊处理的货物，或者由于突然事件的发生或客观情况变化等原因，而需额外加收的费用。

基本运费按班轮运价表规定的收费标准收取。对于基本运费，根据不同的商品，其收费标准通常采取下列几种：①按货物毛重；②按货物的体积/容积；③按毛重或体积收费，由船运公司选择其中收费较高的一种收费；④按商品价格收费；⑤在货物重量、尺码或价值三者中选择最高的一种收费；⑥按货物重量或尺码选择其高者，再加上从价运费计算；⑦按每件货物作为一个计费单位收费；⑧临时议定价格。

在班轮运输中，常见的附加费有以下几种：超重附加费、超长附加费、选卸港附加费、直航附加费、转船附加费和港口附加费等。另外，船运公司还可能增收其他附加费，如燃油附加费、货币附加费、绕航附加费等。

四、集装箱的含义和种类

集装箱也称为货柜或货箱，是一种能装载包装或无包装货物进行运输，并方便用机械设备进行装卸搬运的工具，具有标准化、密封性好、破损率低、集约化、规模化等优点。在葡萄酒的运输过程中，常用的集装箱为干货集装箱和冷藏集装箱。

（一）干货集装箱

干货集装箱主要用于普通货物的运输，是最常见的集装箱类型，通常被称为"标准集装箱"，常用的有20英尺和40英尺两种类型，主要用于装运无须温度控制的件杂货，如文化用品、日用百货、医药、纺织品、工艺品、化工制品、电子器械等，大部分葡萄酒都使用干货集装箱运输。干货集装箱一般为封闭式，在一端或侧面位置设有箱门，内部设有加固货物的装置，使用过程要求箱内清洁、不渗水、不漏水。

（二）冷藏集装箱

冷藏集装箱具有更厚的隔热层和复杂的电路系统，内部温度可以在–30~30℃范围内调节，专门用于运输需要温度控制（如冷冻、保温、保鲜）的货物。在温度较高的夏天或者运输价值比较高的葡萄酒时，托运人可能会选择冷藏集装箱来运输，将温度保持在12~16℃，以确保葡萄酒口感和质量保持稳定。

图 6-3　冷藏集装箱

五、托盘的含义和种类

在葡萄酒的生产线上，托盘被用来承载原料、半成品和成品，帮助工人更方便地搬运和堆放物品，提高生产效率。在葡萄酒的进出口运输过程中，托盘的使用能够确保葡萄酒在长途运输中的安全性和稳定性，有助于提升葡萄酒的国际竞争力。

（一）托盘的含义及用途

托盘是一种用于集装、堆放、搬运和运输货物的水平平台装置，是物流运输中重要的装卸、储存和运输设备。托盘按材质可分为木质托盘、塑料托盘、纸质托盘等，对于高价值葡萄酒的运输常采用木质托盘。

瓶装葡萄酒采用打托盘的方式运输，具有如下的好处。

第一，提高物流效率。托盘运输方便机械化作业，减少人力成本，同时提高装卸和堆存效率，有助于物流行业的标准化和规范化。

第二，保护葡萄酒安全。托盘能有效防止葡萄酒在运输过程中因颠簸、碰撞而破损，同时避免货品丢失或被替换，保障酒商和消费者的利益。

第三，降低实际成本。从长期来看，托盘能减少因破损、丢失等造成的额外损失，从而降低整体成本。

第四，适应葡萄酒行业的需求。尤其是田字塑料等特定类型的托盘，具有优越的耐用性和标准化制作特点,非常适合葡萄酒行业的长途运输和存储要求。

(二)托盘的尺寸

托盘的尺寸多种多样,具体尺寸因用途、地区和标准的不同而有所差异。国际贸易中,常见托盘尺寸有两种:一种是 1m×1.2m 的规格,即美标托盘;另一种是 0.8m×1.2m,即欧标托盘(见表 6-2)。在运输中,一般每个纸箱装 6 瓶葡萄酒,每个托盘一般能放 100~120 箱葡萄酒,每个 20 英尺的集装箱一般能放 11 个托盘,而每个 40 英尺的集装箱一般能放 21 个美标托盘。对于不放托盘的葡萄酒来说,每个 20 英尺的集装箱一般能放 14 000 瓶左右,每个 40 英尺的集装箱一般能放 18 000 瓶左右。在特定的葡萄酒运输过程中,需要提前根据纸箱、托盘、集装箱的具体尺寸情况来决定如何更高效地装下货物。

表 6-2 常用托盘尺寸对比

托盘类型	美标托盘	欧标托盘
尺寸	1m×1.2m	0.8m×1.2m

六、葡萄酒集装箱运输的装箱方式

葡萄酒集装箱运输的装箱方式包括托盘装箱方式、散装装箱方式及拼箱装箱方式。托盘化装箱可以提高装卸效率和保护葡萄酒,散装装箱方式适用于大多数瓶装葡萄酒,特别是采用玻璃瓶包装的葡萄酒。拼箱装箱方式灵活性强、成本低、适用范围广。以下主要介绍拼箱装箱方式。

在集装箱拼箱装箱方式中,又可分为整箱货和拼箱货两种类型。在葡萄酒贸易中,通常采用整箱货装箱的方式。

整箱货是指一个集装箱内全部装载同一托运人的货物,由托运人负责装箱、计数、积载并加铅封。整箱货作为海关查验的最小单位,提交相应单证合格后即可放行。

拼箱货是指不满一整箱的小票货物,通常由承托人分别揽货并在集装箱货运站集中,拼装在一个集装箱内。若集装箱内任一货物单证有问题,整个集装箱的货物都可能被海关扣留。

七、海洋运输单据

海运提单是承运人或其代理人签发给托运人的一种书面凭证,证明货物已被接收并允许运至目的地。海运提单代表所载货物的所有权,合法持有人有权要求承运人交付货物,并享有占有和处理货物的权力。同时海运提单也是托运人和承运人之间运输合同的证明,规定了双方的权利和义务,是处理运输争议的依据。

海运提单的正面基本信息包括托运人、收货人、通知人、港口、船名、航次、品名、重量、体积、箱数及运费等内容。海运提单的背面是运输条款,明确承运人与托运人之间的权利义务关系,包括转运条款、内陆港口转运相关描述等。

海运提单有许多种类,按收货人抬头划分,可分为记名提单、不记名提单和指示提单;按运输方式划分,可分为直达提单、转船提单和联运提单;按提单使用的有效性划分,可分为正本提单和副本提单;按货物是否装船,可分为已装船提单和备运提单;按提单有无批注,可分为清洁提单和不清洁提单。

海运提单空白样表

托运人				提单号		
收货人						
被通知人						
前程运输		收货地		×××运输公司		
船次/航次		装运港				
卸货港		交货地				
唛头/集装箱号	箱数与件数	货物描述	毛重	净重		体积
总箱数/货物总件数						
运费	运费吨	运费率	每	预付		到付
预付地		到付地		提单签发地点和日期		
预付总额		正本提单份数		签收人		
日期						

图 6-4 海运提单样式

任务二 葡萄酒航空运输

任务情境

小王通过任务一的学习,已经了解了葡萄酒海洋运输的相关问题,但是如果小王遇到需要紧急从国外进口少量贵重葡萄酒的任务,那么就需要选用葡萄酒航空运输。在葡萄酒航空运输的过程中,小王又将遇到哪些问题呢?

任务分析

航空运输最适宜运送急需物资、鲜活商品、季节性较强商品和精密、贵重物品。小王如果选择航空运输,能满足将国外葡萄酒快速运达国内的任务,他将经历的整个运输流程包括包装准备、订舱与托运、运输与跟踪、清关与交付等。那么这个过程中需要注意哪些问题呢?

一、航空运输的特点

航空运输是指使用飞机、直升机或其他航空器运输人员、货物及邮件的一种运输方式。与其他运输方式相比,航空运输具有快速性、机动性、安全性、货物保护等优势,可以不受地面条件的限制,飞往世界各地。航空运输在国际贸易中,对于贵重物品、鲜活货物和精密仪器是不可缺少的。具体对于小批量、高端的葡萄酒或少数的葡萄酒样品来说,航空运输的优缺点如下。

(一)航空运输的优点

1. 快速高效

航空运输速度快,能迅速将葡萄酒送达目的地,减少运输时间,从而降低温度、湿度变化对葡萄酒品质的影响。这一点对于急需葡萄酒的客户或紧急补货的情况尤为重要,可以大大缩短交货周期,提高客户满意度。

2. 安全性高

航空公司通常对葡萄酒的包装有严格的要求，专业的葡萄酒包装材料，如防震泡沫、保温材料等，可以减少震动和温度变化的影响，保持其品质和口感的稳定性。航空公司在葡萄酒运输过程中，会对货物进行严格的监管和照护，确保葡萄酒在途中的安全。

3. 适合高档酒

对于珍贵的高档葡萄酒，航空运输的成本相对于其价值来说较小，且能确保品质稳定不变。

（二）航空运输的缺点

1. 成本较高

航空运输的费用相对较高，增加了葡萄酒的运输成本。

2. 物流限制

不是所有的国家都接受葡萄酒的航空运输，可能存在贸易壁垒问题。此外航空运输运量有限，不适于体积大和较笨重的货物。

综上所述，葡萄酒航空运输具有快速高效、安全性高、适合高档葡萄酒等优势，但同时也存在成本较高及物流限制等劣势（见表6-3）。

表6-3 航空运输的优缺点对比

航空运输优点	航空运输缺点
快速高效	成本较高
安全性高	物流限制
适合高档酒	运量有限

二、航空运输的主要方式

航空运输主要包括以下几种运输方式。

（一）班机运输

班机运输指在固定航线上定期航行的航班进行的货物运输。班机具有固定的始发站、途经站和目的站，通常由航空公司使用客货混合型飞机进行运输。由于仓位十分有限，不能运输大批量货物，通常需要分期分批运输。

（二）包机运输

包机运输指的是航空公司按照与租机人事先商定的条件和费率，将整架飞机出租给租机人，以一个或几个航空站装运货物到指定目的地的运输方式。包机运输适合大批量货物的航空运输，运费随国际航空运输市场的供需变化而变化，通常较班机运输费率更低。

（三）集中托运

集中托运指的是航空货运代理公司将若干批单独发运的货物组成一整批货物，一起向航空公司办理托运，填写一份航空总运单发送到同一目的站，由航空货物代理公司在目的站的代理人负责收货和报关，并将货物分别拨交给各收货人的一种运输方式。

通过集中托运，可以将小批量货物合并成大批量货物，从而争取到更优惠的运价。集中托运可以简化货物的报关和清关手续，减少收货人的操作负担。同时可以减少货物在运输过程中的风险，提高货物的安全性。因此，集中托运方式在世界范围内被广泛使用。

（四）航空快递

航空快递指的是由专门经营该项业务的航空货运代理公司，派出专人用最快的速度从发件人所在地运到收件人所在地的一种运输方式。

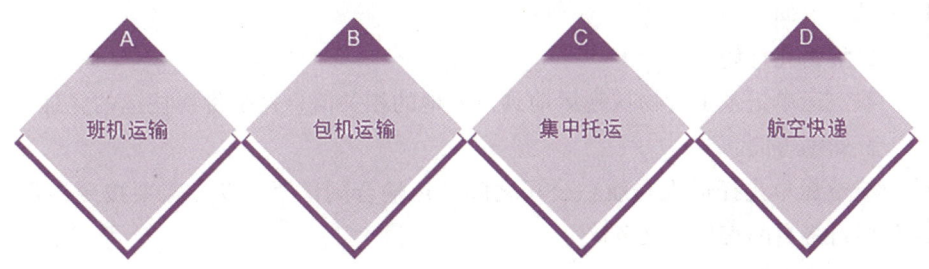

图 6-5　航空运输的方式

三、航空运输的单据

航空运输单据（简称航空运单），特别指航空运单，是航空货物运输中的关键文件。

（一）航空运单的定义

航空运单是承运人与托运人之间签订的航空货物运输合同，同时也是货物收据，证明了双方之间的运输契约关系。航空运单是承运人据以核收运费的账单，也是报关单证之一，同时可作为保险证书和承托人内部业务的依据。

航空运单的正本一般分为三联，是航空运输过程中必不可少的重要文件，分别由航空公司、发货人和收货人留存。

（二）航空运单的分类

航空运单主要包括航空主运单和航空分运单两大类。

航空主运单指的是由航空公司签发的运单，主运单代表了承运人和托运人之间的航空货物运输合同，是货物运输的单据凭证。每一批货物都有自己相对应的航空主运单。

航空分运单指的是由航空货运代理公司在办理集中托运业务时签发给各个发货人的运单，分运单代表了货运代理人与发货人之间的货物运输合同。

（三）航空运单的内容和作用

航空运单的内容通常包括发货人、收货人信息，货物的描述、数量和重量，运输的航线、航班及日期，以及相关的费用信息等。其作用主要体现在以下几个方面。

1. 货物托运凭证

航空运单记录了货物从起运地到目的地的相关信息，是货物托运的凭证。

2. 运输合同

航空运单是托运人与航空公司之间的运输合同证明，双方需要按照约定条款履行各自的责任和义务。

3. 运费结算依据

航空运单上包含了运费的相关信息，包括费率、付款方式和付款期限等，是双方结算运费的依据。

4. 报关与保险

在货物到达目的地机场进行进口报关时，航空运单是海关查验放行的基本单证。如果承运人承办保险或发货人要求承运人代办保险，则航空运单也可用来作为保险证书。

5. 内部业务依据

对于承运人来说，航空运单也是其内部业务处理的依据，如货物的分拣、运输、交付等环节。

四、国际航空运输的注意事项及要求

近年来，航空运输成为葡萄酒国际贸易的重要运输方式之一。伴随着运输技术的不断现代化，航空运输以其交货速度快、安全性能高、破损率小、节省包装、保险和存储费低、不受地面条件限制、可以飞往世界各地等优势，使用的频率越来越高。为了葡萄酒在航空运输过程中可以安全顺利到达，需要注意哪些事项及要求呢？

（一）航空运输的注意事项

（1）包装（是否牢固、是否是木箱或泡沫箱、有无托盘）。

（2）品名（是否是危险品、有无易碎品标识）。

（3）重量与体积（尺寸大小）。

（4）安检与证明（有无检疫检验证明）。

（5）条码与装箱单（有无条码、有无装箱单）。

（6）要求航班信息（时间、服务、价格）。

（二）航空运输物品的体积、重量要求

1. 体积要求

最小体积为长＋宽＋高≥40cm，最小边≥5cm，解决方法一般是加纤袋或发快件。最大体积依据舱门尺寸而定。客机载运体积一般不超过40cm×60cm×100cm，货机载运体积一般不超过200cm×100cm×140cm。

2. 重量要求

客机载运每件货物重量一般不超过80千克，货机载运每件货物重量一般不超过250千克。

五、葡萄酒航空运输进境的操作流程

葡萄酒航空运输进境后的操作涉及多个环节，以下是具体的流程步骤和注意事项。

（一）准备文件

需要准备的文件包括：收发货人备案，标签备案，准备相关报关文件（空运提单、换单委托书、货物详细装箱单、形式商业文件等）。

（二）报检与抽样

需要向相关部门报检，接受商检抽样检测，提供之前的检测报告备案号与卫生证可加快检测时间。

（三）报关与缴税

需按照《海关进出口商品规范申报目录》要求填报相关信息，向海关递交价格资料，核价通过后出报关单或税单，并进行缴税。

（四）后续流程

后续流程包括贴标签，获取卫生证书，允许销售等。

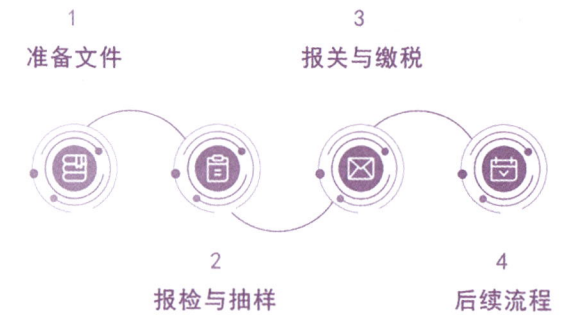

图 6-6　葡萄酒航空运输进境的操作流程

任务三 葡萄酒国际运输保险

 **任务情境**

尽管小王懂得了如何根据葡萄酒订单具体情况来选择合适的运输方式以及运输过程中一些细节问题的处理,但是考虑到葡萄酒进口贸易数量和金额都较大,且距离远、时间长、风险大,为了避免葡萄酒产生不必要的损失,小王应该了解一些运输保险的知识,及时为葡萄酒购买适宜的保险。

任务分析

在葡萄酒运输过程中可能会面临的风险因素包括包装、运输方式、天气条件、人为因素等方面,为了顺利完成葡萄酒的国际运输,既保证葡萄酒的质量又保证葡萄酒的价值,小王需要购买葡萄酒运输保险。葡萄酒运输保险的承保范围有哪些?保险条款具体包括什么?鉴于葡萄酒的运输主要采取海洋运输、航空运输和陆上运输的方式,因此小王应该学习这三种运输方式的保险条款。

一、葡萄酒海洋运输保险

国际葡萄酒运输保险是以对外贸易葡萄酒运输过程中的各种葡萄酒作为保险标的的保险。国际贸易中葡萄酒的运送有海运、陆运、空运以及通过邮政送递等多种途径。国际葡萄酒运输保险的种类以其保险标的的运输工具种类相应分为三类:葡萄酒海洋运输保险、葡萄酒航空运输保险、葡萄酒陆上运输保险。

(一)葡萄酒海洋运输保险的基本原则

1. 最大诚信原则

保险人和被保险人应互相诚实、信守承诺,提供准确信息。保险合同具有明显的信息不对称性，最大诚信原则有助于平衡双方利益，防止欺诈和隐瞒行为。在订立保险合同时，保险人有说明提示义务，投保人有如实告知义务，双方应基于诚实信用原则进行交易，不得隐瞒或误导重要信息。

2. 补偿性原则

保险人按约定对被保险人因保险事故造成的损失进行补偿，这种补偿是有限度的，即遵循及时补偿、全部补偿、补偿实际损失的原则。被保险货物在运输途中因自然灾害、意外事故或外来原因所导致的损失，保险公司将根据保险条款的规定进行赔付，确保被保险人不会因损失而受到过度影响。

3. 保险利益原则

保险合同有效的前提是双方存在保险利益，即被保险人对保险标的必须具有法律认可的利益。在海洋运输中，保险利益原则通常体现在对货物的所有权和所承担的风险责任上。

4. 因果关系限定原则

保险人通常会将赔偿的承保危险限定在一定范围内，只赔偿承保危险造成的损失和责任。被保险人需要证明损失是由保险合同中规定的承保风险造成的。

5. 责任起讫原则

保险责任一般从被保险货物离开起运地仓库或储存处所时开始生效，直到货物到达目的地，即收货人的最后仓库或存储处所时终止，一般也被称为"仓至仓"责任。

6. 共同海损原则

当船舶遇难时，为了维护货物买卖双方和船方的共同利益，有意识地采取合理的抢救措施，从而产生的船、货和运费的损失与支出的额外费用，保险公司需要负责赔偿。赔偿包括海上过往船舶按惯例对船、货的自动救助费用。

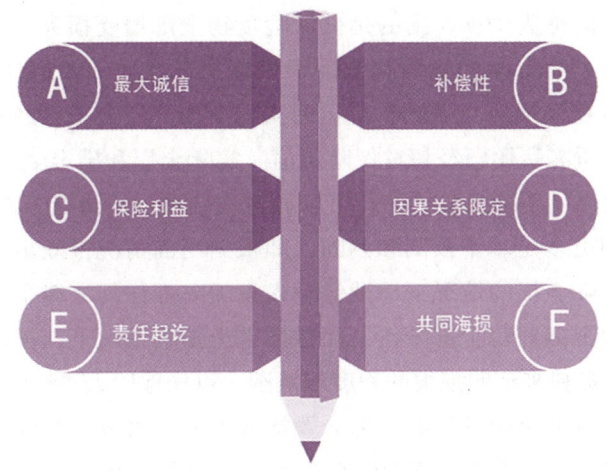

图 6-7　葡萄酒海洋运输保险的基本原则

（二）葡萄酒海洋运输保险的承保范围

葡萄酒在海洋运输中可能遇到的风险和损失很多，并非所有的风险损失都属于保险公司的承保范围。葡萄酒海洋运输保险的承保范围包括合同约定的风险、损失和费用三类。

1. 承保风险

葡萄酒海洋运输保险主要承保两类风险，即海上风险和外来风险。

海上风险也称为海难，主要包括自然灾害和意外事故两部分。自然灾害指的是不以人的意志为转移的来自自然界力量所引起的灾害，比如飓风、大浪、雷电、海啸、地震、洪水、火山爆发等。意外事故指的是由于外来的、偶然的、非意料中的原因所造成的事故，比如搁浅、触礁、沉没、碰撞、火灾、爆炸等。

外来风险指的是除海上风险之外的其他外来原因所造成的风险。外来风险包括一般外来风险和特殊外来风险。一般外来风险指的是货物在运输途中由于破碎、受热、受潮、偷窃、玷污、渗漏、串味、生锈、淋雨、短量和提货不着等外来因素造成的风险。特殊外来风险指的是由于军事、政治、国家政策法令以及行政措施等特殊外来因素所造成的风险与损失。

2. 承保损失

海洋运输保险货物在运输过程中，由于海上风险所造成的损失，称为海上损失，简称海损。海上损失主要包括全部损失和部分损失两大类。

全部损失简称为全损，指的是被保险货物全部遭受损失，可分为实际全损和推定全损。实际全损指货物全部灭失或全部变质而没有任何商业价值。推定全损指货物受损后，虽然没有达到实际全损，但全损已经不可避免，或为了避免全损所需费用已经超过保险价值。实际全损和推定全损的区别在于，实际全损的损失是明确且具体的，可以通过现场勘查、清点等方式进行确认，而推定全损则更多是基于预测和判断，即根据当前情况推断出未来可能发生的全损。在实际全损的情况下，被保险人无须办理任何法律手续即可向保险人请求按保险金额获得全部赔偿，而在推定全损的情况下，被保险人需要提供相关证据和资料来证明损失的程度和范围，以便保险人进行赔付。

部分损失指被保险货物的一部分毁损或灭失，可分为共同海损和单独海损。共同海损是为解除共同危险而有意造成的损失，由受益各方按比例分摊。单独海损是由承保风险直接导致船、货受损，损失由受损者自负。共同海损和单独海损的不同之处在于，共同海损是人为因素造成的损失，而单独海损是由承保风险所直接导致的船和货物的损失。共同海损涉及船方、货方、运费方等多方利益，损失由这些受益方按比例分摊，而单独海损仅涉及受损方个人的利益，损失由受损方自行承担。

3. 承保费用

承保的费用是葡萄酒海洋运输保险中的重要组成部分，主要包括施救费用、救助费用和特别费用等。

施救费用指被保险人遭受保险责任范围内的灾害事故时，被保险人为了抢救保险标的，并防止损失扩大而支出的合理费用，费用由保险人补偿。

救助费用指被保险标的遭遇保险责任范围内的灾害事故时，由第三者采取救助行为，获救方按国际法规规定向救助方支付的报酬，属于保险赔付范围。

特别费用指运输工具遭受海难后，在避难港卸货时所引起的损失，以及存仓、运送货物、装卸货物所产生的合理费用，费用由保险人赔付。

（三）葡萄酒海洋运输保险条款

我国目前使用的葡萄酒海洋运输保险条款是中国人民保险公司制定的《中国保险条款》中的《海洋运输货物保险条款》，它是葡萄酒国际贸易运输保险投保时的重要依据。葡萄酒海洋运输保险的险别主要包括基本险、附加险和专门险三类。

1. 基本险

基本险也称为主险，是一种可以独立承保的险别。基本险主要包括平安险、水渍险和一切险。

平安险主要承保意外事故造成的全部或部分损失、自然灾害造成的全部损失，以及在装卸或转运时由于一件或多件货物落海造成的全部或部分损失等。此外，平安险还包括施救费用、避难港产生的特殊费用，以及共同海损的牺牲、分摊和救助费用。

水渍险除了承保平安险的各项责任外，还可以承保自然灾害造成的部分损失。

一切险的责任范围最广，除了承保平安险和水渍险的各项责任外，还承保货物在运输过程中由于一般外来因素造成的全部或部分损失。

2. 附加险

附加险不能单独投保，而是需要在投保基本险的基础上加保。附加险主要包括一般附加险和特殊附加险。

一般附加险是对基本险的一种补充，承保由于一般外来风险所造成的全部或部分损失，包括渗漏险、碰损破碎险、包装破裂险、锈损险、混杂玷污险、串味险、淡水雨淋险、短量险、偷窃提货不着险、受热受潮险、钩损险等 11 种。

特殊附加险承保由于特殊外来风险所造成的全部或部分损失，这种风险的构成原因涉及政治和社会因素，包括战争险、罢工险、舱面险、拒收险、交货不到险、进口关税险、黄曲霉毒素险、出口货物到进口方港口的存仓火险责任扩展条款 8 种。

需要注意的是，特殊附加险与一般附加险不同，不包括在一切险的责任范围内，需要特别申请，经保险人同意后才能够承保。

3. 专门险

专门险是国际贸易中不可或缺的一环，有助于减少因意外损失而造成的经济损失。专门险包括冷藏货物保险、散装桐油保险以及活牲畜、家禽运输保险等。例如冷藏货物险专门适用于冷藏货物的海上运输，承保冷藏机器停止工作造成的腐败或损失。散装桐油险是专门适用于散装桐油货物的海上运输。

图 6-8 葡萄酒海洋运输保险的类别

二、葡萄酒航空运输保险

葡萄酒在航空运输中易受损，航空运输保险可以提供必要的保障。葡萄酒航空运输保险包括航空运输一切险和航空运输险。

（一）航空运输一切险

航空运输一切险是一种针对航空运输途中所遭受的意外损失提供的保险。其承保责任范围广泛，包括被保险货物在运输途中因雷电、火灾、爆炸等自然灾害和意外事故所造成的全部或部分损失，以及被偷窃、短少等外来原因所造成的损失。此外，航空运输一切险还涵盖航班延误或取消造成货物损失、货物影响运输时间等风险。

（二）航空运输险

航空运输险具体承保范围和条款可能因保险公司和保险合同的不同而有所差异。相较于航空运输一切险，其承保范围可能较为有限，选择时应根据自身需求和货物特性进行考虑。

三、葡萄酒陆上运输保险

葡萄酒陆上运输保险，主要承保铁路、公路葡萄酒运输过程中可能遭遇的损失。葡萄酒陆上运输保险包括陆运险和陆运一切险。

（一）陆运险

陆运险主要承保被保险货物在运输途中因洪水、地震、暴风、雷电等自然灾害，或由于火车和汽车等陆上运输工具遭受碰撞、倾覆及脱轨等意外事故造成的全部或部分损失。

（二）陆运一切险

陆运一切险除了承保陆运险的责任之外，还可以赔偿被保险货物在运输途中由于受潮、受热、偷窃、短量、雨淋、生锈、发霉、串味、玷污、渗漏、碰撞、破损、钩损等外来风险所造成的全部或部分损失。

葡萄酒陆上运输保险的责任起讫，明确采用"仓至仓条款"，从葡萄酒运离起运地仓库开始，至运达目的地仓库或最后卸载车站满 60 天为止。这一规定确保了葡萄酒在整个运输过程中的保险覆盖，可以提供全面的保障。

在葡萄酒陆上运输保险中，被保险的葡萄酒经协商还可以加保陆上货物运输保险的附加险，如陆运战争险。陆运战争险是一种专门针对陆上运输过程中可能遇到的战争风险提供的保障，其保障范围包括在火车或汽车运输过程中，发生了战争、类似战争行为、武装冲突等行为或者遇到地雷和炸弹等各种常规武器所导致的损失。

四、投保葡萄酒运输保险注意事项

（一）明确投保需求

根据葡萄酒的价值、运输距离、运输方式等因素，合理确定保险金额和保险种类。

（二）选择信誉良好的保险公司

确保所选保险公司具有稳定的财务状况和良好的理赔记录。

（三）仔细阅读保险合同

了解保险责任、除外责任、理赔流程等关键条款，确保自己的利益得到充分保障。

（四）及时报案

在发生保险事故后，应立即向保险公司报案，并按照保险公司的要求提供必要的证明文件和资料。

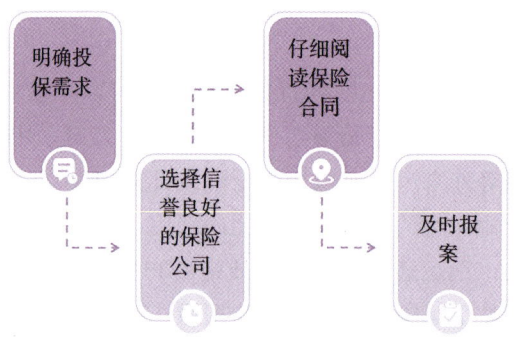

图 6-9　投保葡萄酒运输保险注意事项

五、葡萄酒运输保险索赔

葡萄酒运输保险索赔涉及多个环节和细节，以下是葡萄酒保险索赔时的一些注意事项。

（一）了解保险条款和覆盖范围

在索赔前，务必详细阅读保险合同和条款，了解保险的具体覆盖范围、免责条款、赔偿限额等关键信息。确保索赔事项属于保险责任范围，避免无效索赔。

（二）及时报案和通知

一旦发生保险事故，应立即通知保险公司或保险代理人，并按照保险公司的要求提供必要的报案信息和资料。在报案前，应尽可能保留现场证据，如照片、视频等，以便后续索赔时使用。

（三）准备完整的索赔文件

向保险公司提出索赔要求，需要准备必要的证明文件和材料，包括装箱单据、运输单据、保险单据、检验报告、发票、合同、购货确认书等。

（四）遵循索赔流程和要求

在索赔过程中，应积极配合保险公司的调查工作，提供必要的协助和信息。保险索赔通常有一定的时效性，务必在规定的期限内完成索赔申请和相关手续。与保险公司保持良好的沟通，及时了解索赔进度和结果，如有异议应及时提出。

（五）加强风险管理

应注意加强葡萄酒的质量控制，减少因产品质量问题导致的索赔风险。优化葡萄酒的包装和运输方式，降低在运输过程中的损失风险。建立完善的内部管理机制，增强风险意识和责任意识，减少人为因素导致的索赔风险。

项目总结

葡萄酒国际运输的特点：多式联运、复杂多变、时间性强、标准化要求高、风险较大、国际化信息系统支持。

葡萄酒国际运输方式：液袋运输、铁路运输、海洋运输、航空运输。

海洋运输的优点：运载量大、运费低廉、适应性强、通关能力强。海洋运输的缺点：运输时间长、受气候影响、港口限制、航速低。

班轮运输的特点：固定航线、固定运费、船方负担装卸费用、不规定装卸时间、提单作为证明。班轮运输的优点：稳定性、减少延误风险、便捷性、经济性、服务专业性。班轮运输的费用包括基本运费和附加费。

集装箱的种类包括干货集装箱和冷藏集装箱。葡萄酒集装箱运输的装箱方式包括整箱货和拼箱货。

海运提单是承托人或其代理人签发给托运人的一种书面凭证，证明货物已被接收并允许运至目的地。

航空运输的优点：快速高效、安全性高、适合高档酒。航空运输的缺点：成本较高、物流限制。航空运输的主要方式：班机运输、包机运输、集中托运、航空快递。

航空运单是承托人与托运人之间签订的航空货物运输合同，同时也是货物收据。航空运单包括航空主运单和航空分运单两类。航空运单的作用包括：货物托运凭证、运输合同、运费结算依据、报关与保险、内部业务依据。

国际航空运输注意事项包括：包装、品名、重量与体积、安检与证明、条码与装箱单、要求航班信息等。

葡萄酒进境操作流程包括：准备文件、报检与抽样、报关与缴税、后续流程。

葡萄酒海洋运输保险基本原则：最大诚信原则、补偿性原则、保险利益原则、因果关系限定原则、责任起讫原则、共同海损原则。

葡萄酒海洋运输保险的承保范围包括承保风险、承保损失、承保费用等方面内容。葡萄酒海洋运输保险的险别主要包括基本险、附加险和专门险三类。

葡萄酒航空运输保险包括航空运输一切险和航空运输险。葡萄酒陆上运输保险包括陆运险和陆运一切险。

投保葡萄酒运输保险的注意事项：明确保险需求、选择信誉良好的保险公司、仔细阅读保险合同、及时报案。

葡萄酒运输保险索赔：了解保险条款和覆盖范围、及时报案和通知、准备完整的索赔文件、遵循索赔流程和要求、加强风险管理。

素养提升

进口葡萄酒运输保险业务中的法治观念和法律素养

随着我国经济社会的不断发展，年轻消费者和中产阶级的崛起为葡萄酒消费市场提供了机遇，进口葡萄酒的国际贸易占据了不小的份额，我国与世界各葡萄酒产国之间的贸易往来越来越密切，关系也越来越复杂。由于葡萄酒的进口贸易的数量和金额较大，远距离和长时间的运输均增加了风险性，即使为葡萄酒投保了货物运输保险，但目前国际上还没有统一的货物运输保险法，那么如何限定贸易运输保险过程中各方的权利和义务，使之更加清晰和明确，维护贸易业务的正常进行，就需要我们养成法治观念和法律素养。

法治观念是人们对现行法律和法律制度的基本认识和态度，它是法律意识的重要组成部分，影响着人们的行为选择和价值取向。法律素养是一个人认识和运用法律的综合能力体现，包括法律知识、法律意识、法律观念和用法能力等多方面。

在进口葡萄酒运输保险业务中的法治观念和法律素养是企业合规经营和风险管理的重要保障，应不断加强法律学习和培训，提高业务人员的法律素养和合规意识，以确保业务的稳健进行和企业的可持续发展。

请举例谈谈你对葡萄酒国际运输保险承保范围和保险条款中涉及的法治观念和法律素养方面的理解。

主要术语

葡萄酒国际运输；海洋运输；航空运输；集装箱；托盘；葡萄酒国际运输保险

思考与讨论

1. 如果你在上海的一家葡萄酒销售公司工作,公司正计划从阿根廷进口3万瓶干红葡萄酒,你建议如何选择运输方式,有哪些注意事项?

2. 简述选用班轮运输葡萄酒的特点和优势。

3. 对于葡萄酒运输来说,航空运输主要有哪些方式?简析各方式适合的具体情况。

4. 葡萄酒海洋运输保险的基本原则是什么?包括哪些保险类别?

葡萄酒国际运输与保险:一场葡萄酒的环球之旅

项目七

葡萄酒国际贸易单证与结算

思维导图

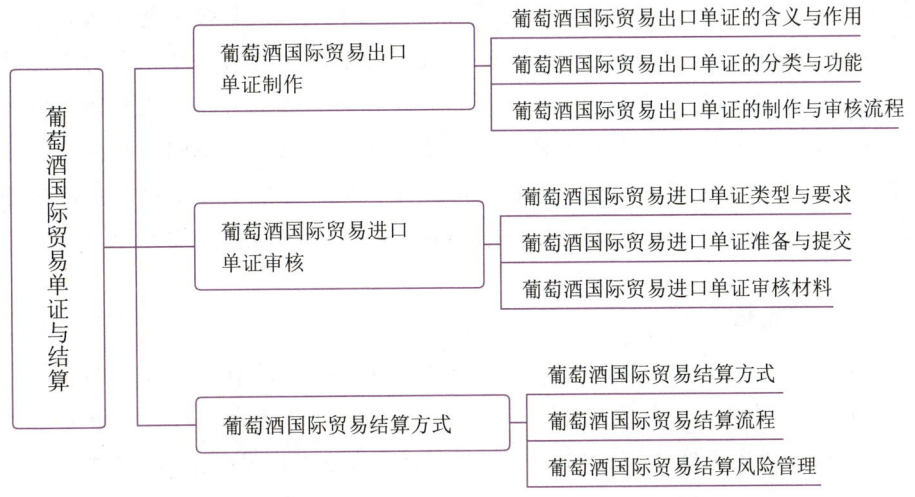

学习目标

知识目标：了解葡萄酒国际贸易单证的定义、作用和分类，掌握葡萄酒国际贸易单证的制作和审核流程，了解葡萄酒国际贸易合同的基本要素，熟悉合同中的争议解决机制，掌握结算中的法律与税务问题。

能力目标：能够独立制作和审核葡萄酒国际贸易单证，掌握国际贸易单证的标准化制作方法，能够识别和解决国际贸易单证和结算中的常见问题，掌握争议解决的方法和技巧。

素质目标：具备良好的沟通、协调能力和创新意识，能够及时掌握行业动态，适应行业发展变化。

任务一 葡萄酒国际贸易出口单证制作

任务情境

小王因优秀的表现,被一家小型葡萄酒酒庄看中,该酒庄首次尝试向欧洲其他国家出口精品葡萄酒。酒庄重金聘请小王负责单证制作,但当葡萄酒到达目的港后,海关在检查单证和葡萄酒时发现了小王误将每瓶葡萄酒的容量单位从"750ml"写成了"700ml"的错误,由于葡萄酒的容量信息对于海关估价和税收计算有一定影响,这个不符点导致葡萄酒被暂扣。进口商不得不与海关进行长时间的沟通和解释,还需要酒庄提供额外的证明文件来证实这只是一个笔误。这不仅耽误了葡萄酒的上市时间,还让酒庄支付了一笔不小的滞港费用。小王在此次国际贸易单证的制作过程中,会得到经验教训吗?

任务分析

从合作关系看,此次事件可能使双方产生矛盾,进口商可能不满,损害彼此信任,影响后续合作意愿与条款,小王的职业生涯也因此面临着不小的挑战。细节决定成败,那我们应该如何准确无误地制作国际贸易单证呢?

一、葡萄酒国际贸易出口单证的含义与作用

(一)葡萄酒国际贸易出口单证的含义

葡萄酒国际贸易单证是指葡萄酒在国际贸易中使用的各种单据、文件、证书等书面资料,用于证明交易双方的权益、义务和责任。它们是葡萄酒国际贸易合同履行的基础,涵盖了葡萄酒从托运和交付到货款的结算和支付等各个环节。葡萄酒国际贸易单证不仅包括信用证、汇票、商业发票等,还包括海关发票、装箱单/重量单、保险单等多种类型。简而言之,葡萄酒国际贸易单证是葡萄酒国际结算中应用的单据、文件与证书,它们是处理葡萄酒国

际交付、运输、保险、商检、结汇等事务的基本工具。

（二）葡萄酒国际贸易出口单证的作用

图7-1　葡萄酒国际贸易出口单证的作用

1. 确保葡萄酒安全、顺利通关

葡萄酒国际贸易单证在葡萄酒国际贸易中扮演着至关重要的角色，主要用于证明葡萄酒的所有权、品质、数量和价格等信息。其主要作用包括以下两项。

（1）确保葡萄酒顺利通关。葡萄酒国际贸易单证是葡萄酒通过海关的重要凭证。葡萄酒商业发票和葡萄酒装箱单等文件是海关清关过程中不可或缺的文件，它们帮助海关官员核对葡萄酒的详细信息，确保进口葡萄酒符合当地法律法规的要求。

（2）葡萄酒运输。葡萄酒商业发票、葡萄酒装箱单和葡萄酒提单等葡萄酒单证是葡萄酒运输过程中的重要文件。它们帮助卖方和物流公司明确葡萄酒的数量、类型、包装等信息，确保葡萄酒能够正确、安全地通关并运达目的地，葡萄酒商业发票和葡萄酒装箱单等葡萄酒单证在海关清关过程中发挥关键作用。

总结来说，葡萄酒国际贸易单证不仅确保了葡萄酒在运输过程中的安全和准确性，还确保了葡萄酒能够顺利通过海关，这些单证在葡萄酒国际贸易中起到了不可或缺的证明和凭证作用。

2. 保障葡萄酒相关企业买卖双方权益

葡萄酒国际贸易单证是买卖双方交割葡萄酒的主要依据和支付货款的唯一依据，它们保障了葡萄酒交易双方的权益。银行在处理葡萄酒国际贸易结算时，需要根据相关的葡萄酒国际贸易单证来确认交易的真实性，并进行相应的付款或收款操作。例如，信用证可以作为银行结算的依据，确保买方按照约定支付货款，卖方收到葡萄酒货款后发货。葡萄酒国际贸易单证不仅可以证明交易双方的权益，还能证明双方责任和义务，避免交易纠纷，提高交易效率。

3. 法律依据和信任桥梁

葡萄酒国际贸易单证是葡萄酒国际贸易中重要的法律依据，也是交易双方沟通和信任的桥梁。它们可以作为法律证据，保障交易双方的利益。例如，信用证可以作为银行结算的依据，而保险单则可以在葡萄酒损失或损坏时作为获得赔偿的依据。

4. 葡萄酒企业经营管理的重要环节

葡萄酒国际贸易单证是国际结算的基本工具，是葡萄酒企业经营管理的重要环节，对葡萄酒企业业务和素质的体现具有重要意义。

5. 国际税务管理依据

海关报关单、进出口许可证等葡萄酒单证可以作为海关和税务机关征收关税和其他税费的依据。例如，进口报关单可以记录进口葡萄酒的详细信息，确保海关能够准确征收关税。

6. 促进葡萄酒国际贸易发展

通过正确使用葡萄酒国际贸易单证，可以提高葡萄酒交易效率，促进葡萄酒国际贸易的发展。国际的葡萄酒买卖无论是对外合同的履行还是对内各环节、各部门的衔接，无论是葡萄酒的托运和交付还是葡萄酒货款的结算和支付，每个环节都要编制相应的单据，以满足葡萄酒企业、运输、保险等各方面的需求。

通过应用这些葡萄酒单证，葡萄酒国际贸易活动可以得到有效的管理和保障，确保交易的透明度、安全性和法律合规性。无论是进口、出口还是结算，葡萄酒国际贸易单证都是不可或缺的重要工具。

二、葡萄酒国际贸易出口单证的分类与功能

葡萄酒国际贸易单证是葡萄酒国际贸易中用于处理葡萄酒交付、运输、保险、结算等环节的各种单据和文件，它可以按照不同的标准进行分类，并且每种单证都有其特定的功能。

（一）葡萄酒国际贸易出口单证的分类

1. 按贸易环节分类

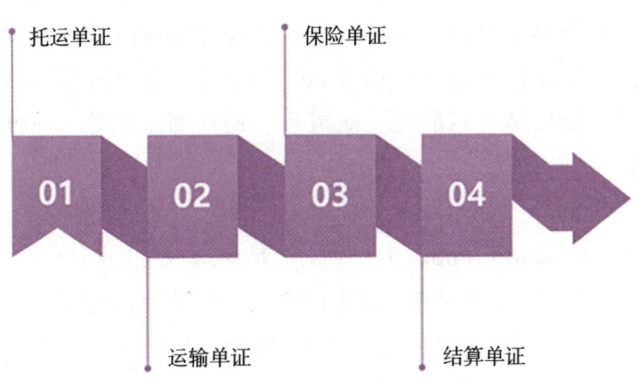

图 7-2　葡萄酒国际贸易出口单证的分类（按贸易环节分类）

（1）托运单证

①订舱单（Booking Note，B/N）。订舱单是发货人向船公司或其代理人（货代）申请订舱的单证。它包含葡萄酒的基本信息，如葡萄酒名称、数量、包装形式、装卸港等内容。例如，葡萄酒企业要将一批葡萄酒运往欧洲，就需要填写订舱单，向船公司预订合适的舱位来运输这批葡萄酒。

②装箱单（Packing List，P/L）。装箱单详细记载了葡萄酒的包装情况，包括每件葡萄酒包装的编号、包装材料、包装尺寸、毛重、净重等信息。对于进口商来说，装箱单有助于其了解葡萄酒的具体包装细节，方便卸货、入库和销售。比如，在进口一批葡萄酒时，通过装箱单可以清楚地知道每个纸箱中装了多少件葡萄酒，纸箱的尺寸大小等信息，以便合理安排仓库存储空间。

（2）运输单证

①提单（Bill of Lading，B/L）。这是最重要的葡萄酒运输单证之一，是承运人（船公司）或其代理人签发给托运人的葡萄酒收据，表明葡萄酒已装船或已接收监管。同时，它也是承运人和托运人之间运输合同的证明，以及葡萄酒所有权的凭证。在葡萄酒国际贸易中，葡萄酒提单可以通过背书转让，持有葡萄酒提单的人有权在目的港提取葡萄酒。例如，在 CIF（成本、保险费加运费）或 FOB（船上交货）贸易术语下，卖方将葡萄酒提单交给买方后，买方就可以凭葡萄酒提单在目的港提货。葡萄酒提单主要分为已装船提单（Shipped on Board B/L）和备运提单（Received for Shipment B/L），已装船提

单表明葡萄酒已实际装上指定船舶，备运提单只是表明承运人已接收葡萄酒，等待装船。

②运单（Waybill）。它是由承运人签发的葡萄酒运输单据，和提单不同的是，运单一般不具有物权凭证的功能。在葡萄酒国际铁路运输和航空运输中广泛使用，如国际航空运单（Air Waybill），它主要用于记录葡萄酒运输的基本信息，包括始发地、目的地、航班号、葡萄酒重量等，方便葡萄酒的运输和交接。

（3）保险单证

①保险单（Insurance Policy）。保险单是保险人（保险公司）与被保险人（投保人）之间订立保险合同的正式书面凭证。它详细规定了保险的条款，包括保险金额、保险费率、保险责任范围、理赔条件等内容。如果葡萄酒在运输过程中发生了保险责任范围内的损失，如因海上风暴导致葡萄酒受损，被保险人（买方）就可以凭保险单向保险公司索赔。

②保险凭证（Insurance Certificate）。它是一种简化的保险证明，具有和保险单类似的效力，但内容相对简单，通常不含保险条款。在实际葡萄酒业务中，有些情况下也可以作为保险的有效凭证来使用。

（4）结算单证

①发票（Invoice）。葡萄酒商业发票（Commercial Invoice）是卖方开给买方的售货凭证，它详细记载了葡萄酒的名称、规格、数量、单价、总价等内容。它是买卖双方记账的依据，也是进口商报关纳税的重要凭证。例如，在进口一批葡萄酒时，海关会根据商业发票上的价格来计算进口关税和增值税。另外还有形式发票（Proforma Invoice），它主要用于报价、签约或申请进口许可证等前期葡萄酒贸易活动，其格式和内容与商业发票相似，但不是正式的结算单据。

②汇票（Bill of Exchange）。它是一种由出票人签发，委托付款人在见票时或者在指定日期无条件支付确定的金额给收款人或者持票人的票据。在国际贸易结算中，通常用于货款的支付。

2. 按单证性质分类

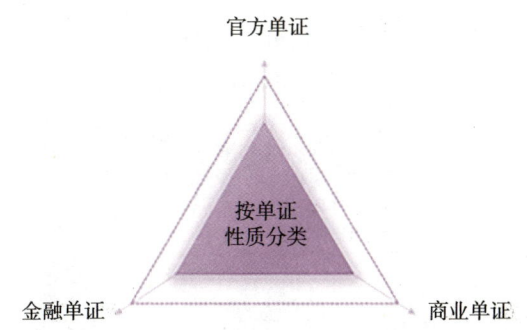

图 7-3　葡萄酒国际贸易出口单证的分类（按单证性质分类）

（1）金融单证

金融单证主要包括汇票、本票、支票等票据。这些单证主要用于资金的支付和结算，具有很强的金融属性。例如，支票是由出票人签发，委托办理支票存款业务的银行或者其他金融机构在见票时无条件支付确定的金额给收款人或者持票人的票据。在国内贸易结算中，支票的使用较为广泛。

（2）商业单证

商业单证包括商业发票、装箱单、提单等。这些单证主要用于记录和证明商业交易中的葡萄酒信息、运输情况等，是商业活动的重要凭证。商业单证和金融单证紧密配合，共同完成国际贸易的交易过程。例如，商业发票作为葡萄酒价格的证明，与汇票一起通过银行交单，实现货款的结算和葡萄酒所有权的转移。

（3）官方单证

官方单证包括葡萄酒进出口许可证、原产地证书、检验检疫证书等。这些单证是由政府部门或其授权机构签发的，具有法定的权威性。例如，原产地证书（Certificate of Origin）用于证明葡萄酒的原产地，在享受关税优惠待遇、反倾销调查等方面具有重要作用。如果进口国对某些国家的产品有特殊的关税减免政策，进口商必须提供原产地证书才能享受该优惠。

（二）葡萄酒国际贸易出口单证的功能

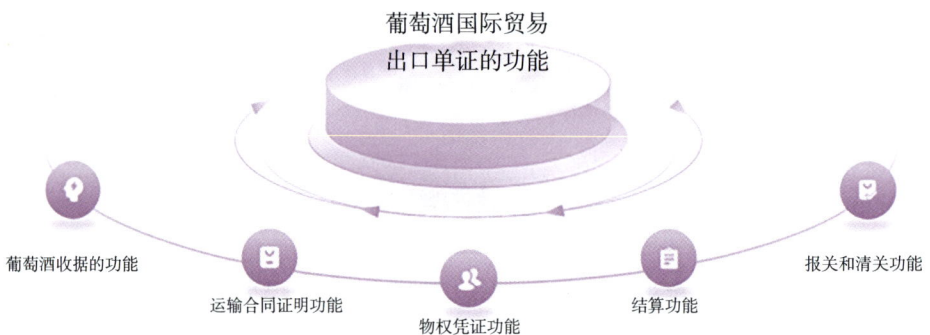

图 7-4　葡萄酒国际贸易出口单证的功能

1. 葡萄酒收据的功能

（1）证明葡萄酒已交付。对于托运人来说，运输单证（如提单、运单）是承运人接收葡萄酒的收据。

（2）核对葡萄酒信息。装箱单等单证详细记录了葡萄酒的包装和数量等信息。

2. 运输合同证明功能

（1）明确运输责任和义务。提单等运输单证是承运人和托运人之间运输合同的证明。单证上规定了双方的权利和义务，如承运人有义务按照约定的航线、时间将葡萄酒安全运抵目的港，托运人有义务支付运费等。如果承运人未按照合同约定运输葡萄酒，如船舶偏离航线导致葡萄酒延迟交付，托运人可以根据提单的条款要求承运人承担责任。

（2）保障运输权益。对于收货人来说，运输单证也是保障其权益的重要文件。当葡萄酒到达目的港后，收货人可以凭借合法的运输单证（如提单）要求承运人交付。如果承运人无正当理由拒绝交付，收货人可以通过法律途径维护自己的权益。

3. 物权凭证功能

（1）葡萄酒所有权转移。提单是葡萄酒所有权的凭证，在葡萄酒国际贸易中可以通过背书转让。例如，在信用证结算方式下，卖方（托运人）将提单背书转让给银行，银行再根据信用证的规定将提单转让给买方，从而实现葡萄酒所有权从卖方到买方的转移。这种物权凭证功能使得葡萄酒在运输过程中可以方便地进行交易，提高了葡萄酒的流动性。

（2）提货依据。持有提单的人有权在目的港提取货物。这就保证了只有合法的提单持有人才能提货，防止葡萄酒被非法提取。例如，在葡萄酒到达目的港后，收货人必须向承运人出示正本提单，经承运人核对无误后，才能提取货物。

4. 结算功能

（1）货款支付依据。发票是买卖双方结算货款的重要依据。商业发票详细记录了葡萄酒的价格、数量等信息，买方根据发票上的金额向卖方支付货款。例如，信用证规定葡萄酒单价为 10 美元/件，数量为 1000 件，那么发票上的单价和数量必须与之相符，银行才会受理付款。

（2）银行结算工具。汇票是国际贸易中常用的银行结算工具。通过汇票的出票、背书、承兑和付款等环节，实现货款在不同银行之间的流转。

5. 报关和清关功能

（1）进口报关依据。葡萄酒商业发票、提单、装箱单等单证是进口商在目的港报关的重要依据。海关通过审核这些单证来确定葡萄酒的价值、数量、原产地等信息，从而计算进口关税和其他税费。同时，提单和装箱单可以帮助海关核实葡萄酒的实际数量和包装情况，防止走私等违法行为。

（2）出口清关凭证。对于出口商来说，同样需要提供各种单证来完成出口清关手续。如原产地证书可以帮助出口商享受某些进口国给予的关税优惠待遇，检验检疫证书可以证明葡萄酒符合相关的质量和卫生标准，顺利通过出口国海关的检验。

三、葡萄酒国际贸易出口单证的制作与审核流程

（一）葡萄酒国际贸易出口单证的制作流程

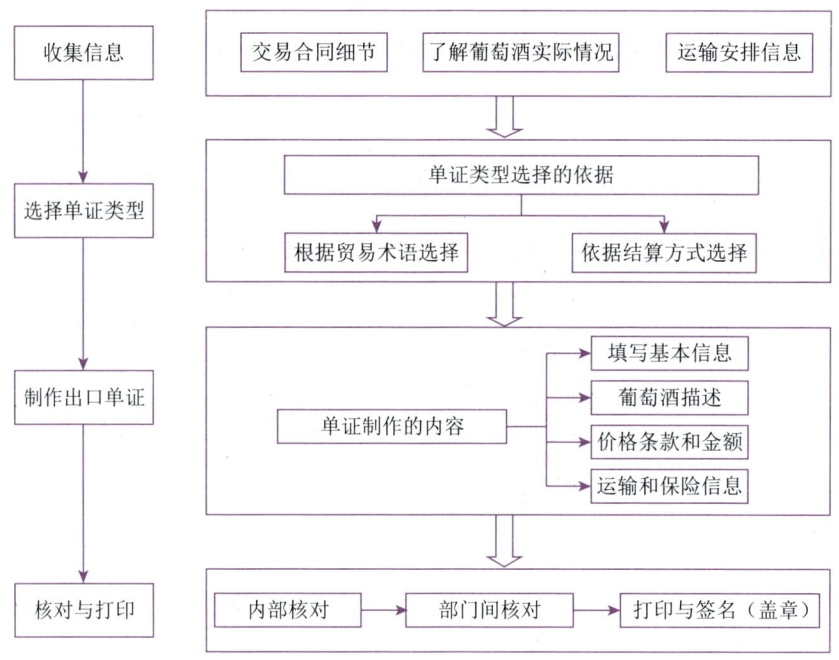

图 7-5　葡萄酒国际贸易出口单证的制作流程

1. 收集信息

（1）交易合同细节。葡萄酒国际贸易单证制作首先要依据交易合同。合同中包含了买卖双方就葡萄酒的名称、规格、数量、价格、交货期、付款方式等关键条款达成的协议。这些细节都是制作葡萄酒国际贸易单证的基础，单证中的相应内容必须与合同保持一致。

（2）葡萄酒实际情况。了解葡萄酒的实际情况对于制作准确的单证至关重要。这包括葡萄酒的包装细节、重量、体积等信息。通过实地查看葡萄酒或者从仓库管理系统获取数据，确定装箱单的内容。

（3）运输安排信息。与运输公司沟通后，获取运输相关的详细信息，如船名、航次、提单号、预计开航日期和预计到达日期等。这些信息将用于制作葡萄酒提单和运单等运输单证。

2. 选择单证类型

（1）根据贸易术语选择。不同的贸易术语（如 FOB、CIF、CFR 等）规定了买卖双方在葡萄酒交付、运输、保险等方面的责任划分，也影响着单证的制作。在 CIF 术语下，卖方需要制作保险单，因为卖方负责办理葡萄酒运输保险；而在 FOB 术语下，保险由买方负责安排，卖方一般不需要制作保险单。

（2）依据结算方式选择。结算方式（如信用证、托收、汇款等）也决定了单证的类型和内容。如果采用信用证结算，卖方必须严格按照信用证的要求制作单证，包括发票、汇票、提单等，确保单证的内容与信用证条款完全相符。例如，信用证规定发票上要显示葡萄酒的详细规格和原产地信息，卖方在制作发票时就必须准确无误地填写这些内容，否则银行可能会拒付货款。对于托收结算方式，虽然要求相对宽松一些，但也需要提供符合合同和进口商要求的单证，如商业发票、提单等，以便顺利收取货款。

3. 制作出口单证

（1）填写基本信息。葡萄酒国际贸易单证一般都有固定的格式，首先要填写的是基本信息，如单证编号、日期、买卖双方的名称和地址、运输方式等。

（2）葡萄酒描述。详细准确地描述葡萄酒是单证制作的关键部分。包括葡萄酒的名称、规格、数量、包装等内容。这些信息必须与合同和实际葡萄酒相符，避免出现葡萄酒描述不一致导致的贸易纠纷。

（3）价格条款和金额。在单证中要明确价格条款（如 FOB 价、CIF 价等）和金额。对于商业发票，要按照合同规定的价格计算方式填写单价和总价。如果涉及多种葡萄酒，要分别计算每种葡萄酒的价格并汇总得出总金额。同时，价格的货币单位也要明确，如美元、欧元等，且要与合同一致。

（4）运输和保险信息。对于运输单证，要填写运输工具的名称（如船名、航班号）、起运港和目的港、预计开航日期和到达日期等。在保险单证中，要注明保险金额、保险费率、保险责任范围等内容。

4. 核对与打印

（1）内部核对。单证制作完成后，制作人员要进行内部核对。检查单证的内容是否完整，是否有遗漏或错误的信息。重点核对葡萄酒描述、价格金额、运输和保险信息等关键部分是否与合同和实际情况相符。

（2）部门间核对。在一些大型企业中，单证制作可能涉及多个部门。例如，销售部门提供合同信息，仓库部门提供葡萄酒包装和数量信息，运输部门提供运输细节。在这种情况下，需要进行部门间的核对。各部门要对涉及自己业务范围的单证内容进行审核，确保信息的准确性和一致性。如仓库部门要核对装箱单上的葡萄酒包装和数量是否与实际发货情况一致，运输部门要检查提单上的运输安排是否符合公司的运输计划。

（3）打印与签名（盖章）。经过核对无误后的单证可以进行打印。打印时要确保单证的格式规范，字迹清晰。有些单证需要签名或盖章才能生效。例如，商业发票通常需要卖方加盖公司公章或业务专用章，并由授权人员签名；提单需要承运人或其代理人盖章签字。

（二）葡萄酒国际贸易单证的审核流程

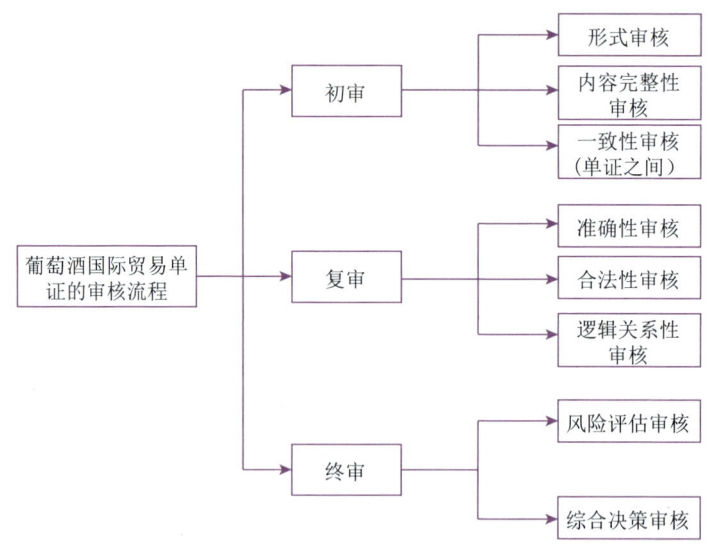

图 7-6　葡萄酒国际贸易单证审核流程

1. 初审

（1）形式审核。主要审核单证的格式是否符合要求。检查单证是否为规定的格式，是否有遗漏的必填项目；同时，还要检查单证的排版是否整齐，字体是否清晰可读等外观方面的内容。

（2）内容完整性审核。审核单证内容是否完整，包括葡萄酒的详细信息、运输安排、价格条款等是否都有明确的表述；在审核保险单时，要查看是否有保险金额、保险费率、保险责任范围、理赔条件等完整的保险内容。确保单证内容完整是避免贸易纠纷的重要环节。

（3）一致性审核（单证之间）。审核不同单证之间的一致性。主要包括商业发票、装箱单、提单、保险单等之间的内容是否相互匹配；如果单证之间存在不一致的情况，可能会导致葡萄酒无法顺利交付、结算或理赔等问题。

2. 复审

（1）准确性审核（细节）。复审时要更加注重细节的准确性。对葡萄酒的名称、规格、价格等关键信息进行精确审核。例如，审核商业发票上葡萄酒的规格时，要对照合同和产品标准，检查是否有细微的错误；对于价格信息，要检查计算是否正确，包括单价、总价、运费、保险费等的计算是否符合合同约定和贸易惯例。

（2）合法性审核。检查单证是否符合相关法律法规和贸易惯例。例如，某些国家对进口葡萄酒的原产地证书有特定的格式和认证要求，审核时要检查原产地证书是否符合进口国的规定，否则葡萄酒可能会被拒绝进口。同时，还要审核单证是否存在违反贸易制裁、禁运等规定的情况。如在涉及对某些国家或地区的贸易限制时，要确保交易单证不存在违反相关限制措施的内容。

（3）逻辑关系性审核（单证内部和之间）。审核单证内部和单证之间的逻辑关系是否合理。在单证内部，保险单的保险责任范围和理赔条件之间应该有合理的逻辑联系，不能出现矛盾的情况。

3. 终审

（1）风险评估审核。在终审阶段，要对整个贸易过程中的单证风险进行评估。考虑单证中的潜在风险因素，如单证的真实性风险（是否存在伪造单证的可能）、单证不符风险（可能导致银行拒付或进口商拒收葡萄酒），运输风险（单证中的运输安排是否合理、是否可能导致葡萄酒延迟或损坏）等。例如，如果提单的起运港和目的港信息与实际运输路线不符，可能存在葡萄酒被错误运输的风险；如果保险单的保险责任范围过窄，可能无法有效保障葡萄酒在运输过程中的损失。

（2）综合决策审核。根据前面初审和复审的结果，以及风险评估的情况，做出综合决策。如果单证存在一些小的问题，可以要求制作人员进行修改后重新审核；如果单证存在严重的不符点或高风险因素，可能需要暂停交易或采取其他风险防范措施。

任务二 葡萄酒国际贸易进口单证审核

📋 任务情境

小王为了弥补自己给企业带来的损失,努力学习进口单证的制作和出口单证的审核,在一次偶然的机会中,发现公司从智利进口一批有机葡萄酒的单证在有机认证证书上存在一些不符合国内进口标准的细节问题。小王一方面要求进口商提供更符合要求的认证文件;另一方面与国内相关部门协商解决方案,最后在规定时间内完成了进口,从而保障了市场销售计划顺利执行。

📋 任务分析

由于进口商在单证审核环节的疏忽,差点导致企业重大的损失,因此单证审核工作必须细致、严谨,充分了解国内外标准差异,以避免类似问题带来的高昂代价。小王没有因为之前的过失而气馁,而是努力学习,掌握相关知识,为公司挽回了损失。那么,我们在葡萄酒国际贸易进出口单证审核中应该怎么做呢?

葡萄酒进口流程中,单证管理是确保贸易合规性和效率的关键。进口商在与葡萄酒生产商或供应商达成协议后,需准备一系列单证,以满足海关、检验检疫和监管机构的要求。这些单证不仅证明了葡萄酒的合法来源,还确保了其符合安全与卫生标准,是进口流程中不可或缺的组成部分。

一、葡萄酒国际贸易进口单证类型与要求

在葡萄酒进口过程中,主要涉及的单证包括但不限于以下各项。

(1)营业执照副本。进口商需提供,以证明其具有酒类经营权。

(2)标签备案申请书。每种型号的葡萄酒需提供一式三份的样本,由委托人盖公章。

(3)合同/信用证。详细记录交易细节,包括商品描述、价格、支付条

款等。

（4）发票。反映交易金额，是结算的依据。

（5）装箱单。记录葡萄酒的包装、数量和规格，便于清点和运输。

（6）提单。证明葡萄酒所有权，是运输和收货的凭证。

（7）卫生检疫证书。证明葡萄酒符合安全与卫生标准，是清关的必要文件。

（8）原产地证书。证明葡萄酒的生产地，对于关税计算和贸易协议遵守至关重要。

二、葡萄酒国际贸易进口单证准备与提交

进口商在准备葡萄酒单证时，应确保所提交信息的真实性和准确性，避免因单证问题导致的通关延误或罚款。具体步骤包括以下各项。

（1）确保经营范围。进口商应检查营业执照，确认经营范围包括酒类进口权。

（2）样本备案。将每种型号葡萄酒的标签样本提交至相关部门备案。

（3）合同与信用证制作。明确交易条款，确保与供应商达成一致。

（4）发票与装箱单核对。检查商品信息与实际葡萄酒是否相符。

（5）获取原产地证书与卫生检疫证书。从供应商或出口国相关部门获取，确保其真实有效。

三、葡萄酒国际贸易进口单证审核材料

通常来说，出口方将葡萄酒装上运输船后，就会向进口方提供全套单据，因此对于单据的审核必须非常仔细谨慎。

（一）分析证书（Certifcate of Analysis）

分析证书是出口方将葡萄酒样品提交至官方授权实验室检测后，由该实验室出具的包含样品理化指标的专业文件。它是证明该批次葡萄酒符合质量标准的关键凭证，也是进口报关环节所需的必备单据。不同国家或地区实验室检测的参数有可能不同，但葡萄酒分析证书通常包含以下内容。

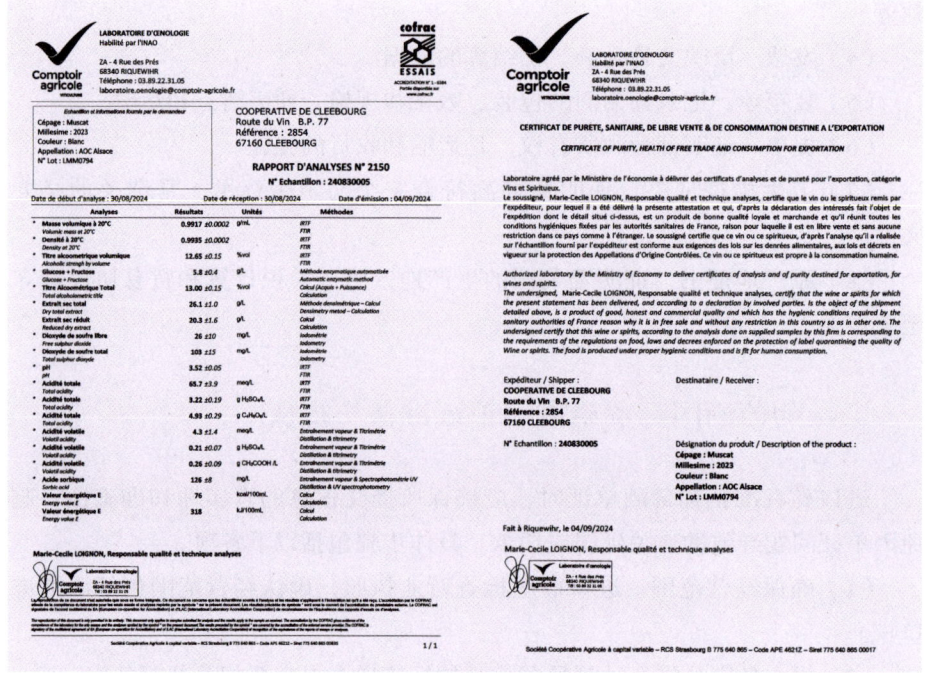

图 7-7　葡萄酒分析证书

（1）出具证书的实验室及其相关信息。

（2）送检人信息。

（3）送检产品信息。

（4）酒精含量。

（5）pH 值。

（6）还原性糖和总糖量（葡萄糖 + 果糖）。

（7）挥发酸、山梨酸及总酸含量。

（8）二氧化硫含量（游离二氧化硫 + 总二氧化硫）。

（9）干浸出物总量。

（10）密度。

（11）出具人签章。

（二）原产地证明（Certifcate of Origin）

原产地证明是由出口国相关主管部门签发的用以证明商品原产国的官方文件。它如同葡萄酒的"经济身份证"，进口国海关据此核定税率待遇、开展贸易统计，并实施数量管控（如配额管理、许可证制度）及进口调控（如征收反倾销税、反补贴税）。葡萄酒的原产地证明即原产地证，通常包含以下内容。

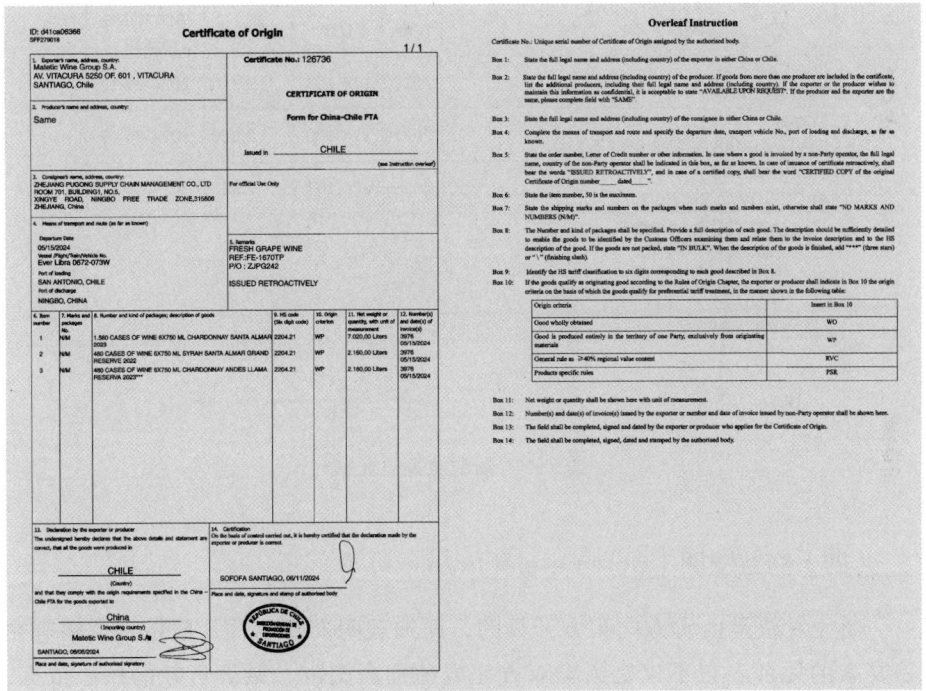

图 7-8　葡萄酒原产地证明

（1）出口方信息。

（2）收货方/买方信息。

（3）原产地国别。

（4）运输信息。

（5）该批葡萄酒产品信息。

（6）出具方信息及签章。

（三）葡萄酒装瓶证书（Bottling Statement）

葡萄酒装瓶证书由灌装企业出具，它是葡萄酒生产日期的参考依据。装瓶证书上通常包含生产厂家信息，该批葡萄酒的产品信息（如酒款名、类型、年份、生产批号、数量等），灌装日期，出具人签章和开具证书的日期。

```
                    MATETIC WINE GROUP S.A.
                       Av. Vitacura 5250
                    oficina 601, Santiago, Chile

                      BOTTLING STATEMENT
        ZHEJIANG PUGONG SUPPLY CHAIN MANAGEMENT CO., LTD
```

VARIETY	YEAR	LOT	BOTTLES	BOTTLING DATE
CHARDONNAY SANTA ALMAR	2023	L24-103	9.360	2024-04-12
SYRAH SANTA ALMAR GRAND RESERVE	2022	L24-100	2.880	2024-04-09
CHARDONNAY ANDES LLAMA RESERVA	2023	L24-103	2.880	2024-04-12

```
MATETIC WINE GROUP
Rut: 76.089.233-5
p. Foreign Trade & Logistic Dept.
Matetic Wine Group S.A.
FE-1670TP
P/O : ZJPG242
```

图 7-9　葡萄酒装瓶证书

（四）商业发票（Commercial Invoice）

商业发票是由卖方向买方开具的，详细载明商品名称、数量、价格等交易要素的凭证。它不仅是买卖双方完成葡萄酒交割、结算货款的核心依据，也是进口国海关计征关税的重要凭据。当交易产生纠纷时，商业发票还可作为双方进行索赔的有力证据。作为全面记录交易信息的关键文件，商业发票是进口方办理报关手续时不可或缺的必备单据。

商业发票通常包含以下内容。

（1）出具方信息。

（2）买方信息。

（3）发票序号。

（4）开票日期。

（5）价格条款和支付条件。

（6）报价单和/或合同序号。

（7）商品信息（酒款名、酒款等级、类型、包装信息、单价、数量、总价等）。

（8）收款账户信息。

（9）出具方签章。

（10）需要体现在发票中的其他信息。

Matetic VINEYARDS

Matetic Wine Group S.A.

CULTIVO DE UVA DESTINADA A PRODUCCION DE VINO
VENTA AL POR MAYOR DE MATERIAS PRIMAS AGRICOLAS
MAYORISTAS DE VINOS Y BEBIDAS ALCOHOLICAS Y DE FANTASIA
ELABORACIÓN DE VINOS

Casa Matriz: Avda Vitacura 5250, oficina 601 Vitacura /Santiago / Chile
Phone +56226111501　info@matetic.com
Sucursal: Fundo El Rosario S/N,Comuna de Cartagena
Sucursal: Miravalle Los Lingues #S/N Lote 1 B Comuna San Fernando
Ciudad San Fernando Region De Ohiggins
www.matetic.com

R.U.T.:　76.089.233-5

FACTURA DE EXPORTACIÓN ELECTRÓNICA

N°　3957

S.I.I. - SANTIAGO ORIENTE

CLIENTE Customer	: ZHEJIANG PUGONG SUPPLY CHAIN MANAGEMENT CO., LTD	FECHA Date	: 24/04/2024
DIRECCION Address	ROOM 701, BUILDING1, NO.5, XINGYE ROAD, NINGBO FREE TRADE ZONE 315806 ZHEJIANG, CHINA	NUMERO EMBARQUE Number Shipment	: FE-1655TP
B / L	: BQEGCLS403745	MODALIDAD DE VENTA Sales Conditions	: 30% PREPAID, 70% AGAINST B/L
NAVE Vessel	: CSCL Mars 077W	VENCIMIENTO Maturity	: 2024-04-24
PUERTO DE EMBARQUE Port of Shipment	: SAN ANTONIO	CLAUSULA DE VENTA Clause of Sale	: FOB
		DESTINO Destination	: NINGBO

CANTIDAD Quantity	UM	DESCRIPCION DE LA MERCADERIA Description of Merchandise	Precio Unitario Unit Price	TOTAL
1.344,00	6x750	CABERNET SAUVIGNON & MERLOT SANTA ALMAR 2023		
1.200,00	6x750	SYRAH SANTA ALMAR GRAND RESERVE 2022		
504,00	6x750	CARMENERE JADE 2023		
		P/O : ZJPG241		

3.048 CASES OF WINE 6x750ML ON 21 AMERICAN-PALLETS

Matetic Bank Details
Beneficiary : Matetic Wine Group S.A.
Name of Bank : ITAU CORPBANCA NEW YORK BRANCH
Account Number : 3010951
SWIFT Code : CONBUS33
Addresss : 885 Third Av, 33 Floor NY, NY 10022 USA

Timbre Electrónico SII
Res. N° 45 de 2014 Verifique documento:www.sii.cl

Total FOB	US$

MATETIC WINE GROUP
Rut: 76.089.233-5
p. Foreign Trade & Logistic Dept.
Matetic Wine Group S.A.

图 7–10　葡萄酒商业发票

（五）熏蒸消毒证明（Treatment Certificate）

各国基于保护本国生态环境的考虑，针对进口商品实施强制性检疫制度。木制品的熏蒸消毒证明作为防范本国森林资源遭受病虫害侵害的必要举措，要求所有出口商品，凡涉及木制品均须进行除害处理。熏蒸作为除害处理手段之一，主要适用于木质产品，以及包装、铺垫、支撑、加固葡萄酒的材料。在葡萄酒国际贸易领域，主要对木制托盘、木箱及木制酒标开展熏蒸作业。该证明由具备资质的专业熏蒸消毒机构出具，其上详细注明熏蒸消毒的具体方式与操作方法。

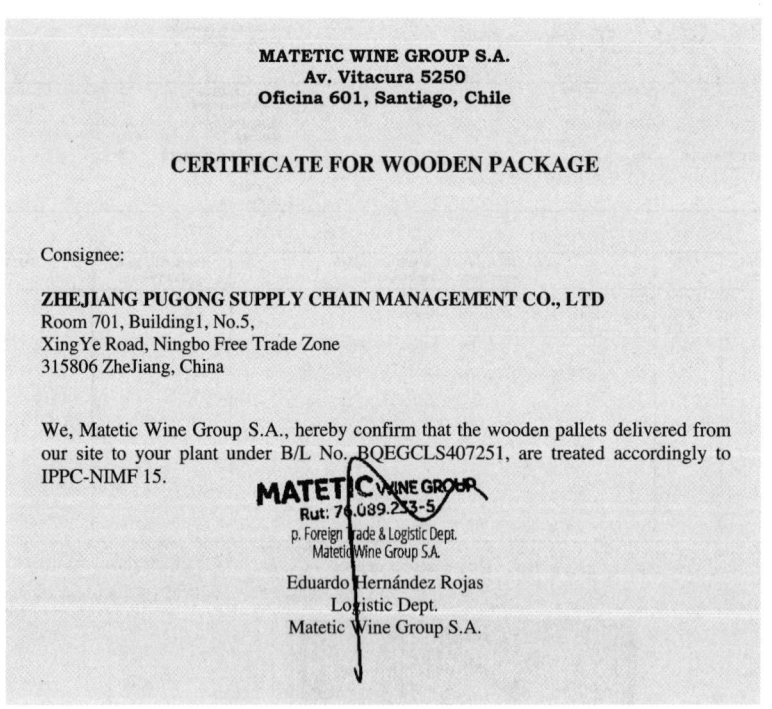

图 7-11　葡萄酒熏蒸消毒证明

（六）装箱清单（Packing List）

装箱清单由出口方出具，它列明了合同中买卖双方约定的有关包装的详细信息，有利于进口国海关的查验和收货方对于葡萄酒的核对。葡萄酒装箱清单通常包含以下内容。

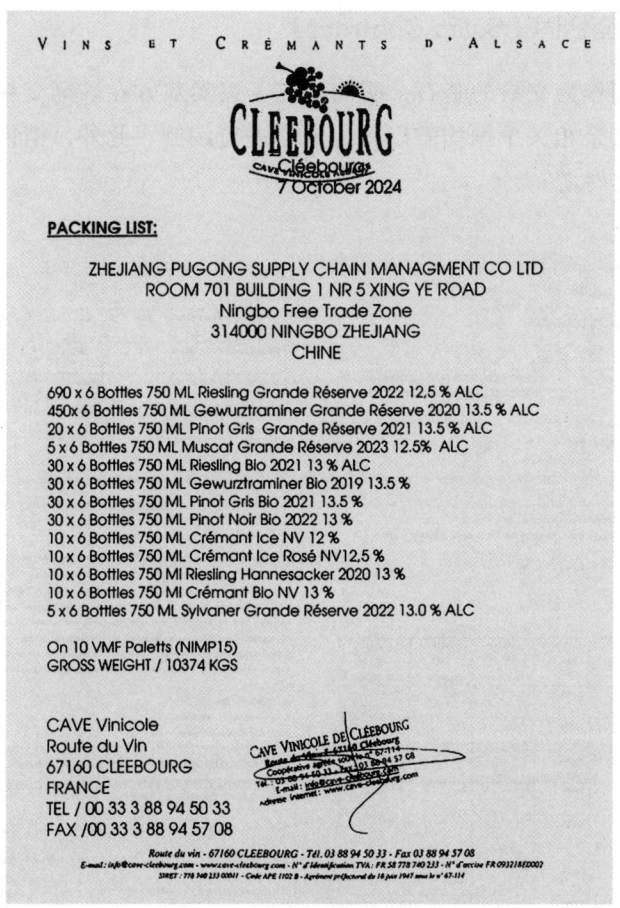

图 7-12　葡萄酒装箱清单

（1）发货方信息。

（2）收货方信息。

（3）商业发票/合同序号。

（4）葡萄酒信息（商品名称、葡萄酒箱数、包装信息、年份、净重和毛重等信息）。

（5）运输信息（装货地、发船日期、船舶信息）。

（6）开具日期。

（7）开具方签章。

（七）销售合同（Sales Contract）

销售合同作为交易的基石，明确规定了买卖双方在该笔交易中的全部权利与义务，其余相关单据均需以此为依据进行编制。此外，销售合同副本亦属报关必备文件之一。

购销合同
SALES CONTRACT

合同号 CONTRACT NO DV000046-06
签约日期 SIGNED DATE 2024/10/7

卖方 SELLER: CAVE VINICOLE CLEEBOURG
ADDRESS: Route du Vin 67160 CLEEBOURG (France)
TEL: +33 3 88 94 50 33
FAX: 0388945708

买方 BUYER: Zhejiang PuGong Supply Chain Management Co., Ltd
ADDRESS: Room 701, Building, No.5, XingYe Road, Ningbo Free Trade Zone, Zhejiang Province China
Post Code: 314000

1. 商品 Commodity&Specification

序号 Item	货物名称 Product Description	年份 Vintage	规格 Specific	单价（欧元）Unit (Euro)	数量（瓶）Qty (Bottles)	总额（欧元）Total (Euro)
White Wine	Riesling GR AOC ALSACE	2022	750ML	-	4140	*****
White Wine	Gewurztr GR AOC ALSACE	2020	750ML	***	2700	*****
White Wine	Pinot Gris GR AOC ALSACE	2021	750ML	**	120	*****
White Wine	Muscat GR AOC ALSACE	2023	750ML	***	30	*****
White Wine	RIESLING HANNEACKER AOC ALSACE	2020	750ML	***	60	*****
White Wine	SYLVANER GR AOC ALSACE	2022	750ML	***	30	*****
White Wine	CREMANT ICE BY CLEEBOURG	NV	750ML	***	60	*****
ROSE Wine	CREMANT ICE ROSE	NV	750ML	***	60	*****
White Wine	RIESLING BIO	2021	750 ML	*	180	*****
White Wine	GEWURZTRAMINER BIO	2019	750ML	***	180	*****
White Wine	PINOT GRIS BIO	2021	750ML	***	180	*****
White Wine	CREMANT BIO	NV	750 ML		60	*****
Rosé Wine	PINOT NOIR BIO	2022	750ML	***	180	*****
Total					7980	*****
				PAYMENT 50 %	25/11/2024	*****
				PAYMENT 50 %	08/10/2025	*****

买方必须严格遵守卖方要求的线上及经销商最低售价，并配合控制其经销商及客户的最低线上售价。如发现未按遵守并导致破坏卖方品牌及公司形象，造成其在中国市场的负面影响，卖方有权通过法律途径要求买方进行赔偿，如需要，可收回卖方现有库存并停止向其继续出售葡萄酒。

The buyer must strictly abide by the seller's minimum online price and the minimum distributor's price and cooperate with the buyer to control their distributor's and customers' minimum online price. In case of a non-respect of the pricing system,because it will damage a lot our brand image and company image in PRC market and can have negative consequences,the seller reserves the right to claim compensation by law at court and can recover the buyer's existing stock if needed and stop selling the wines to them.

2. 交货条件：EXW 出厂价
2. Terms of delivery: EX-Works
3. 付款方式 Payment terms：

Payment Terms:
欧元预付欧元在货物到港前，买方向卖方支付，卖方确认收到全部款项后，向买方交付清关文件。
euros prepayment TT in advance, euros against documents.

Bank information of the seller (卖方银行信息):

Bank name (银行名称)：Crédit Agricole Alsace Vosges
Bank Address (银行行号)：13 Rue nationale, 67160 WISSEMBOURG (France)
Bank Account (开户行)：17206 00070
Account Number (账号)：17206 00070 52000079010 91
IBAN (国际银行账号)：FR76 1720 6000 7052 0000 7901 091

BIC/SWIFT Code（银行代码）： AGRIFRPP872

4. 卖方需在出货后，将以下资料以空运快递形式邮寄给买方：
4 THE SELLER should send the following document to THE BUYER by express mail after delivery
（1）商业发票原件三份
（1）Original commercial invoice with contract number in three original
（2）商业部签发的原产地证明原件一式两份，一份原件，一份复印件
（2）Original Certificate of Origin in 1 original and 1 copy issued by chamber of commerce
（3）成分分析报告
（3）Analysis Report and Purity Certificate issued by an Official French Laboratory
（4）检验报告、卖方自由销售证明
（4）Sanitary Certificate &Certificate of Authorization for sales
（5）正标+背标原件 5 套
（5）front label and back label in 5 sets
（6）装箱单原件（毛重+瓶重+箱重，不包括纸箱；净重=酒重），如柜里有任何叉板和
木质包装，原件其数量，且所有木质包装上部需标明 NIMP 的国际标识。
（6）Original Packing List（gross weight=wine+bottles+cases,not include dry weight of container;Net weight=wine）, if the container has pallets and/or any wooden packages, number of pallets should be indicated on arriving container and the pallet and/or wooden packages should be marked with the international identification code"NIMP".
（7）熏蒸报告（如果是木箱包装）
（7）Fumigation report   (if the wines are in wooden cartons)
（8）提供酒的装瓶日期
（8）Certificate of Bottling

5. 装船通知
5 Shipping advice
一旦装载完毕，卖方应在 48 小时内以电子邮件方式向买方发出装船通知，内容包括买方合同编号、品名、已发运数量、发票总金额、净重、毛重、船名及启程日期等。
The Seller shall, immediately upon the completion of the loading of the goods, advise the Buyer of the Contract No., names of commodity, loading quantity, invoice values, net weight, gross weight, name of vessel and shipment date by E-mail within 48 hours.

6. 检验
6 Inspection
发货前，制造工厂对货物的质量、规格、性能和数量作精密全面的检验，出具检验证明书，并说明检验的技术数据和结论。货到目的地后，买方将申请中国商品检验局（以下简称商检局）对货物的规格和数量/重量进行检验，如发现货物规格或规格、数量、重量与合同规定不符，除保险公司或船运公司的责任外，买方有权凭商检局出具的检验证书向卖方索赔或拒收货物。
The manufactures shall, before delivery, make a precise and comprehensive inspection of the goods with regard to its quality, specifications, performance and quantify/weight, and issue inspection certificates certifying the technical data and conclusion of the inspection.
After arrival of the goods at the port of destination, the Buyer shall apply to China Commodity Inspection Bureau (hereinafter referred to as CCIB) for a further inspection as to the specifications and quantity/weight of the goods. If damages of the goods are found, or the specifications and/or quantity are not in conformity with the stipulations in this Contract, except when the responsibilities lies with Insurance Company or Shipping Company, the Buyer shall, within 60 days after arrival of the goods at the port of destination, claim against the Seller, or reject the goods according to the inspection certificate issued by CCIB.

7. 索赔
7 Claim
买方凭其委托的检验机构出具的检验证明书向卖方提出索赔（包括换货），由此引起的全部费用应由卖方负担。卖方必须在 5 天内给予回复。
Should the buyer raise a claim against the seller (including the replacement of the goods) by the further inspection certificate, and all the expenses incurred thereafter shall be borne by the seller. In case of problem the buyer shall inform by written the seller before returning the goods; the seller must reply within 5days.

8. 不可抗力
8 Force Majeure
任何一方对由于下列原因而导致不能或暂时不能履行全部或部分合同义务的，可免除相应责任：
The Seller or The Buyer may be exempt from the responsibility for failure or delay to perform all or any part of obligations of the contract caused by the following reasons:
（1）水灾、火灾、地震、干旱、战争或其他任何在签约时不可预料，无法控制且不能避免和克服的事情。
Flood, fire, earthquake, drought, war, or any other event could not be forecasted at the time of signing the Contract and not be controlled.
（2）但受不可抗力影响的一方，应及早地将发生的事情通知对方，并应在事件发生后 15 日内将有关机构出具的不可抗力事件的证明寄交对方。如果不可抗力事件之影响超过 120 天，双方应协商合同继续履行或终止履行的事宜。
One party affected by force majeure shall inform the other party of its occurrence in written as soon as possible and thereafter occurrence, send a certificate of the Event issued by the relevant authority to the other party but no later than 15 days after its occurrence. If the Force Majeure Event lasts over 120 days, both parties shall negotiate the performance or the termination of the contract.

9. 仲裁
9 Arbitration
就本合同执行本合同而引发的争议，双方应友好协商解决，如解决不成时，则应将争议提交日内瓦国际仲裁中心，依据其仲裁规则仲裁。仲裁地点在日内瓦。仲裁是终局的，双方均应遵守。仲裁费应由败诉方承担。仲裁委员会另有裁定的除外。在仲裁期间，除仲裁部分之外的其他合同条款应当继续履行。
All disputes arising from the contract, should be settled through friendly negotiation. If it is not be settled through negotiation, the dispute shall then be submitted for arbitration to the GENEVA Arbitration Centre and the arbitration rules of this Commission shall be applied. The award of the arbitration shall be final and binding upon both parties. The arbitration fee shall be bound by the losing party unless otherwise awarded by the arbitration commission. During the course of the arbitration, the Contract shall be performed except for the item of arbitration.

10. 本合同使用的术语体系根据国际商会《2000 年国际贸易术语解释通则》。
10 The terms in the Contract are based on INCOTERMS 2000 of the International Chamber of Commerce.

第 3 页 共 5 页

第 4 页 共 5 页

11. 本合同用中英文两种文字写成，两种文字具有同等效力。本合同共 3 份，自三方代表签字盖章之日起生效。
11 This Contract is executed in three counterparts each in Chinese and English, each of which shall deemed equally authentic (To be complete further to changes in red). This Contract is in 3 copies, effective since being signed/sealed by the 3 parties.

卖方代表（签字）：
Representative of the Seller
(Authorized signature):
CAVE VINICOLE DE CLEEBOURG
...

买方代表（签字）：
Representative of the
(Authorized signature)

图 7-13 葡萄酒销售合同

（八）海运提单（Bill of Lading）

海运提单是船方或其代理人签发的、证明已收到货物、允许将货物运至目的地，并交付给托运人的书面凭证。

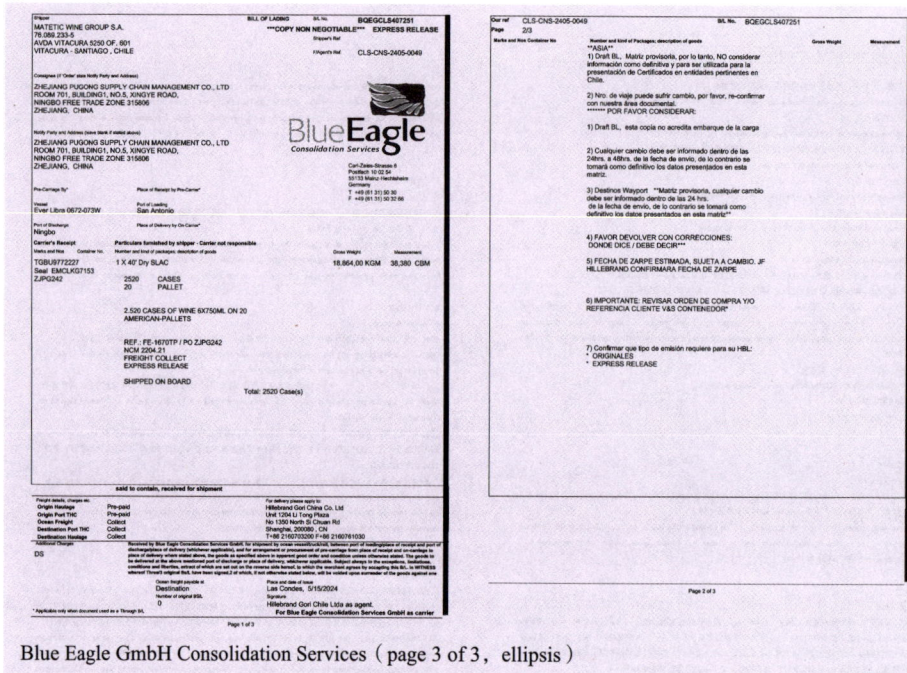

Blue Eagle GmbH Consolidation Services（page 3 of 3，ellipsis）

图 7-14　葡萄酒海运提单

（九）葡萄酒正标和背标（Wine Label）

葡萄酒国际贸易中，出口方必须提供相关商品的标签，包括葡萄酒的正标和背标，它们是进口方在后续报关流程中进行贸易备案时的重要依据。

图 7-15　葡萄酒正标与背标

任务三　葡萄酒国际贸易结算方式

任务情境

小王就职的公司决定近期向澳大利亚葡萄酒出口商采购一批葡萄酒，采用信用证结算方式。小王代表公司向银行申请开立信用证，银行按照要求和合同条款详细列出了各项条件，包括葡萄酒的品种、年份、数量、价格等信息。然而，在出口商提交单证时，银行发现发票上葡萄酒的年份与信用证要求不一致，信用证要求是2025年的葡萄酒，而发票上显示的是2024年。银行以此不符点拒绝付款。出口商认为这只是一个小失误，葡萄酒品质并未受到影响，但小王坚持按照信用证条款执行。双方陷入僵局，出口商为了拿到货款，不得不与小王重新协商修改信用证条款，同时承担了因单证不符产生的银行费用和葡萄酒滞港费用，这次经历让小王深刻认识到信用证结算下严格单证相符的重要性。

任务分析

信用证结算强调单证严格相符，银行按进口商要求与合同条款开证，确立交易规则，单证是核心依据，有不符点就可能影响付款。出口商把发票上葡萄酒年份写错，虽看似小错却后果严重，说明信用证结算中细节是非常关键的，即便葡萄酒品质不受影响，也不能忽视单证与信用证一致。小王按信用证条款执行合理，因其有法律约束力，能保障进口商权益。出口商承担银行和滞港费用，还需重新协商修改信用证条款，有经济和时间成本损失。这次经历让小王明白，国际贸易中的信用证结算需严谨对待单证制作和审核。那么，在葡萄酒国际贸易结算中，我们还应该注意什么问题呢？

一、葡萄酒国际贸易结算方式

葡萄酒国际贸易的交易包括两方面，一方面是葡萄酒的转移，另一方面就是资金的流动。在葡萄酒国际贸易中，比较常见的结算方式有三种，一是信用证（L/C）结算，二是托收（D/P、D/A）结算，三是汇付结算。

(一) 信用证（L/C）结算

信用证（Letter of Credit，L/C）在葡萄酒国际贸易范围内通俗说来就是进口方的往来银行接受进口方的申请，向出口方开立的、不可撤销的且有条件保证付款的文件。

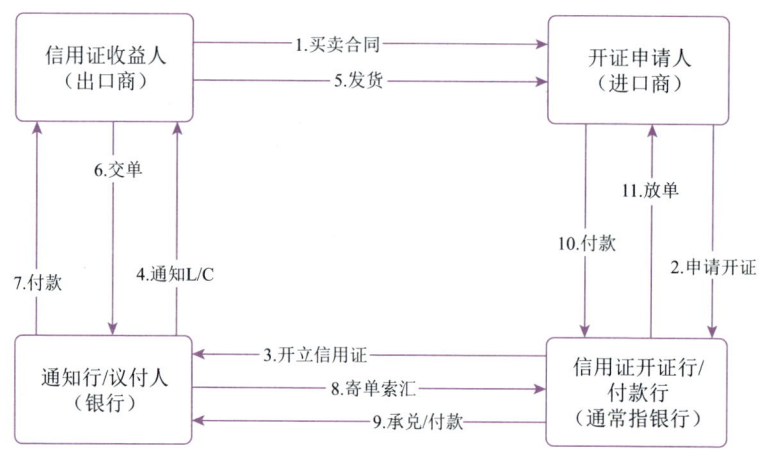

图 7-16 信用证的操作流程

1. 信用证的当事人

信用证的当事人有六方，分别是开证申请人、信用证开证行、通知行信用证受益人、议付行和付款行。

（1）开证申请人（Applicant）是申请信用证的人，通常是葡萄酒国际贸易中进口方的角色。

（2）信用证开证行（Issuing Bank）是接受开立信用证申请的银行，通常是进口方的往来银行。

（3）通知行（Advising Bank）是受开证行委托通知信用证受益人的银行，通常是开证行在出口国的分行或代理行。

（4）信用证受益人（Beneficiary）是享用信用证权益的人，通常是国际贸易中出口方的角色。

（5）议付行（Negotiating Bank）是向信用证受益人垫付账款并向付款行索回垫款的银行。议付行与通知行可以是同一家银行。

（6）付款行（Paying Bank）是承担付款责任，或者是接受议付行索偿的银行。付款行与开证行可以是同一家银行。

2. 信用证的特点

（1）开证行负首要付款责任。信用证受益人只要提交信用证所规定的单据，开证行就要履行付款义务。这时开证行代替了信用证申请人，也就是进口方负首要付款责任。

（2）信用证不依附于贸易合同，是一项自足文件。银行在处理支付等相关问题时，只参考信用证，与贸易合同无关。

（3）信用证是纯单据业务。开证行是否支付的前提是"相符交单"，与葡萄酒和其他交易细节并无关联，出口方只需提供符合规定的单据即可。

（二）托收（D/P、D/A）结算

托收是指出口商开立汇票，委托银行通过其在进口地的分行或代理行向进口商收取货款的一种结算方式。

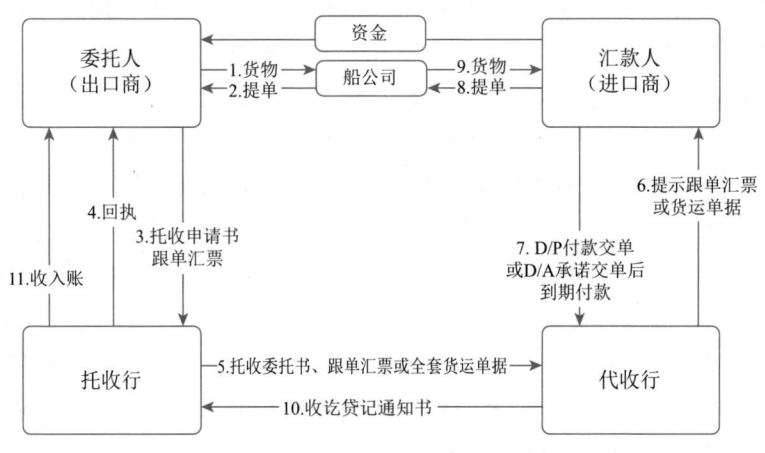

图7-17 托收的操作流程

1. 托收的当事人

托收的当事人与一般国际贸易托收的当事人相同，主要有以下几方。

（1）委托人。通常是葡萄酒的出口商，即卖方。他们与进口商签订销售合同后，按照合同规定发货，并委托银行向进口商收取货款。

（2）托收行。一般为出口地的银行，其接受委托人的委托，转托进口地银行向进口商代为收款。它主要负责按照委托人的要求和国际惯例处理托收业务，如审核托收单据、填写托收委托书等，并将相关单据寄交代收行。

（3）代收行。通常是进口地的银行，其作为托收行在进口地的代理人，根据托收行的委托书向进口商收款。代收行在收到托收行寄来的汇票和单据后，会按照托收指示向进口商提示付款或承兑，并在进口商付款或承兑后将款项划转给托收行。

（4）汇款人。一般是葡萄酒的进口商，即买方。他们需要在收到代收行提示的汇票及相关单据后，按照规定进行付款或承兑，以履行其支付货款的义务。

此外，托收业务中还可能涉及提示行和需要时的代理两个其他当事人。

（5）提示行。它是按托收指示中的交单条件要求付款人付款或承兑赎单的银行。其主要责任包括核查汇票上承兑的形式、在收到拒绝付款或拒绝承兑的通知时毫不延误地通知托收行等。

（6）需要时的代理。它是委托人为了防止付款人拒付发生无人照料葡萄酒的情形，而在付款地事先指定的代理人。

2. 托收的特点

（1）托收基于进口商的商业信用，银行只是中介，不承担付款责任。进口商信用不佳时可能拒付，尤其在承兑交单方式下，出口商在进口商承兑后就失去葡萄酒控制权，风险较大。而且葡萄酒易变质，进口商拒付会使出口商面临葡萄酒积压、变质和额外费用等问题。

（2）托收的银行手续费和操作成本比信用证方式低。银行主要提供单据传递等服务，收费项目少。对于葡萄酒行业中小企业，较低的费用可降低成本、提高利润，并且托收操作简单，能让出口商将精力放在生产和市场开拓上。

（3）进口商在承兑交单方式下可先提货后付款，相当于获得融资。在付款交单远期情况下，进口商承兑汇票后能先查看葡萄酒是否符合要求，有问题可协商解决，在交易中有主动权。

（4）单据是托收收款的关键，代表葡萄酒所有权，如提单是提货凭证。出口商要保证单据完整、准确、及时，且单据内容要符合合同和国际惯例，否则可能导致进口商拒付或延迟付款。

（三）汇付结算

汇付（Remittance）又称汇款，是指付款人（通常是葡萄酒国际贸易中的进口方）通过第三方（一般是进口方当地银行在国外设立的分行或代理行）将款项汇付给收款人的一种业务处理方式。

1. 汇付的当事人

汇付的当事人有四方，分别是汇款人、收款人、汇出行和汇入行。

（1）汇款人（Remitter）就是汇付定义中的付款人，通常是国际贸易中进口方的角色。

（2）收款人（Payee）通常是国际贸易中出口方的角色。

（3）汇出行（Remitting Bank）是指接受汇款人的委托或申请汇出款项的银行。

（4）汇入行（Paying Bank）是指接受汇出行的委托向收款人解付款项的银行。

2. 汇付的种类

根据汇出行所发出的转移资金指令方式的不同可以将汇付分成三种类型。

（1）电汇。这是指付款人向汇出行提出申请，同时将一定款项交存至汇出行，汇出行再通过电报或电话传给汇入行，指示汇入行向收款人支付一定金额的一种交款方式。随着通信技术的发展，现在电汇已经发展至SWIFT通信系统模式，每个银行都有自己的国际代码，相当于银行身份证号。电汇付款的优点是支付快速且准确率高，是葡萄酒国际贸易中最常用的汇付方式。

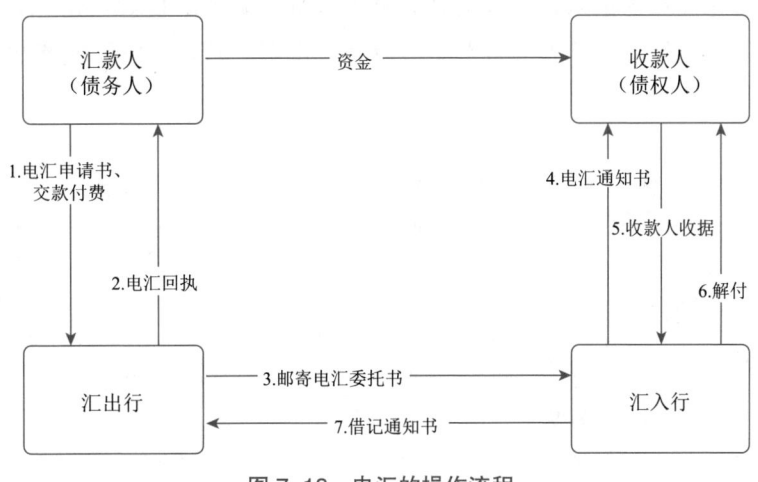

图7-18 电汇的操作流程

（2）信汇。这是指付款人向汇出行提出申请，同时交存一定金额，汇出行将信汇委托书以邮寄方式寄给汇入行，授权汇入行向收款人解付一定金额的一种交款方式。信汇收款周期长，安全性不高，目前已经较少使用。

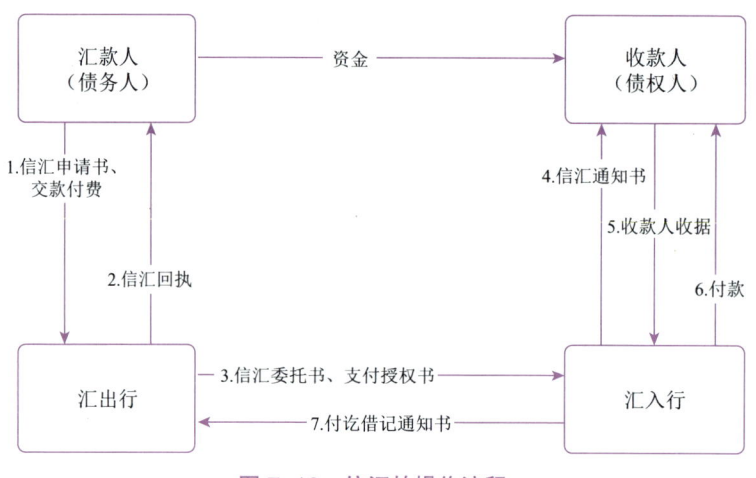

图 7-19　信汇的操作流程

（3）汇票。这是指付款人向汇出行提出申请，汇出行开立以汇入行为付款人的汇票，交付款人自行交给国外收款人，由收款人凭此汇票去指定银行取款的一种交款方式。所谓汇票，就是指一方向另一方签发的要求其在即期或将来确定的时间点支付一定金额给某人或其指定代理人的书面支付命令。票汇的特殊性在于汇入行无须通知收款人取款，而是由收款人凭借汇票自行上门取款。另外，收款人通过背书可以转让汇票。其可以转让的属性是电汇和信汇所不具备的。

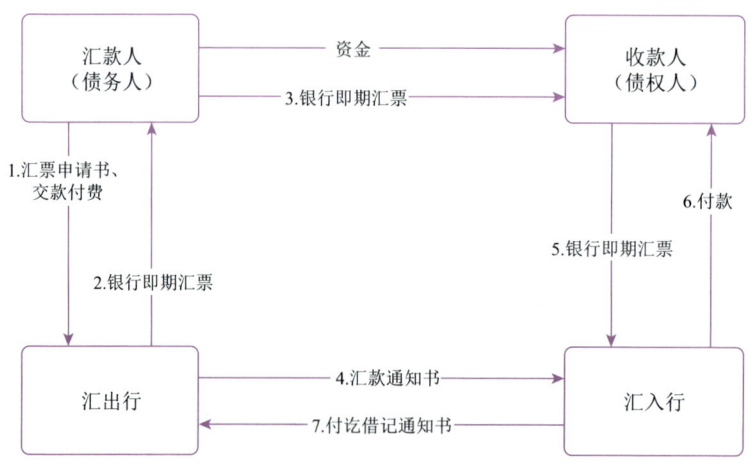

图 7-20　汇票的操作流程

二、葡萄酒国际贸易结算流程

葡萄酒国际贸易结算流程是贸易闭环中的关键环节，它不仅关乎交易双方的财务安全，还直接影响到企业的现金流与市场竞争力。高效、安全的结算流程能够确保葡萄酒国际贸易活动的顺利进行，减少交易风险，提升整体运营效率。

（一）按照结算流程分类

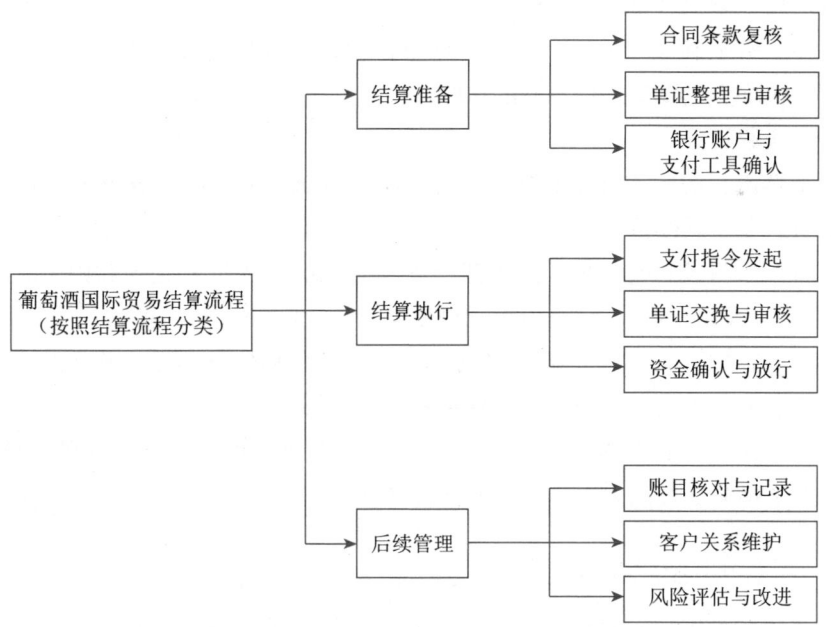

图 7-21　葡萄酒国际贸易流程结算流程（按照结算流程分类）

1. 结算准备

结算准备阶段是整个结算流程的基础，确保了后续环节的顺利进行。在葡萄酒国际贸易中，结算准备主要包括以下步骤。

（1）合同条款复核。贸易双方需仔细核对合同中的价格条款、支付条件、结算方式等，确保所有信息准确无误，避免后续纠纷。

（2）单证整理与审核。收集并整理相关国际贸易单证，包括但不限于发票、提单、信用证等，进行内部审核，确保单证的完整性和准确性。

（3）银行账户与支付工具确认。确认双方的银行账户信息，选择合适的支付工具，如电汇、信用证等，为实际结算做好准备。

2. 结算执行

结算执行是将合同条款转化为实际交易的过程，涉及资金的流动与单证的交换。葡萄酒国际贸易中的结算执行主要包括以下几个步骤。

（1）支付指令发起。根据合同约定的支付条件，如预付款、货到付款等，向银行发出支付指令，启动资金转移流程。

（2）单证交换与审核。出口商提交符合结算条件的单证，进口商或其代理银行进行审核，确保单证与合同条款相符。在信用证结算方式下，银行将根据信用证条款进行严格审核。

（3）资金确认与放行。一旦单证审核通过，银行将确认资金到位，进口商或其代理方可以安排葡萄酒的接收。

3. 后续管理

结算流程的完成并不意味着国际贸易活动的结束，后续管理对于维护良好的贸易关系同样重要。

（1）账目核对与记录。定期进行账目核对，确保交易记录与财务报告的一致性，为财务审计与税务申报提供依据。

（2）客户关系维护。结算完成后，及时与贸易伙伴沟通，确认双方对交易的满意度，维护良好的国际贸易关系。

（3）风险评估与改进。对结算流程进行复盘，评估可能存在的风险点，提出改进措施，提高未来交易的安全性和效率。

（二）按照结算方式分类

在葡萄酒国际贸易中，无论是货到付款还是款到发货，对于贸易双方都是有风险的。特别是对于第一次接洽生意的双方来说，信用证无疑是一个两全其美的办法，银行成了贸易双方的担保人，商业信用也被更加保险的银行信用代替了。

随着贸易双方日益熟悉，大部分交易都会使用汇付这种结算方式。相对来说汇付手续更简单，也没有另外的银行手续费用。汇付也分为一次性汇付和分批汇付，分批汇付也有每批次汇款比例的区别，这些条款都是双方在洽商合同时主要讨论的内容。一般来说，大部分交易都是采用分批汇付，由进口方支付第一笔预付款后，出口方负责生产备货。在葡萄酒被装上运输工具后以提单日期为准规定尾款的支付期限。大部分出口方会给予进口方账期，通常为45~90天，进口方在规定期限内支付账款即可。

出口方为了保证自己的利益，减少烂账所带来的损失，也会采用出口信用保险的模式。出口信用保险是承保出口商在经营出口业务的过程中因进口商的商业风险或进口国的政治风险而遭受损失的一种信用保险。比较常见的信用保险公司有科法斯（Coface）等。出口方在向此类保险公司缴纳一定比例的保费后便可享受保险权益。保险公司会对进口商进行商业评估，给出相应的保险额度。如果发生烂账的情况，保险公司将支付拖账的金额给出口方（支付金额以保险额度为上限），然后再由保险公司向进口商索回账款。信用保险公司的存在为出口方评估支付条款中的尾款额度和账期提供了重要的参考依据。

三、葡萄酒国际贸易结算风险管理

（一）信用风险管理

1. 客户信用评估

在葡萄酒国际贸易结算中，对客户信用的评估是信用风险管理的首要步骤。出口商和进口商都需要了解对方的信用状况，包括对方的财务状况、经营历史、市场声誉等方面。例如，出口商可以通过查看进口商的财务报表、向信用评级机构咨询或者向其他贸易伙伴问询来评估进口商的信用等级。对于长期合作的大型进口商，其稳定的财务状况和良好的市场口碑能够为结算提供一定的信用保障；而对于新客户或者信用记录不佳的客户，出口商就需要更加谨慎地对待交易结算方式，可能会要求更高比例的预付款或者采用更安全的信用证结算。

2. 信用风险控制措施

为了控制信用风险，交易双方可以采取多种措施。对于进口商而言，如果采用托收结算方式，选择付款交单（D/P）比承兑交单（D/A）更能保障自身权益，因为在 D/P 方式下，进口商只有在支付货款后才能取得提货单据，避免了进口商提货后不付款的风险。对于出口商来说，在信用风险较高的情况下，可以要求进口商提供银行保函或者信用保险。银行保函是银行应进口商的要求，向出口商开立的书面担保文件，保证进口商在规定的时间内履行付款义务；信用保险则可以在进口商违约时，由保险公司对出口商的损失进行一定比例的赔偿，降低出口商的损失风险。

(二)汇率风险管理

1. 汇率风险识别

葡萄酒国际贸易涉及不同货币的结算,汇率波动是不可避免的风险因素。汇率风险主要体现在两个方面:交易风险和折算风险。交易风险是指在进出口合同签订后,由于汇率波动导致实际收付的货币金额发生变化。例如,一家中国葡萄酒进口商与法国出口商签订了以欧元结算的合同,在合同签订后到实际付款期间,如果欧元升值,中国进口商需要支付更多的人民币来购买相同金额的欧元进行结算。折算风险则是指企业在进行财务报表合并等操作时,由于汇率变动导致外币资产和负债换算成本币后出现价值变化的风险。

2. 汇率风险应对策略

为了应对汇率风险,企业可以采用多种金融工具和策略。其中,远期外汇合约是比较常用的方法。企业可以与银行签订远期外汇合约,约定在未来某一特定日期,按照固定的汇率买卖一定金额的外汇。这样可以锁定汇率,避免汇率波动带来的不确定性。例如,葡萄酒进口商预计在3个月后需要支付一笔欧元货款,为了避免欧元升值的风险,进口商可以与银行签订远期外汇合约,按照当前约定的汇率购买欧元,无论3个月后欧元汇率如何变化,进口商都可以按照约定汇率进行结算。此外,还可以使用外汇期权、货币互换等金融工具,或者采用调整结算货币、在合同中加入汇率调整条款等策略来管理汇率风险。

(三)操作风险管理

1. 操作风险来源识别

在葡萄酒国际贸易结算过程中,操作风险主要来源于结算流程中的各个环节。例如,单证制作和审核环节可能出现错误。在信用证结算方式下,如果出口商制作的单证不符合信用证的要求,哪怕是一个小的细节错误,如发票上的葡萄酒年份、数量等信息与信用证规定不符,银行都可能会拒付,导致结算失败。另外,支付环节也存在操作风险,如银行转账信息错误、跨境支付系统故障等都可能导致资金无法及时、准确地到达对方账户。同时,内部人员的操作失误或者欺诈行为也是操作风险的重要来源,比如员工错误地输入结算金额或者故意篡改结算信息。

2. 操作风险防范措施

为了防范操作风险,企业需要建立完善的内部管理制度和流程。在单证制作和审核方面，企业应该设立专门的单证部门或者安排专业人员负责，对单证进行多次仔细审核，确保单证的准确性和完整性。对于支付环节，企业要加强与银行的沟通和合作，确保支付信息的准确无误，并且要建立应急机制，在出现支付故障时能够及时采取措施解决。同时，企业要加强内部监督和审计，对员工进行培训和背景调查，防止内部操作失误和欺诈行为的发生。例如，企业可以定期对结算业务进行内部审计，检查单证制作、支付流程等环节是否存在违规操作或者潜在风险。

（四）结算中的法律与税务风险

在葡萄酒国际贸易结算中，法律问题贯穿始终。首先是合同的法律适用，双方需要在合同中明确约定遵循的法律体系，如选择《联合国国际葡萄酒销售合同公约》（CISG）或某一国家的国内法。这决定了在出现纠纷时的法律依据和处理方式。争议解决机制也是重要内容。常见的有仲裁和诉讼。仲裁具有专业性、灵活性和保密性等优点，双方可以选择国际知名的仲裁机构，如国际商会仲裁院。诉讼则需考虑不同国家法院的管辖权问题，涉及复杂的司法程序和法律适用差异，成本和时间消耗可能较大。

税务问题对葡萄酒国际贸易结算成本有重大影响。进口商需要承担进口关税，其税率因葡萄酒的原产国、品种、酒精度等因素而异。例如，一些国家对来自特定国家的优质葡萄酒可能征收较高关税，而对与本国签订自由贸易协定国家的葡萄酒则给予优惠税率。增值税和消费税也是进口环节的重要税负。同时，出口商可能涉及出口退税政策，不同国家对葡萄酒出口退税的规定不同，出口商需了解并遵守相关规定，准确计算退税金额，以优化结算成本和确保合规经营。

项目总结

葡萄酒国际贸易单证是指在葡萄酒国际贸易中使用的各种单据、文件、证书等书面资料，用于证明交易双方的权益、义务和责任。它们是葡萄酒国际贸易合同履行的基础，涵盖了从葡萄酒的托运和交付到货款的结算和支付等各个环节。葡萄酒国际贸易单证不仅包括信用证、汇票、商业发票等，还包括海关发票、装箱单/重量单、保险单等多种类型。简而言之，葡萄酒国际贸易单证是国际结算中应用的单据、文件与证书，它们是处理国际葡萄酒交付、运输、保险、商检、结汇等事务的基本工具。

葡萄酒国际贸易单证按照贸易环节分类可分为：托运单证、运输单证、保险单证、结算单证。按照单证的性质来分类可分为：金融单证、行业单证、官方单证。

葡萄酒单证的功能具有葡萄酒收据功能、运输合同证明功能、物权凭证功能、结算功能、报关和清关功能。

葡萄酒国际贸易单证的制作流程分为：收集信息、选择单证类型、制作单证内容、核对与打印。

葡萄酒进口过程中涉及的单证：营业执照副本、标签备案申请书、合同/信用证、发票、装箱单、提单、卫生检疫证书、原产地证书等。葡萄酒出口过程中涉及的单证：出口许可证、原产地证书、卫生检疫证书、发票与装箱单、合同与信用证。

葡萄酒国际贸易合同是贸易双方的法律契约，它明确规定了交易的条款和条件，是国际贸易单证中最为关键的组成部分。其中包括买卖双方信息、葡萄酒描述、价格条款与支付方式、交货条款、质量保证与检验条款。

葡萄酒国际贸易结算方式主要有：信用证（L/C）结算、托收（D/P、D/A）结算、汇款（T/T、M/T、D/D）结算等。

葡萄酒国际贸易结算风险主要有：信用风险、汇率风险、操作风险、结算中的法律与税务风险等。

素养提升

国家关系如何影响葡萄酒贸易

在欧盟内部，成员国之间的贸易享有特殊待遇。葡萄酒在欧盟国家之间流转时，由于统一市场的存在，很多常规贸易中复杂的边境检查单证得以简化。像法国葡萄酒出口到德国，在单证要求上，不需要像出口到非欧盟国家那样提供大量的海关报关单等烦琐文件，这大大降低了企业的单证处理成本。

由于美国和欧盟之间曾出现葡萄酒贸易争端，美国加强了对欧盟葡萄酒进口单证的审核力度，包括对原产地证明、生产工艺文件等的详细审查。这使欧盟葡萄酒出口商需要花费更多的时间和精力来确保单证的准确性和完整性，否则可能面临葡萄酒滞留海关甚至被退回的风险。

请谈谈国家之间关系对葡萄酒国际贸易单证和结算有什么样的影响？

主要术语

葡萄酒国际贸易单证；出口单证；进口单证；葡萄酒国际贸易结算；风

险管理

思考与讨论

1. 葡萄酒国际贸易单证的种类有哪些？

2. 葡萄酒进口单证与出口单证的类型有什么不同？

3. 葡萄酒国际贸易谈判方式有哪些？

4. 葡萄酒国际贸易单证结算的风险有哪些？

5. 某葡萄酒企业在与国外供应商进行结算时，遇到汇率波动导致成本增加的问题，该企业可以采取哪些措施来应对？

6. 如何加强葡萄酒国际贸易单证的管理和防伪，以保障贸易双方的合法权益？

7. 如果你是一家葡萄酒进出口企业的单证员，你将如何优化企业的单证管理和结算流程，提高工作效率和降低成本？

葡萄酒国际贸易单证与结算：一个错误引发的一场贸易危机

项目八

葡萄酒国际贸易报关与成本

思维导图

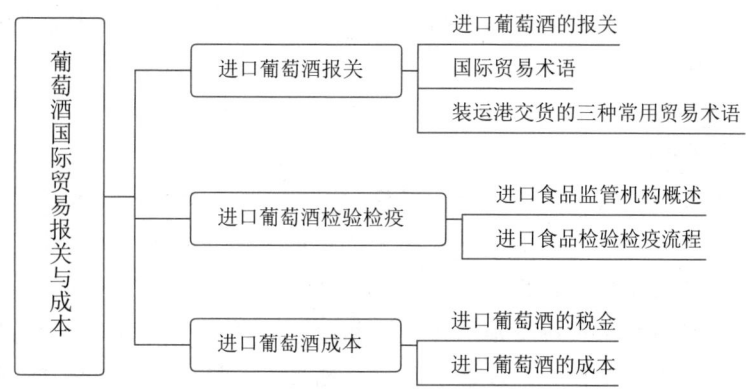

学习目标

知识目标：了解掌握葡萄酒进口报关的核心概念与流程，明确进口检验检疫的法律要求，掌握熟悉国际贸易术语与合同条款，精通进口成本核算方法。

能力目标：能够独立操作报关与检验检疫流程，规范处理检验检疫问题，精准核算进口成本与税金。

素质目标：强化法律意识与合规观念，培养严谨细致的工作态度，提升风险识别与应变能力，增强团队协作与沟通能力。

任务一 进口葡萄酒报关

任务情境

小王跳槽到了一家葡萄酒进口公司,近日接到了一笔来自法国的葡萄酒订单。公司决定让小王负责这批葡萄酒的进口报关和成本核算工作。这是小王第一次独立处理进口业务,虽然有些紧张,但他决定全力以赴,确保顺利完成这项任务。

任务分析

进口报关和检验检疫涉及多个环节,流程复杂,需要准备大量材料并严格按照法律法规操作。成本核算涉及多个费用项目,计算过程烦琐,尤其是税金的计算需要准确掌握公式和税率。同时该任务紧密结合国际贸易的实际操作,能够帮助学生将理论知识与实践相结合,提升实际操作能力。通过完成该任务,学生可以提升多方面的能力,包括报关操作、成本核算、跨部门协作、风险识别与应对等。完成该任务可以为学生未来的职业发展奠定坚实的基础。

一、进口葡萄酒的报关

(一)葡萄酒进口报关的概念

进口葡萄酒报关是指葡萄酒收货人(通常为进口商)或其代理人向本国海关申报进口手续和缴纳进口税的法律行为。海关根据报关人的申报,依法进行查验,经查验无误且报关人缴纳税金后,才能将货物放行。这里需要指出的是,为了促进进出口贸易的发展,我国在2018年出台了关检合并的政策,即原先的报关与卫检两个监管部门划归中国海关总署统一执法,原来的纸质化申请也被更为便捷的电子申报取代。这一举措大大简化了葡萄酒进口商和代理商的进口报关流程，也缩短了葡萄酒在监管部门停留的时间，对于我国进口葡萄酒无疑是一个重大利好。

从进口葡萄酒报关的概念可以看出，报关分成自理报关和代理报关两种。自理报关是指葡萄酒收货人（通常为进口商）自行办理报关手续。自理报关要求报关人拥有进出口权和报关权。大部分情况下，由于报关手续比较烦琐，收货人或进口商并没有足够精力和专业人员处理报关事宜，此时通常的做法是选择一家可靠的报关行来代为办理，这就是代理报关。一般来说，选择一家熟悉的、资深的报关行代理报关可以起到事半功倍的效果。

（二）葡萄酒进口报关所需材料

无论是自理报关还是代理报关，进口葡萄酒报关通常需要准备以下几项材料。

（1）海运提单。

（2）商业发票。

（3）装箱单。

（4）贸易合同。

（5）分析证书。

（6）原产地证明。

（7）装瓶证书。

（8）熏蒸消毒证明。

（9）中外文酒标。

（10）申报要素。

（三）葡萄酒进口报关与检验检疫的流程

经过监管部门的合并与流程简化之后，进口葡萄酒的报关通常分为以下几个流程。

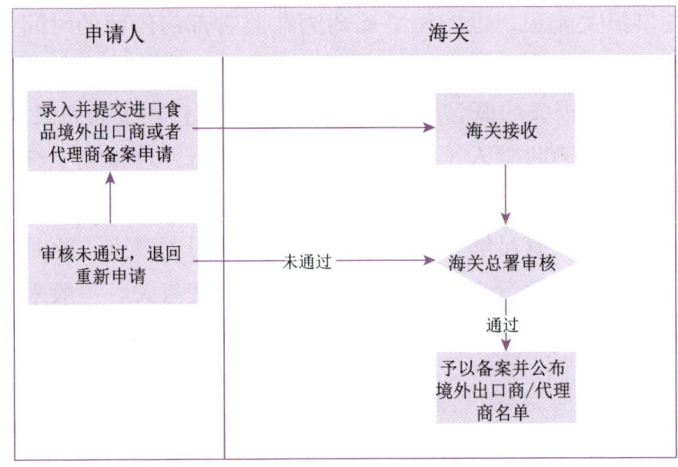

图 8-1 进口报关流程

1. 出口商备案

根据《中华人民共和国食品安全法》第九十六条的规定，向我国境内出口食品的境外出口商或者代理商、进口食品的进口商应当向国家出入境检验检疫部门备案。随着政策改进和系统升级，出口商备案已经实现网上申报，申报入口为"互联网＋海关"一体化平台，该备案可以由出口商或代理商申请办理，办理流程也非常简单，只要在线上填写出口商相关信息，如企业名称、地址、联系人及选择经营食品的种类即可。提交后经由海关总署审核，符合要求的予以备案并记录于境外出口商名单中，不符合要求的退回企业，审核时间为五个工作日。

2. 收货人备案

根据《中华人民共和国海关法》第十一条的规定，进出口货物收发货人、报关企业办理报关手续，应当依法向海关备案。进出口货物收发货人可以直接到海关办理注册登记或者采取网上办理的形式，网上办理的入口为"互联网＋海关"一体化平台，申请备案的前提条件是该企业已经办理工商《营业执照》并且已获取商务部门颁发的《对外贸易经营者备案登记表》。办理流程也很简单，在网站上下载《报关单位备案信息表》后填写上传至平台或纸质版提交至当地海关受理窗口。所在地海关对申请人提出的申请进行审核。对材料齐全、符合法定条件的，海关核发《海关进出口货物收发货人备案回执》，审核时间为五个工作日。

申请单位基本情况			
收货人名称（全称）	（中文）		
	（英文）		
收货人地址	（中文）		
	（英文）		
网　　址			
邮　　编		E-mail	
法人代表		联系电话	
工商营业执照		组织机构代码	
企业性质		注册资本	
生产经营规模	□ 10 人以下　□ 10~49 人　□ 50~99 人　□ 100 人以上		
紧急联系人		电　话	
传　　真		手　机	
企业认证情况	□ ISO9000 体系　□ HACCP 体系 □ 其他——（注明何种认证）		是否建立进销货台账 是（　）否（　）
仓储情况（附平面图）	□ 自有仓库　□ 长期租用仓库　□ 临时仓库		
	仓库地址			
	面积		仓库联系电话	
进口食品化妆品信息			
进口食品化妆品类别	□ 水产品及其制品 □ 蛋及蛋制品 □ 大米 □ 面粉 □ 花生 □ 咖啡及咖啡豆 □ 籽仁 □ 油籽 □ 保健（功能）食品 □ 饮料 □ 蜜饯 □ 食品添加剂 □ 护肤类化妆品 □ 卫生消洁用品	□ 肉类及其制品 □ 食用动物油脂 □ 杂粮（豆类） □ 粮食制品 □ 调味品 □ 麦芽 □ 干（坚）果和炒货类 □ 蔬菜及其制品 □ 酒 □ 糖与糖果巧克力类 □ 蜂产品 □ 发用类化妆品 □ 美容修饰类化妆品 □ 特殊用途化妆品	□ 肠衣 □ 其他动物源性食品 □ □ 酱腌制品 □ 可可及其制品 □ 啤酒花 □ 植物油 □ 茶叶 □ 罐头 □ 糕点饼干类 □ 速冻小食品 □ 香水类化妆品 □ 乳及乳制品 □ 其他
备注			

图 8-2　进口食品境外出口商或代理商备案申请表单

统一社会信用代码				
经营类别		行政区划		注册海关
中文名称				
英文名称				
工商注册地址				邮政编码
英文地址				
其他经营地址				
经济区划				特殊贸易区域
组织机构类型		经济类型		行业种类
企业类别		是否为快件运营企业		快递业务经营许可证号
法定代表人（负责人）		法定代表人（负表人）移动电话		法定代表人（负责人）固定电话
法定代表人（负表人）身份证件类型		身份证件号码		法定代表人（负责人）电子邮箱
海关业务联系人		海关业务联系人移动电话		海关业务联系人固定电话
上级单位统一社会信用代码		与上级单位关系		海关业务联系人电子邮箱
上级单位名称				
经营范围				
序号	出资者名称	出资国别	出资金额（万）	出资金额币制
1				
2				
3				

本单位承诺，我单位对向海关所提交的申请材料以及本表所填报的注册登记信息内容的真实性负责并承担法律责任。
（单位公章）
　年　月　日

图 8-3　报关单位备案信息表

3. 标签预审核

根据进出口预包装食品标签检验监督管理的有关规定，进口食品的经营者在进口前，应当向指定的机构提出食品标签的预审核申请。对于进口商来说，由于通常采用代理报关的模式，更普遍的做法是对葡萄酒正标和背标进行翻译，把中外文对照版的酒标交给报关公司，再由报关公司初审后提交至官方认定机构进行预审核。

对于进口商来说这一步比较重要的是给进口葡萄酒找一个合适的中文名字，一个好记又有意义的中文名往往是好卖的前提条件，进口商应仔细斟酌。确定好中文酒名后，更重要的一步是进行中文商标的注册。根据规定，一款酒需要对应一个商标及其相应的中文名称。如果申报的中文名称已有重复，不能注册该商标并需重新起名。由此可见，同一款酒可以有多个中文名称和商标，如果进口商使用被别人已经注册过的中文酒名和商标，则需要承担被该注册企业起诉的风险。

4. 报关程序

以上的步骤是葡萄酒进口报关的前期准备工作，完成了上述步骤后，就可以在船到港时进行正式报关了。报关通常可以分为以下几个步骤。

（1）换单。由于海运提单有货物所属权的属性，当货物到港后，收货人可以凭借海运提单前往相应的船代处换取提货单，俗称小提单，以及设备交接单。

（2）电子申报。由于系统更新，原来的纸质化申报流程被电子化申报取代。电子申报的网络入口为"中国国际贸易单一窗口"（网址：https://www.singlewindow.cn/）进口商或其代理商需要先在该网站注册登录后才能进行电子申报。申报时必须提供进口报关所需材料，保证材料准确无误，否则会影响葡萄酒顺利清关。

（3）审价出税单。在收到电子报关申请后，海关会对该批货物进行审价，审价的目的是确认进口商或代理商对于该批货物申报的价格是否合理。需要注意的是，如果存在同一款酒有多个进口商的情况，也需要考虑其在不同地点和不同时间段内不同进口商对其申报的金额。通常来说，同一款酒的申报金额误差在15%以内均可被海关认可，如果误差超出这个范围，海关将征收一定的保证金。如果审价环节通过，海关就会根据该金额出具税单，进口商或代理商根据税单上的金额缴税即可。

（4）缴纳税金。缴纳税金主要有两种模式：一是现场打印税单并向海关指定账户办理银行转账。二是电子支付，即网上直接划账。由于目前均采用电子申报的模式，缴纳税金通常采取电子支付的形式。

（5）商检。进口商或代理商在缴纳税金后，海关部门就会对该批货物进行商检。商检分为两种形式，一种是感官查验，另一种是国检。此时进口商或代理商可以在申报系统上查看该批货物是采用感官查验还是国检。通常来说，国检被抽中的概率非常低，一般只有5%左右。

感官查验是指对于该批货物的原标签和中文标签进行查验，确认其是否贴有中文标签并且中文标签是否按照有关规定执行，其内容是否翻译准确。葡萄酒常见的不合格标签情况有以下几种。

①未粘贴中文标签。

②未标注或部分标注食品添加剂。

③标注的食品添加剂未使用规范的通用名称。

④违规使用食品添加剂。

⑤酒精度标示不准确。

⑥产品类型标示错误，如将半干、半甜类型的葡萄酒写成干型葡萄酒。

⑦生产日期和保质期未标示或标示错误。生产日期应当按照年、月、日的顺序进行标示。同时根据我国规定，酒精度数在10%以下的葡萄酒，需要标注保质期。由于各国规定不同，有的国家并不会为葡萄酒标注保质期。因此在国外生产商预贴中文标签的情况下，进口商需要关注其对于保质期的标示。

⑧葡萄酒等级和原产地标示错误。

⑨未标示产品储存条件。

⑩进口商或经销商信息未标示或部分标示。根据规定，中文标签需要标注进口商或经销商的名称、地址和联系电话。

如果被抽中国检，除了查验上述酒标内容之外，还要进行实验室理化指标检查。海关会在该批货物中抽取几件样品寄送至相关实验室进行检测。通常来说，首次进口的葡萄酒更容易被抽中国检，对于进口量较小且价值较高的葡萄酒可以申请适当降低抽样数量，但应满足检验检疫的最低需求。

（6）出证。经审核材料完整无误且检验检疫合格后，海关会对整批报检进口的葡萄酒出具合格的报关单和卫生证书。进口商品经检验涉及人身财产安全、健康、环境保护项目不合格的，由海关责令当事人销毁或者退运；其他项目不合格的，可以在海关监督下进行技术处理，经重新检验合格的，方可销售或者使用。

（7）提货。经海关查验无误后，货物即可准予放行。此时进口商或代理商需上报提货计划，并缴纳港口费用。

（8）运货出关。进口商或代理商根据提货计划安排货运车辆将货物从港口送至收货仓库。

二、国际贸易术语

国际商会的《国际贸易术语解释通则 2020》是国际贸易术语的依据。以下诠释国际贸易术语的内涵，比较不同贸易术语的特点，特别强调贸易术语在实际应用中的注意事项。

贸易术语作为国际贸易中商品报价的专业表达方式，也被称作价格术语，是国际贸易区别于国内贸易的关键"国际化"贸易条件，其具体规则由国际惯例予以规范。

（一）贸易术语的概念

在国际贸易活动中，买卖双方各自承担的义务，会对商品价格形成产生重要影响。经过长期实践，一些与价格紧密相关的贸易条件逐步与商品价格直接关联，进而形成多种标准化的报价模式。每种报价模式都清晰界定了买卖双方在相应贸易环节中的责任义务。而用以阐释这些责任义务的专业术语，便被称为贸易术语。

贸易术语所涵盖的贸易条件，主要包含两个维度：一方面，其用于明确商品价格构成中是否涵盖成本之外的主要附加费用，即运输费用与保险费用；另一方面，其能够确定交货条件，具体包括交货方式、交货地点，以及买卖双方在货物交接过程中关于责任、费用与风险的划分。

贸易术语是国际贸易价格表示中不可或缺的要素。在报价环节使用贸易术语，不仅能够清晰界定买卖双方在货物交接时各自应履行的责任、承担的费用以及面临的风险，还能明确商品的价格构成。这一做法有效简化了交易磋商流程，缩短了交易达成的时间。此外，由于规范贸易术语的国际惯例对买卖双方的义务作出了全面且精准的解释，从而极大程度上避免了因对合同条款理解分歧，在合同履行过程中可能引发的争议。

（二）《国际贸易术语解释通则 2020》

《国际贸易术语解释通则 2020》（以下简称《通则》）于 2020 年 1 月 1 日在全球正式生效。作为指导并保障全球贸易有序进行的通用准则，明确了国际贸易体系下买卖双方的责任，其生效后对贸易实务、国际结算和贸易融资实务等方面都产生着重要的影响。《通则》将贸易术语按运输方式合并成两大类，见表8-1。

表8-1 贸易术语一览表

适用于任何运输方式或多种运输方式的术语	
EXW	工厂交货
FCA	货交承运人
CPT	运费付至
CIP	运费、保险费付至
DPU	卸货地交货
DAP	目的地交货
DDP	完税后交货
适用于海运和内河水运的术语	
FAS	船边交货
FOB	船上交货
CFR	成本加运费
CIF	成本、保险费加运费

（三）贸易术语与买卖合同中的价格

国际贸易中的商品价格，由市场的供求关系决定，但在买卖双方洽谈价格时，双方通常会对价格构成进行评估和洽谈。

国际贸易商品价格构成主要包括：成本、费用和利润。成本是一个比较复杂的因素，包括采购或制造成本、国内物流成本、管理成本、资金成本及纳税等，属于卖方内部核算的内容。费用是指由于进出口环节的各种手续而产生的相应费用，主要包括国际运输的运费、保险费、通关费用、结算费用等。利润由市场供求关系、双方的交易目的等决定。

由于国际市场是一个非常成熟的买方市场，故而价格信息对交易双方来说均比较充分，甚至可以说是比较"透明"的。在交易洽谈中，在双方认可的成本和利润的基础上（由双方的采购和营销战略规定），在实务操作层面上，主要讨论费用的负担问题。国际贸易术语把费用的负担问题，主要是运费、保险费和通关费用，按照手续费用不可分的方式，作了具体的规定。

（四）国际货物买卖合同中的交货方式

《通则》规定，交货用来指明此时货物灭失或损坏风险由卖方转移至买方。国际货物买卖合同规定的交货方式主要有两种：一种是实际交货，一种是象征性交货。

1. 实际交货

实际交货是指卖方把货物置于买方的实际控制之下，交货地点可以在卖方所在地，也可以在买方所在地或其他指定地点；交货后，所有权和风险一并由卖方转移至买方；交货的费用，可由双专门约定。在国际贸易术语中，规定实际交货方式的贸易术语有 EXW、DAT、DAP、DDP 4 个。

2. 象征性交货

象征性交货是指卖方在合同规定的装运地点完成规定的装运手续，比如把货物装至船上或者交给指定的承运人等，推定为完成交货，然后以约定的方式向买方提交货运单据。双方达成的合同为装运合同，即卖方只需按合同规定"发货"，而无须保证何时到货，且对运输风险不承担责任。装运的费用由双方专门约定。在国际贸易术语中，规定象征性交货的贸易术语有 FCA、FAS、FOB、CFR、CIF、CPT、CIP 7 个。

3. 交货方式与结算方式

交货方式与结算方式两个贸易条件的关联程度较大，一般而言，国际贸易中较多采用"象征性交货"，即"装运合同"的方式达成交易。在这种方式中，卖方在完成装运（通常也称为交货）后，应向买方交付相应的单据。单据通常由银行转交，而买方（或买方指定的银行）在支付货款后取得单据，包括发票、代表货物所有权的海运提单、代表保险权益的保险单等，即所谓的"凭单付款"。象征性交货与凭单付款相结合，是国际贸易合同中常见的方式，凭单付款的结算方式主要有跟单托收和信用证等。

（五）国际贸易惯例的性质

国际贸易惯例本身并不是法律，当事人有权在合同中自主采用或不采用某种国际惯例。如果当事人在合同中明示适用某一惯例，则该惯例对双方当事人有法律约束力。如果双方当事人虽未明示适用某一惯例，但并未在合同中作出相反的规定，如果该惯例为业内所普遍认同，即"当事人知道或理应知道"这一惯例,则按《联合国国际货物销售合同公约》的规定,该惯例对当事人亦具有法律效力。对于本项目中所讨论的规定贸易术语的各种惯例,由于历史和地域的原因,不同的当事人有不同的选择。从实践来看,除北美地区外,世界上绝大多数国家的企业在外贸业务中,都已采用了《通则》。应该指出的是,即使当事人在合同中采用了某种惯例,也有可能对惯例的规定作出一些变更或添加,根据"意思自治"的原则,双方在合同中约定的对惯例的修改,是有法律效力的。

三、装运港交货的三种常用贸易术语

在《国际贸易术语解释通则》涵盖的 11 个贸易术语中,装运港交货的 FOB、CFR 和 CIF 三种贸易术语应用最为广泛。这三类术语仅适用于海运与内河运输场景,买卖双方在货物交接环节的责任、费用及风险划分方面,大部分义务存在一致性,主要差异体现在运输和保险责任层面。

(一)三种贸易术语的基本释义

1. FOB

FOB(装运港船上交货):其全称是 Free on Board,意为在指定装运港完成船上交货。依据《通则》的阐释,卖方需在合同约定的装运期限内,按照港口通行操作方式,将货物装载至买方指定船舶,并及时履行通知义务。在此过程中,卖方承担货物在装运港装上船之前的全部灭失或损坏风险,以及相关费用。

买方则负责租船订舱并支付运费,按合同规定期限抵达装运港接收货物,同时将船名及装船日期详细告知卖方。自货物在装运港装上船之时起,买方开始承担货物灭失或损坏的风险及后续相关费用。此外,卖方负责办理出口报关所需证件及手续,买方则负责进口报关及过境运输的海关手续办理。

卖方需向买方提供证明交货装船完成的常规单证,在买方承担费用和风险的前提下,协助获取运输单据;买方则需接收符合合同约定的货物与单据,并依约支付货款。

在双方约定或符合行业惯例情况下,电子信息与纸质信息具备同等法律效力,实务中常以电子数据交换(EDI)信息替代纸质单据。

2. CFR

CFR（成本加运费）：全称为 Cost and Freight，即卖方需承担货物成本及运至指定目的港的运费。CFR 与 FOB 的区别主要体现在两个方面：其一，租船订舱及运费支付由卖方负责，且卖方只需按常规条件租船订舱，沿习惯航线运输货物，对于买方提出的船舶和航线要求，若合同无明确约定，卖方可自主决定是否接受；其二，在运输单据方面，CFR 术语要求卖方自行承担费用，通常需提交可转让的海运提单，或确保买方能够通过通知承运人的方式处置在途货物，而 FOB 对此无强制要求，可提交海运提单或不可转让海运单。

在货物装船、风险转移、进出口手续办理及接单付款等环节，CFR 与 FOB 买卖双方的义务基本相同。例如，尽管 CFR 由卖方负责运输，但本质上属于代办性质，同 FOB 一样，风险以货物"装上船"为转移界限，运输途中风险由买方承担，卖方仅负责货物装运，无需保证货物送达目的港。

3. CIF

CIF（成本、保险费加运费）：其英文全称为 Cost Insurance and Freight。相较于 CFR，CIF 术语下卖方还需额外承担货物运输保险的办理及保费支付义务。

在 FOB 和 CFR 术语中，买方基于自身承担的运输风险自主决定是否办理保险，并非强制性义务。根据《通则》规定，卖方应在货物装上船之前完成货运保险办理。若合同未作明确规定，卖方可选择保险条款中最低责任的险别投保，且投保金额最低为 CIF 价格的 110%。

（二）实际业务操作中的关键要点

1. 风险与费用划分界限

《通则》以"货物装上船"作为界定买卖双方风险与费用责任的关键节点，其中风险特指货物灭失或损坏的风险，费用则是正常运费以外的其他费用。对于 CFR 和 CIF 术语，合同往往着重约定目的港，而对装运港的指定可能不够明确，但装运港却是风险转移至买方的地点。由于风险和费用转移地点存在差异，可能对买方利益产生影响，因此合同中应尽可能明确指定装运港。此外，实际业务中卖方通常需向买方提供"已装船提单"，这意味着卖方承担货物装入船舱前的全部风险和费用，提单上标注的装船日期即为买方开始承担风险的起始时间。

2. FOB 术语下的船货衔接

依据《联合国国际货物销售合同公约》，卖方有权在合同约定的装运期内自主选择交货日期。在 FOB 术语下，若买方派船抵达装运港时，卖方尚未准备好货物，可能导致船只空舱或滞期。为避免此类问题，《通则》要求买方必须将船名、装船地点及交货时间等信息充分告知卖方。在实际操作中，该到船通知是确保卖方备货与买方派船接货顺利衔接的重要环节。若买方未及时发出通知或船只未按时到达，自约定交货期限届满时起，买方需承担合同项下货物的风险；如有必要，可在合同中明确规定买方应在船舶到港前若干天通知卖方。反之，若买方已履行通知义务，而卖方未能按时备妥货物，则卖方需承担空舱费、滞期费等相关费用及损失。

3. CFR 术语中的装船通知

无论采用何种贸易术语，卖方均有义务向买方发送装船通知，内容涵盖船名、航班、启航日期、货物装船时间及实际装运数量等信息，以便买方或其代理人做好接货准备。在 CFR 术语下，装船通知尤为重要，因为买方需依据该通知办理进口货物保险，保险公司也以此作为承保依据。若卖方未能及时发出装船通知，致使买方无法及时投保，一旦货物在运输途中发生灭失或损坏，相关风险仍由卖方承担。因此，采用 CFR 术语时，卖方务必重视装船通知的及时发送。

4. 租船运输下装卸费用的承担

根据《通则》，除非运输合同另有约定，一般情况下卖方承担装船费用，买方承担包括驳船费和码头费在内的卸货费用。若采用班轮运输，由于班轮运费已包含装卸费用，因此装卸费用由承运方承担。然而，当大宗货物采用程租船运输时，船方是否承担装卸责任以及运费是否涵盖装卸费用，需由租船合同另行约定。这种不确定性可能导致装卸费用承担不明确，所以当货物采用程租船运输时，买卖双方在签订买卖合同时，应通过贸易术语变形（即在贸易术语后附加说明条款）的方式，明确装卸费用的承担方。

5. 装运合同的特性

在装运港交货模式下，卖方将货物装上船即完成交货义务，随后通过直接寄送或银行移交等方式，向买方提交包含海运提单等物权凭证在内的全套合格单据。运输单据上的出单（或装运）日期即为交货日期，这种交货方式被称为象征性交货。基于此方式订立的合同仅规定货物的"装运时间"，即货物装上船或交付承运人的时间，因此被称作装运合同，以区别于实际交货合同。本文所述三种贸易术语签订的合同均属于装运合同范畴。装运合同在国际贸易中应用广泛，与之配套的托收、信用证等结算方式均采用凭单付款机制，这些方式要求买方承担货物装运后的风险和费用。

6. 电子单据的应用规范

随着电子商务的发展,《通则》明确规定,在各方约定或符合行业惯例的情况下,电子信息与纸质单证具有同等法律效力。但在运输单据方面,由于海运提单具有物权凭证属性,电子单据在物权确认和转移过程中存在一定技术难题。因此,《通则》规定,只有在双方当事人一致同意采用电子商务模式的前提下,海运提单方可被电子提单替代。

 任务二 进口葡萄酒检验检疫

任务情境

葡萄酒属于进口食品,要严格符合进口食品检验检疫的要求。小王在从事进口业务期间,发现国外的进口食品有非常广阔的市场前景,可以满足消费者多元需求,拓展公司的业务。

国家对进口食品的检验检疫规定非常严格,往往容易因为细节的疏忽造成损失,所以小王需要详细了解进口食品的检验检疫的每个细节。

任务分析

该情景全面涵盖了进口食品检验检疫的各个环节,既考验了小王的知识储备和操作技能,也培养了其严谨的工作态度、责任意识和团队合作精神。对于学生而言,这一情景不仅帮助他们理解进口食品检验检疫的实际操作流程,还提升了其解决问题能力和职业素养,为未来从事相关工作奠定了坚实基础。

一、进口食品监管机构概述

(一)进口食品监管机构

为保障食品安全,中国政府树立了全程监管的理念,坚持预防为主、源头治理的工作思路,形成了"全国统一领导,地方政府负责,部门指导协调,各方联合行动"的监管工作格局。2004年国务院发布了《关于进一步加强食品安全监管工作的决定》，按照一个监管环节由一个部门监管的分工原则，采取分段监管为主、品种监管为辅的方式，进一步理顺了有关食品安全监管部门的职能，明确了责任。在分段监管的体制下，涉及卫生、农业、质检、海关、工商等多个监管部门，各食品安全监管部门分工明确，密切配合，相互衔接，形成了严密、完整的监管体系。通过多个监管部门的协调配合，杜绝了不合格食品的进口和销售，保证了进口食品的安全。《中华人民共和国食品安全法》（以下简称《食品安全法》）在相关条款的基础上，还准确界定了各监管部门的职责范围和明确的分工，杜绝了监管空隙。

以下介绍中国进口食品监管机构和部门，以及它们各自对于进口食品管理的职能。

1. 海关部门

海关部门对进口食品进行规范申报管理。对进口食品严格审核品名、归类，海关要按照《中华人民共和国海关进出口商品规范申报目录》规范申报"要素"的要求，做到通关单与报关单品名归类一致，对与申报不一致的有异议的归类，海关确定归类后通报检验检疫部门，检验检疫部门将会积极配合海关开展工作。

2. 卫生及食品药品监管部门

卫生及食品药品监管部门是国务院综合管理全国卫生工作的职能部门，对全国的进口食品卫生实施国家卫生监督。卫生部单独或领导各级卫生行政部门主要就以下几个方面统一行使对进口食品的国家监督职权：①食品卫生监督管理规章的制定；②卫生标准及检验规程的制定；③保健食品的审批；④进口食品、食品用具、设备的监督检验和卫生标准的审批；⑤新资源食品及食品用具等新产品的审批。

3. 农业部门

农业部门是《食品安全法》确定的食品安全监管部门之一，承担着进口食品原材料在生产环节进行食品安全保障的重要责任，如对含转基因原料进口食品的安全评估、审核和准入。

4. 工商部门

工商部门负责食品流通监管，严格检查进入市场的进口食品质量，对进口食品广告的虚假宣传、侵犯注册商标专用权、标识使用违法行为等，严肃查处，监管到位。

5. 食品行业协会

食品行业协会是发挥与国外相关行业、政府机构和社会进行沟通交流的"自律性的行业管理组织",在规范行业、促进贸易等方面发挥着积极的作用。

(二)进口食品通关模式

根据《中华人民共和国食品安全法实施条例》第三十六条,进口食品的进口商在办理相关手续时,需携带合同、发票、装箱单以及提单等必要凭证和相关批准文件,向海关报关地的出入境检验检疫机构进行报检。进口食品必须经由出入境检验检疫机构检验合格,海关凭借出入境检验检疫机构签发的通关证明办理放行手续。

进口食品检验通关放行包含两个关键环节。首先,进口食品收货人需向报关地出入境检验检疫机构办理报检,获取入境货物通关证明,海关依此证明完成放行;收货人需在法定期限内,向规定的出入境检验检疫机构申请检验。为防止收货人在完成报检和通关手续后,出现不及时申请检验,或未经检验就销售、使用进口食品以逃避检验的情况,《商检法实施条例》明确规定了申请检验的时限。要求进口食品收货人在海关放行后的20日内,向出入境检验检疫机构申请检验,并强调进口食品在检验完毕前不得销售或使用。若出现销售或使用未报检、未经检验的进口食品的行为,将依据《商检法》和该条例承担相应法律责任。

在进口食品通关过程中,海关仅对持有出入境检验检疫机构签发通关证明的货物放行,无此证明一律不得进口,海关不予放行。通关证明是出入境检验检疫机构在受理报检或实施检验后,依法出具的供海关验放货物的法律文书,属于检验证单范畴,进口食品适用入境货物通关单。入境货物通关单具有多重作用:其一,证明出入境检验检疫机构已受理所载明商品的报检;其二,为海关验放货物提供有效凭证;其三,对于需异地检验的进口商品,告知进口商向目的地出入境检验检疫机构申请检验,并通知目的地机构实施检验。

我国进口食品检验通关放行采用"先报检,后报关"模式。进口食品进口商或其代理人必须先向报关地出入境检验检疫机构报检,获取货物通关单后,再向海关申报,海关凭借出入境检验检疫机构出具的货物通关单办理通关手续。即便进口食品报检后,出入境检验检疫机构已签发入境货物通关单且海关已放行,也不代表检验工作完成。此时,进口食品仍处于检验和监督管理阶段,进口商或其代理人应积极配合出入境检验检疫机构完成检验工作,接受管理。对于需异地检验的进口食品，进口商或其代理人还需在规定期限内，向到达地出入境检验检疫机构申请检验。

二、进口食品检验检疫流程

进口食品收货人或其代理人需依规携带相关报检材料，向海关报关地的检验检疫机构办理报检手续。检验检疫机构对提交的报检材料进行审核，若符合要求，则予以受理。海关放行后，检验检疫机构会对进口食品的包装及运输工具展开现场查验，同时按照相关规定进行抽采样、制样和送样操作，并依据国家食品安全标准开展立项检验，对进口预包装食品标签进行符合性检测。最终，根据检验结果作出判定，检验检疫合格的，由检验检疫机构出具合格证明，准许其销售和使用；不合格的，出具不合格证明，并依据不合格情况，按规定进行销毁、退运或技术处理等操作，同时签发不合格证书。

（一）进口食品报检审单

1. 进口食品报检的法律要求

"报检"是进口食品进口商向出入境检验检疫机构申报，接受对进口食品检验的行为。进口食品报检主体为进口商，即国际货物买卖合同中的买方。依据《商检法》及其实施条例，进口商也可委托代理人报检。不过，代理报检单位需先获得委托人授权，在授权范围内以被代理人名义开展民事法律行为，报检时应出具授权委托书，相关法规对代理报检行为也作出了明确规定。

受理报检的机构为海关报关地的出入境检验检疫机构。选择在此报检，既利于出入境检验检疫机构对进口食品实施管理，又能加快进口食品通关速度，提升口岸工作效率与物流效率。

报检时，报检人必须提交书面文件，包括合同、发票、装箱单、提单等必要凭证以及相关批准文件。其中，合同指国际货物买卖合同或销售确认书；发票是发货人表明货物总价值的文件；装箱单记录集装箱内货物数量、重量和包装等信息；提单由货物承运人签发，兼具运输合同和货物所有权凭证功能；相关批准文件则是针对有特殊行政许可或审批要求的进口商品，进口前需取得国家有关部门许可，并向出入境检验检疫机构出示的法律文书，例如进口食品报检人需提供境外生产企业的国家质检总局注册证明文件。

2. 进口食品报检的法规要求

根据《商检法实施条例》规定，进口食品报检需提供贸易合同、发票、装箱单、提单等必要凭证和相关批准文件。"必要的凭证"涵盖各类贸易单证，"相关批准文件"针对有特殊审批要求的进口商品，进口前须获国家有关部门批准并向检验检疫机构出示。对于进口尚无食品安全国家标准的食品，或首次进口的食品添加剂新品种、食品相关产品新品种，国务院卫生行政部门安全性评估后出具的许可证明文件也属于"相关批准文件"范畴，进口商需在取得许可后，携带许可证明文件和"必要的凭证"报检。

依据《中华人民共和国进出境动植物检疫法实施条例》第十九条规定，向口岸动植物检疫机关报检时，需填写报检单，并提交输出国家或地区政府动植物检疫机关出具的检疫证书、产地证书，以及贸易合同、信用证、发票等单证；依法需办理检疫审批手续的，还应提交检疫审批单。

3. 具体要求

进口食品收货人或其代理人应按规定携带以下材料向海关报关地检验检疫机构报检：

（1）合同、发票、装箱单、提单等必要凭证。

（2）相关批准文件。

（3）法律、法规、双边协定或议定书等规定需提交的输出国家（地区）官方检疫（卫生）证书。

（4）首次进口预包装食品，需提供进口食品标签样张和翻译件。

（5）首次进口尚无食品安全国家标准的食品，应提供本办法第九条规定的许可证明。

（6）进口食品需随附的其他官方证书或证明文件。

报检时，收货人或其代理人需将进口食品的品名、品牌、原产国（地区）、规格、数量、重量、总值、生产日期（批号）及国家质检总局规定的其他内容逐一申报。检验检疫机构审核报检材料，符合要求的予以受理。检验检疫人员接到报检资料后，需审核报检申请单填写内容是否完整准确、所附单证是否齐全、单证是否一致有效。若资料审核不符，单证不全影响检验检疫的，待齐全后受理；不影响的，可在受理同时要求补齐，补齐后方可出证；电子报检随附单据由施检人员收取时审核。

4. 重新报检

若报检后 30 日内未联系检验检疫事宜，或自动撤销报检，报检人需重新报检，填写"更改申请书"，并交还原签发的证书或证单。

5. 撤销报检

报检人提出书面申请，或逾期未联系检验检疫事宜自动撤销报检的，相关证单将进行归档整理。

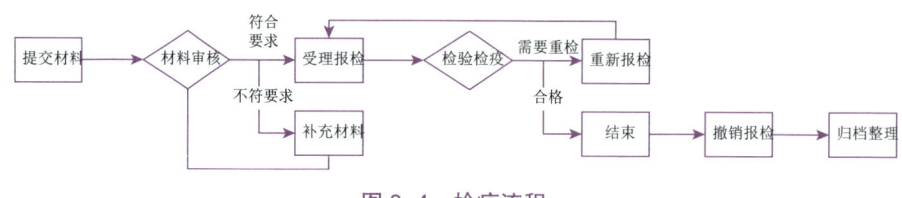

图8-4 检疫流程

（二）进口食品现场查验

1. 进口食品现场查验内容

检验检疫机构应当在口岸监管场所对进口食品进行现场查验，查验内容包括以下几项。

（1）报检资料与运载食品产品的集装箱箱号或其他运载工具编号是否相符。

（2）集装箱或其他运载工具是否符合食品安全要求。

（3）是否来自疫区；是否带有泥土、杂草等检疫性有害生物；是否有需进行检疫的外包装托垫、加固物等，其外包装托垫、加固物等是否符合植物检疫要求。

（4）有需要进行冷藏、冷冻运输的，其运输工具的温度是否符合要求。

（5）反复使用的大型包装容器（如液罐、液袋等）是否已进行了消毒、清洗处理，并取得境外卫生主管部门出具的卫生证书或证明。

（6）食品的品名、原产地、生产日期等信息是否与报检单据一致。

（7）包装是否完整、无破损、无渗漏，以及是否出现胀气等非正常现象。

（8）其他有关规定及要求。

2. 发现不合格情况的处理

对于现场查验发现被有毒有害物质污染的，检验检疫人员应立即通知收货人或者其代理人，并与运方及卸货作业等有关单位共同采取措施，保护好现场。检验检疫人员应当认真进行调查取证，包括照相、摄像、要求收货人或其代理人对现场记录进行签字确认等，同时扩大取样范围，对异物和被污染的食品样本要妥善保存。必要时，可对运输工具或进口商品加施封识。

（三）进口食品感官检验

检验检疫机构应当对食品性状是否正常且符合食品安全国家标准进行感

官检验。

（四）标签检验

对于进口预包装食品，应当就标签内容是否符合法律、法规和食品安全国家标准的要求以及与质量有关的内容的真实性、准确性进行检验，包括格式版面检验和标签标注内容的符合性检测。

（五）进口食品实验室检测

1. 参照标准

按照国家质量监督检验检疫总局《关于贯彻实施〈中华人民共和国食品安全法〉若干问题的意见》（国质检法〔2009〕365号），对进口食品标准的范围界定为：出入境检验检疫机构应当按照食品安全国家标准对进口食品进行检验。食品安全国家标准公布前，按照现行食用农产品质量安全标准、食品卫生标准、食品质量标准和有关食品的行业标准中强制执行的标准实施检验。食品安全法实施之前已经进口过的尚无食品安全国家标准的食品，按照原有规定进行检验。

2. 符合性检测

对于进口预包装食品，应当就标签内容是否符合法律法规和食品安全国家标准的要求以及与质量有关的内容的真实性、准确性进行检验。

3. 重点检测项目

（1）法律、法规或国家质检总局规定列为重点检验监督管理的。

（2）质检总局发布警示通报或风险预警的。

（3）被国内外政府机构、国际组织通报的。

（4）造成国内外的重大食品安全事故的。

（5）既往产品安全卫生质量不符合相关要求或标准的。

（6）出口退回的。

（7）预包装食品中特别注明相应功能的。

4. 检疫项目

《中华人民共和国进出境动植物检疫法实施条例》第二十六条规定：对输入的动植物、动植物产品和其他检疫物，按照中国的国家标准、行业标准以及国家动植物检疫局的有关规定实施检疫。

(六)进口食品检验检疫结果判定

1. 合格的判定

检验、检疫结果符合检验检疫依据的判定为合格。进口食品经检验检疫合格,由检验检疫机构签发《卫生证书》。

2. 不合格的判定

根据《食品安全法》的规定,结合进出境食品检验检疫工作的特点,进口食品不合格情况可分为以下 12 类。

(1)用回收食品和病死、毒死或者死因不明等的禽、畜、兽、水产动物的肉类及其制品作为原料生产的食品。

(2)致病性微生物、农药残留、兽药残留、重金属、污染物质以及其他危害人体健康的物质含量超过食品安全标准限量的食品。

(3)营养成分不符合食品安全标准的专供婴幼儿和其他特定人群的主辅食品。

(4)腐败变质、油脂酸败、霉变生虫、污秽不洁、混有异物、掺假掺杂或者感官性状异常的食品。

(5)病死、毒死或者死因不明的禽、畜、兽、水产动物的肉类及其制品。

(6)无标签或标签检验不合格的预包装食品。

(7)超过保质期的食品。

(8)未按规定申报检验检疫的食品。

(9)经检疫不合格的食品。

(10)被包装材料、容器、运输工具等污染的食品。

(11)国家为防病等特殊需要明令禁止进口的食品。

(12)其他不符合食品安全标准或者要求的食品。

(七)进口食品不合格的处置

依据我国相关监管要求,针对进口食品检验检疫不合格情形制定了差异化处理措施。在进口食品检验环节,若经检测判定为不合格,将依据不合格项目的性质实施分类处置。当涉及安全卫生关键项目不符合标准时,海关将依法出具《检验检疫处理通知书》,明确要求当事人对问题食品进行销毁;或出具退货通知单并告知海关,由收货人负责办理退运手续。对于非安全卫生类的其他不合格项目,允许在海关的严格监督下开展技术整改,待重新检验合格后,方可进入市场进行销售与使用。

在进口食品检疫流程中,一旦发现存在植物危险性病、虫、杂草等情况,海关将依照《中华人民共和国进出境动植物检疫法》第十七条相关规定,向货主或其代理人下发检验检疫处理通知书,责令其对涉事食品采取除害、退回或销毁处理。只有经过除害且检验合格的进口食品,才准许进入我国境内。

任务三 进口葡萄酒成本

 **任务情境**

由于业务发展迅速,小王所在的公司进口业务蓬勃发展,每年需要从不同的国家和地区进口大量的葡萄酒产品。然而,由于国际形势复杂多变,各国的贸易关系变化剧烈,关税导致的成本变化成为棘手问题。

任务分析

通过这个任务,小王不仅需要掌握进口葡萄酒的关税、消费税和增值税的计算方法,还要理解各项税金的具体含义,并能够分析影响进口成本的因素。

一、进口葡萄酒的税金

对于进口商来说,在葡萄酒整个报关过程中最重要且直接关系到实际利益的就是缴纳税金。我们必须了解进口葡萄酒需要缴纳哪些税金以及各项税金的计算方法。

进口葡萄酒在出关之前需要缴纳三种税金,分别是关税、消费税和增值税。

(一)关税

关税作为国家依据法律法规,对跨越关境的进出口货物所课征的税收形式,可划分为出口关税与进口关税。鉴于我国在葡萄酒国际贸易中多以进口国角色呈现，本文将聚焦于葡萄酒进口关税展开探讨。

图 8-5　关税

值得关注的是，基于我国与部分国家签订的贸易条约或协定，这些国家葡萄酒的关税适用协定税率。当前，在我国葡萄酒进口市场上，智利、阿根廷及格鲁吉亚等国凭借协定税率占据重要地位，其原产葡萄酒进口至我国的关税税率为零。与之形成对比的是，受中美贸易战局势影响，我国对美国进口葡萄酒的关税税率处于动态调整之中，截至 2025 年 2 月，该税率已达 54%。

在葡萄酒关税体系中，反倾销税作为特殊关税项目不容忽视。所谓反倾销税，是国家为防范出口国以低于正常价值的价格向本国倾销货物，进而对本国相关产业造成实质损害而设立的特别税种。其设立旨在降低进口商品对国内产业的冲击，维护国内产业发展秩序，抵御不正当竞争行为。以葡萄酒产业为例，中国曾对澳大利亚葡萄酒征收 116.2%~218.4% 反倾销税，对欧盟葡萄酒展开"双反"调查，对欧盟白兰地实施 30.6%~39% 保证金措施。

关税的计算方法是基于葡萄酒的 CIF 价格，贸易合同是基于 EXW 或 FOB 的价格条款，需要在葡萄酒的成本上再加上出口国内陆运费、海运费和保险费。关税的计算公式如下：

关税＝CIF价格×税率

如果有反倾销税，则还需计算反倾销税额，计算公式如下：

反倾销税＝（CIF价格＋关税）×反倾销税率

（二）消费税

消费税（Consumption Tax）是国家以特定消费品为征收对象所征收的一种税，多数在生产或进口环节缴纳。在葡萄酒国际贸易中，通常由进口商缴纳。葡萄酒消费税税率为10%，消费税计算公式如下：

消费税=（CIF价格+关税）/（1–10%）×10%

（三）增值税

这里的增值税准确说是进口增值税，属于流转税的一种。不同于一般增值税以在生产、批发和零售环节的增值额为征收对象，它是以商品在进口环节的增值额为征收对象的一种税，如果该商品是消费品，还需考虑消费税。葡萄酒的增值税在2019年已由原先的17%下调至13%，增值税的计算公式如下：

增值税=（CIF价格+关税+消费税）×增值税率

在计算税的时候，要注意两个经常被误解的关键点。

（1）葡萄酒进口税率不是简单相加，所以进口总税不等于41%（14%+10%+17%）。

（2）葡萄酒进口税率是建立在CIF价格上的。而葡萄酒进口交易，报价一般是EX-CELLAR酒庄交货价，所以在计算税的时候，需要把到岸前的费用加到EX-CELLAR价格上。

【例题】一个北京进口商进口一批葡萄酒，两个集装箱，一个20英尺，一个40英尺。EX-CELLAR价格是20万欧元。保险费6000RMB。提单上的交货地址是天津，后客户要求转关北京清关。国际物流公司的账单如下。今天的汇率欧元是1∶8.3，美元是1∶6.2。

三税计算如下。

（1）CIF价格=1 660 000RMB（200万欧元）+［11 160RMB（USD1800）+
　　　　　33 449RMB（EUR4030）］+6000RMB=1710 609RMB

（2）关税=CIF价格×14%=1 710 609RMB×14%=239 485.26RMB

（3）消费税=（CIF价格+关税）/（1–10%）×10%
　　　　　=（1 710 609RMB+239 485.26RMB）/（1–10%）×10%
　　　　　=216 677.14RMB

（4）增值税=（CIF价格+关税+消费税）×17%
　　　　　=（1 710 609+239 485.26+216 677.14）×17%
　　　　　=368 351.138RMB

（5）综合税 = 关税 + 消费税 + 增值税 =824 513.538RMB

在这个案例中，因为提单是到天津，清关是从天津转北京，所以运费不包含天津到北京的转关费。

（四）如何进行关税的征收与补退

关税征收工作涵盖税则归类、税率适用、价格核定及税额计算等环节。其计算遵循特定公式，即关税税额等于完税价格乘以进出口关税税率。若进出口货物的到岸价或离岸价以非人民币计价，海关会依据税款缴纳证签发当日国家外汇牌价的买卖中间价，将其折算为人民币。

关税纳税主体包括进口货物收货人、出口货物发货人、进出境物品所有人，具备进出口业务经营资格的企业同样属于法定纳税人范畴。纳税人需在海关签发税款缴纳证次日起七日内，向指定银行完成税款缴纳。若逾期未缴，自第八日起至税款缴清之日，海关将按日征收税款总额1%的滞纳金；若逾期超过三个月，海关可责令担保人代缴税款，或对货物进行变价抵缴，必要时可通知银行从担保人或纳税人存款中直接扣除。

关税的退补存在三种情形。其一为补征，即进出口货物或进出境物品放行后，海关若发现存在少征或漏征税款，可在税款缴纳或货物、物品放行之日起一年内，向纳税义务人补征相应税款。其二是追征，当因纳税义务人违规导致少征或漏征税款时，海关有权在三年内进行追征。其三为退税，海关一旦发现多征税款应即刻退还；纳税义务人也可在税款缴纳之日起一年内申请退税，逾期则不予受理。办理退税需保证依据充分、单证完备、手续齐全。纳税单位需填写退税申请，并附上原税款缴纳书及其他必要证明文件，交由原征税海关审核。经海关审核后，会注明退税原因及金额。单位退税统一采用转账形式，不支付现金。除因海关原因导致退税外，纳税单位办理退税手续时需向海关缴纳50元人民币手续费。在申报环节，若海关对申报金额存疑，通常会要求缴纳关税保证金，以便先行放行货物，后续再根据核查结果进行退税处理。

二、进口葡萄酒的成本

为准确核算进口葡萄酒成本，需先明晰其生产、运输及清关环节的操作流程与费用构成。此处所指成本，特指葡萄酒运抵进口商仓库时的总成本。至于后续经销商、批发商及零售商等产业链环节的成本，因涉及一般增值税

（以商品生产、批发、零售环节增值额为计税依据）、城建税、教育费附加、企业运营成本及毛利润率等诸多变量，核算较为复杂，故不在本文讨论范畴。

进口环节的葡萄酒成本构成要素主要包括货物采购成本、出口税、运输费用、保险费用、进口环节三税（关税、消费税、增值税）、港杂费用及内陆运输成本。其中，港杂费涵盖进口 THC、换单费、报关费、商检费等项目。若委托代理报关，报关服务机构将全程处理相关事宜，并提供详细费用清单及代理服务报价。此外，若中文背标在国内完成印刷与粘贴，还需额外计入酒标设计、印刷及粘贴等相关费用。

项目总结

葡萄酒国际贸易涉及报关、检验检疫、成本核算三大核心领域。报关环节涵盖自理报关（企业自主办理）与代理报关（委托专业机构），需提交海运提单、商业发票等材料，并通过"中国国际贸易单一窗口"进行电子申报，海关依据 CIF 价格审价并征收关税。

检验检疫由海关、卫生及食品药品监管部门等多方监管，包括标签预审核（确保中英文标签合规）、感官查验（包装与标签检查）及实验室检测（理化指标抽检），不合格货物需退运或销毁。

国际贸易术语以 FOB（装运港交货）、CFR（成本加运费）、CIF（成本加保险运费）为核心，明确买卖双方风险与费用划分，区分象征性交货（凭单据）与实际交货（直达目的地）。

成本核算需计算关税（协定税率国家如智利可享零关税）、消费税（10%）、增值税（13%），总成本涵盖 EXW 价格、运费、保费及港杂费。

法律法规如我国《食品安全法》《海关法》及《国际贸易术语解释通则2020》规范全流程，确保进口合规。这些术语与规则共同构成葡萄酒进口的操作框架，支撑业务高效运行与风险防控。

素养提升

关税对葡萄酒国际贸易的影响

葡萄酒贸易中，关税是影响交易成本与市场策略的核心变量。高关税直接推高进口成本，叠加消费税、增值税后终端售价攀升，抑制消费需求，迫使进口商转向零关税的协定国采购以降低成本；反倾销税（如澳大利亚葡萄酒被加征 116.2%~218.4%）则导致原产国出口断崖式下滑（如澳大利亚在华份额从 40% 骤降至不足 1%），供应链向法国、意大利等国转移。关税差异还重塑市场竞争格局——智利凭借零关税政策，2015—2020 年对华出口量激增超 300%，而高关税国家（如美国）则长期处于市场边缘。企业需动态预判政策风险（如中美贸易摩擦、RCEP 区域税率调整），灵活选择货源、优化成本结构，并利用自贸协定红利，在税负与市场需求间寻找平衡，从而在关税驱动的贸易变局中保持竞争力。

请列举现实中的案例，谈谈你对关税在国际贸易中的影响的认识。

主要术语

报关；检验检疫；贸易术语；进口葡萄酒税金；进口葡萄酒成本

思考与讨论

1. 某进口商计划从智利进口一批葡萄酒，合同约定采用 CIF 贸易术语。请结合《国际贸易术语解释通则 2020》，回答以下问题：

（1）卖方需承担哪些责任与费用？买方需负责哪些环节？

（2）若货物在运输途中因海损导致部分损坏，风险由哪一方承担？为什么？

2. 某进口商从法国进口一批葡萄酒，CIF 价格为 50 000 欧元，汇率为 1 欧元 =8.0 元人民币。已知该批葡萄酒的关税税率为 14%，消费税税率为 10%，增值税税率为 13%。保险费为 2000 欧元，运费为 3000 欧元。请根据以上信息回答以下问题：

（1）计算 CIF 价格（人民币）。

（2）计算关税。

（3）计算消费税。

（4）计算增值税。

（5）计算总税金。

3. 某进口商从澳大利亚进口一批葡萄酒，货物已到达中国港口。请根据进口葡萄酒检验检疫的流程，回答以下问题：

（1）进口商在货物到港前需要完成哪些准备工作？

（提示：包括备案、标签预审核等）

（2）进口商在货物到港后需要进行哪些检验检疫步骤？

（提示：包括报检、现场查验、实验室检测等）

（3）如果检验检疫发现葡萄酒标签不合格，进口商应如何处理？

（提示：参考不合格标签的处理方式）

（4）如果检验检疫发现葡萄酒的理化指标不符合我国食品安全标准，进口商应如何处理？

葡萄酒的成本诗篇——从土地到酒杯的浪漫经济学

主要参考文献

［1］陈文汉.商务谈判实务［M］.2版.北京：清华大学出版社，2018.

［2］崔昌玺.大学生礼仪规范教程［M］.北京：中国经济大学出版社，2018.

［3］黎孝先，王建.国际贸易实务［M］.5版.北京：对外经济贸易大学出版社，2011.

［4］李永春.仓储配送中的物流管理与优化策略研究［J］.中国储运，2024（9）.

［5］刘世松，卜建华.葡萄酒产业经济学［M］.北京：中国轻工业出版社，2021.

［6］刘园.国际商务谈判［M］.4版.北京：中国人民大学出版社，2012.

［7］罗杰·道森.优势谈判［M］.北京：北京联合出版公司，2022.

［8］庞爱玲.商务谈判［M］.6版.大连：大连理工大学出版社，2021.

［9］彭泗清.信任的建立机制：关系运作与法制手段［J］.社会学研究，1999（2）.

［10］王军华.商务谈判与推销实物［M］.2版.北京：中国人民大学出版社，2020.

［11］王书翠，翟韵扬，吴敏杰.葡萄酒营销与贸易［M］.北京：旅游教育出版社，2022.

［12］休·约翰逊，杰西斯·罗宾逊.世界葡萄酒地图［M］.北京：中信出版社，2020.

［13］杨敏，洪俊杰.国际贸易实务（葡萄酒方向）［M］.北京：清华大学出版社，2013.

［14］OIV. State of the World Vine And Wine Sector in 2023［R］.2023.

图书在版编目（CIP）数据

葡萄酒商务谈判与贸易 / 曲浩，岳耀倩，王飞飞主编. -- 北京：旅游教育出版社，2025.7. --（葡萄酒产业产教融合共同体系列教材）. -- ISBN 978-7-5637-4878-5

Ⅰ．F746.82

中国国家版本馆CIP数据核字第202572YL99号

葡萄酒产业产教融合共同体系列教材

葡萄酒商务谈判与贸易

曲 浩 岳耀倩 王飞飞 主编

邢 丽 姜添耀 李文娟 姜彦宇 冷伯阳 副主编

策　　划	赖春梅
责任编辑	赖春梅
出版单位	旅游教育出版社
地　　址	北京市朝阳区定福庄南里1号
邮　　编	100024
发行电话	（010）65778403　65728372　65767462（传真）
本社网址	www.tepcb.com
E - mail	tepfx@163.com
排版单位	北京旅教文化传播有限公司
印刷单位	唐山玺诚印务有限公司
经销单位	新华书店
开　　本	710毫米×1000毫米　1/16
印　　张	16.75
字　　数	242千字
版　　次	2025年7月第1版
印　　次	2025年7月第1次印刷
定　　价	58.00元

（图书如有装订差错请与发行部联系）